Jours de marché

François Garcia

Jours de marché

ÉDITIONS FRANCE LOISIRS

Édition du Club France Loisirs,
avec l'autorisation des Éditions Liana Levi

Éditions France Loisirs,
123, boulevard de Grenelle, Paris.
www.franceloisirs.com

ISBN : 2-7441-8579-5

I

On m'a donné le prénom d'Emilio comme mon oncle et le nom de Sanchez comme ma mère. Mon père, je l'ai pas connu.

J'ai manqué ne pas naître à Alcor, près de Valencia, vu la volée que ma mère reçut quand elle annonça qu'elle était enceinte.

On m'a toujours dit que j'étais venu en France avec elle. À Bordeaux, chez mon oncle. Mais je crois qu'elle est morte avant, pourquoi serait-elle enterrée là-bas sinon ? D'une tumeur m'a raconté ma tante. Des coups et des privations infligés par mon grand-père selon moi.

Je ne garde d'elle pour tout souvenir qu'une image floue, grise. J'ignore si c'est moi qui l'ai construite ou si cette silhouette, dont les contours se dissipent, exista. Mon oncle disait de sa sœur qu'elle avait été brave mais trop naïve.

C'est lui qui m'éleva. Pour l'affection comme pour les raclées, il se comporta comme un père. Il était grand, rude avec des moustaches taillées dru. C'était une brute, mais il pouvait être tendre. Jamais longtemps.

Il m'emmenait au stade le dimanche, on va voir le Deportivo ! Nous prenions le tramway jusqu'au Pont-de-la-Maye. Me voir lire le mettait en fureur, les livres c'est pour les feignants, ça fait se coucher tard ! Il avait horreur des études qu'il n'avait pas pu faire.

Ma tante était plus froide mais moins injuste. Elle ne s'emportait pas souvent. Enfant, je ne manquais pas de vêtements, et les jours de fête, elle préparait des œufs au lait. Parfois elle me parlait de l'Espagne.

Tous deux travaillaient au marché, lui commis chez Garouste, le tripier, elle à l'entretien chez les Lorca, les épiciers du cours de l'Yser. Je l'y rejoignais le soir après l'école. Puis je filais jusqu'au petit appartement où nous habitions. J'allais chercher le pain, je montais le charbon. Nous dînions tôt et je dormais dans la cuisine.

Un matin, c'était en 1931, vers la fin de l'été, on a ramené mon oncle allongé dans une charrette. Il était prostré et brûlait de fièvre. Son ventre était énorme. Il est mort à l'hôpital en moins d'une semaine. Du typhus on nous a expliqué. Sa femme l'a suivi quelques jours plus tard.

J'avais quatorze ans et j'étais seul. Je ressentais un froid intérieur. Beaucoup de colère aussi.

Garouste m'a confié à un de ses collègues charcutier à Langon. Pour que j'apprenne le métier, tu ne vas pas rester comme ça tout seul à Bordeaux, t'auras un boulot et tu seras en famille.

En famille ! Elle était mesquine et lui un vrai salaud. Le soir il me forçait à laver et dégraisser les bassines deux fois de suite, il faut que ça brille et dépêche-toi sinon tu vas manger froid ! De toute façon je mangeais froid.

À table, il gardait son béret vissé sur la tête. Un large béret tiré sur le côté à la façon des chasseurs alpins. Il avalait la soupe bruyamment et se curait les dents avec la pointe du couteau. Ses petits yeux brillaient sous la suspension de la cuisine. Il me dévisageait méchamment. À la fin du repas, il rotait une fois ou deux et partait se coucher.

Un an de ce régime et j'étais devenu dur, mauvais. En tout cas, mes cheveux frisés tirés en arrière, mes yeux bridés à moitié fermés, je me donnais l'air dur et mauvais.

En dedans je tremblais de solitude, de rage, de peur en somme. Je ne voyais de solution que dans la fuite en avant et ne faisais que des bêtises. J'étais devenu leur bête noire et eux la mienne. Elle criait pour un rien, à la fin dès qu'elle me voyait entrer. Lui me sifflait ses insultes entre les dents à longueur de journée, petit con, saligaud, t'es qu'un bon à rien, fous le camp ! Ce qui me rendit bien service.

À mon retour à Bordeaux, madame Lorca m'a proposé, si tu as besoin, petit, mais son mari avait la main leste et il m'impressionnait. J'ai retrouvé un foyer chez Garouste, un homme fin derrière les exclamations de sa voix chantante. En un clin d'œil il avait compris mon malaise. Il m'a mis au travail et je me suis pas fait prier.

Sa femme avait des manières douces. Elle était ronde avec des seins en obus sous son tablier blanc. Un soir, depuis l'escalier, je l'ai aperçue qui se lavait le buste dans la souillarde. Sa poitrine s'étalait librement couronnée de deux mamelons noirs larges comme des soucoupes. Se croyant seule, elle s'aspergeait d'eau longuement. A-t-elle saisi mon regard dans l'obscurité, soudain elle s'est rhabillée.

J'ai mis de longues minutes à regagner ma chambre sans bruit. De plus en plus le corps féminin et ses mystères occupaient mon esprit. L'émotion m'a empêché de m'endormir cette nuit-là. J'écoutais les charretières du milieu de la nuit et le bruit des roues sur le pavé. Les cris montaient dans l'entonnoir des immeubles, adoucis par le roucoulement des pigeons sur le rebord de la fenêtre.

Il ne suffisait pas de travailler à la triperie. Il fallait donner un coup de main à la maison, laver les escaliers toujours graisseux, sanguinolents, nettoyer les vitres, la bonne n'a pas eu le temps de le faire. Je me chargeais de la besogne de bon gré. Même si je travaillais tout le temps, je me sentais à l'abri chez les Garouste, t'as pas encore monté les crochets? je vais te montrer si je t'attrape comment je les monte les crochets! Même aux engueulades et aux coups de pied au cul je trouvais une intonation bienveillante.

Suzanne, la jeune bonne, vivait dans un réduit donnant sur un puits de jour. De l'autre côté du palier. Son pas craquait sur le parquet. Je connaissais par cœur le bruit du loquet de sa porte qu'une nuit d'hiver j'ai entendu dans mon sommeil. Aussitôt j'ai senti la masse chaude de son corps envahir mon lit, chut tais-toi! sinon on se fait renvoyer. Mais qu'est-ce que tu fais? Tais-toi surtout et ne dis pas de bêtises! Elle a étouffé un rire humide dans mon épaule. Je sentais ses muscles rouler sous le fil de sa chemise. Un souffle brûlant dansait dans ma tête. J'étais heureux, terrorisé. Mon corps tendu à l'extrême.

Elle voulait parler, je t'ai bien vu qui me regardais du coin de l'œil le matin dans la cuisine. Mon cœur battait. Un orage montait à mes tempes. Je l'empoignais, ne sois pas si brusque, attends! Sa chaleur, celle du lit me rendaient fou. Quelques baisers et puis plus rien. Elle m'a repoussé, s'est mise à évoquer longuement un fiancé qu'elle aimait, qui vivait chez elle dans son village. Nous sommes restés blottis l'un contre l'autre, bougeant le moins possible. Elle bavardait, tu ne dis rien ! Que veux-tu que je te dise ! Ma tête, mon sexe voulaient exploser. Ainsi tétanisés, toute la nuit immobiles. Puis l'obscurité s'est faite moins pesante. Elle a parlé encore. Sont venus l'aurore, les premières clartés et le bruit des pigeons derrière la vitre. Hébétés, réjouis, nous sommes descendus travailler. La journée a été longue, parcourue d'une fatigue cotonneuse.

Deux nuits plus tard, le parquet de ma chambre a craqué à nouveau. Suzanne cette fois ne m'a plus parlé de son fiancé qui l'attendait à la campagne.

Ma première femme, j'avais connu ma première femme, ma première nuit d'amour ! Tu as déjà fréquenté d'autres filles ? Bien sûr, qu'est-ce que tu crois. T'es bien maladroit pour un don Juan ! Comme je me vexais, elle m'a rassuré, ne t'inquiète pas, tu es mignon. Fine mouche, elle a ajouté tu es même beau garçon, afin que je me sente plus homme. J'étais tout aux odeurs, aux caresses. Une violence en moi s'était engloutie dans l'étreinte, que la nuit s'étirant avait tardé à apaiser.

Quand Suzanne, au petit jour, est descendue préparer la chicorée des patrons, je me suis accoudé à la fenêtre. Maintenant l'air glissait sur mon visage. Derrière la place se dressait la flèche Saint-Michel. Le ciel montait bleu et droit. Des papiers voletaient sur le trottoir et le caniveau exhalait une odeur de saumure.

J'observais les maraîchères disposer leurs cageots, les portannières[1] entrer et sortir de dessous les arceaux

1. Porteuses, souvent d'origine espagnole, qui, un large panier d'osier posé sur la tête, acheminaient la marchandise.

ouvragés de la halle. Tous s'aboyaient dessus plus qu'ils ne se parlaient. Les cris dansaient sur l'odeur des agrumes, la nappe multicolore des fleurs. Un ballet de tabliers bleus et blancs donnait au travail le rythme d'une réjouissance.

II

Bien avant Emilio Sanchez, au début du siècle, Adriano Lorca avait rejoint Bordeaux. À pied, en train. Il avait quitté son désert de corbeaux et de pierres du sud de l'Aragon, quitté ses frères et sœurs, à peine adolescent, le jour où son père, avec un air douloureux qu'il ne lui avait jamais connu, l'avait retenu par l'épaule, Adriano, t'es presque un homme maintenant, tu comprends! il va falloir que tu partes gagner ta croûte ailleurs.

En arrivant sur les rives de la Garonne, il pensa qu'il voyait la mer pour la première fois.

Les quais, il allait vite les connaître. À décharger les gabares de charbon, toi le costaud viens ici! À porter des sacs de jute qui meulaient le dos, crachaient une poussière noire, plein les yeux, plein la bouche. À franchir, balam balam, les sept ou huit mètres qui séparaient le navire de la berge, au rythme d'une large planche qui s'incurvait sous le pas des hommes, le poids des charges. Une faute et tout le monde à l'eau! On lançait des filins, des cordes. Pas de place pour nager. D'ailleurs, ils ne savaient pas nager. Peu s'en sortaient quand ils tombaient. L'eau les alourdissait encore. Le fleuve les gardait, se refermait sur eux. Et puis le travail reprenait, attention la planche!

Tout ça pour de la misère. Trois francs six sous. Juste de quoi vivre. Pour vivre et pour mourir les hommes se précipitaient en cohue le matin, attendaient sur les quais pour être choisis, toi le costaud viens ici! Ils parlaient peu, avaient pour seul langage celui de la force et des poings. Les bagarres étaient fréquentes aux abords des péniches. L'injustice de quelques francs pour tant de sueur était nécessaire pour manger. Avec colère ils se disputaient le travail sans se soucier de la peine. Les reins bandés d'une large ceinture d'étoffe, le couteau dedans, à vider le ventre des gabares, à s'étouffer de charbon, à danser, balam balam, légers presque, sur le fil sans importance de la mort.

La fatigue collée à la peau, ils rentraient le soir, contournaient les grumes de bois exotiques, remontaient par Saint-Michel jusqu'aux Capucins. Entre chevaux et charrettes, ils se faufilaient jusqu'aux bars et pensions du quartier. Adriano et d'autres débardeurs s'étaient installés au *Zaragoza*, rue Lafontaine. Les femmes faisaient chauffer l'eau dans de hautes bassines qu'elles portaient à deux dans la cour et versaient dans des bailles de bois. Derrière l'écran d'un drap tendu et les rires, allez-y, on regarde pas! les hommes se lavaient enfin.

Maria avait grandi chez sa tante Josefa qui tenait le *Zaragoza* avec son mari Pepe Luis. Son père était mort là-bas au village alors qu'elle n'avait pas deux ans. Adela, sa mère, avait quitté ses montagnes aragonaises et trouvé refuge auprès de sa sœur aînée à Bordeaux. Elles avaient vite trouvé leurs places, la mère aux cuisines, elle, dès son enfance, à servir en salle et nettoyer les chambres.

Pepe Luis, le seul fainéant de tout l'Aragon d'après Josefa, les regardait travailler d'un œil indifférent. Il attendait que sa chemise soit repassée, ses souliers cirés, bon, je sors, si on me cherche je suis chez Fernando. Personne ne te cherchera, va, pour ce que tu nous sers !

Il grommelait quelques mots en franchissant le seuil, les femmes, leur caractère ! descendait la rue Kléber jusqu'au café et ses parties de cartes. Menton haut, cigare en poche, il exhalait une arrogance infantile d'hidalgo de pacotille, plastronnait avec une fierté sans nuances. Deux lourdes chevalières brillaient aux derniers doigts de chaque main. Il marchait, la canne lustrée, inutile, comme les bourgeois qu'il avait enviés autrefois au *paseo* à Saragosse, près du Pilar, dans son enfance de misère, comme il s'était promis de faire quand il travaillait dur dans sa jeunesse, supportant le froid et la faim. Avant de creuser son trou lui aussi. Avec l'aide de Josefa. Une fameuse association avec cette fille intelligente, impressionnante d'autorité, d'initiative.

Ce jour-là il avait gagné le gros lot, Pepe Luis. En quelques mois ils avaient loué un petit bistrot puis un plus spacieux, enfin le bar qui s'appelait le *Victorieux*, dans ce quartier, allez savoir ! pour le rebaptiser le *Zaragoza*. Ils l'avaient acheté ensuite et l'immeuble entier tant qu'ils y étaient. Josefa ne dételait pas, toujours à la tâche, à l'économie, au calcul, à l'inquiétude, ne lâchant pas sa propriétaire, obséquieuse, pas trop. Madame Marchand, vous me la vendriez combien la maison ? si vous nous faisiez des conditions, ça pourrait nous intéresser, mon mari est sérieux, vous savez, et moi je ne suis pas feignante.

Madame Marchand avait hésité. Pas longtemps. On pourrait vous rembourser facilement. Avec tous les ouvriers espagnols qu'on connaît, qui vivent seuls, qui ont besoin de se loger, de se nourrir, on remplira vite, soyez sûre ! Une affaire. Ils n'avaient pas reculé, ne l'avaient pas regretté. Sacrée Josefa ! Finies les années de souffrance. À boire et à manger, l'hiver au chaud, l'été au frais sous le ventilateur. C'était pas le luxe, mais le mal était passé.

Ses airs de parvenu en faisaient tantôt rire tantôt rager plus d'un, mais il était respecté. Pour sa force, Pepe Luis c'est un hercule, fallait le voir quand il était jeune ! Plus que tout parce qu'il était marié avec Josefa. Où qu'il fût dans le quartier, on sentait se déployer l'aile protectrice de sa femme. Coulait sur lui un baume bienfaiteur dont il resterait parfumé jusqu'à la fin de ses jours. Il en entendait quand il dépassait les bornes, t'as de la chance, Pepe Luis, que Josefa soit une brave femme, qu'il ne lui arrive jamais malheur, prie le ciel, Pepe. Combien de fois ! Lui ça le faisait sourire ces remarques. Il haussait un sourcil, imperturbable, tiens, Fernando, ressers-moi un anis.

Plus souvent la jalousie était silencieuse. Les garçons trimaient comme dockers ou manœuvres, gonflés de force amère. Ils rongeaient leur frein devant ses airs de matamore. Blanchi, nourri à l'œil et cajolé par la patronne qui plus est ! Il était des leurs, privilégié en même temps. L'épuisement les rendait irritables. La colère se contenait mal certains soirs. Rusé, Pepe Luis savait désamorcer le trop plein de rage. Il connaissait, il y était passé lui aussi. Un conseil, un geste, Manolo, si tu ne travailles pas vendredi, on ira jouer aux cartes chez Fernando, d'accord ? un regard, une hésitation, d'accord ! et le feu retombait.

Au *Zaragoza,* il fallait manger et boire, mais les patrons n'exigeaient pas des hommes qu'ils consomment outre mesure. Pas comme d'autres dans le quartier. Qui le faisaient savoir sans ambages, ici il n'y a de chambres que pour les bons clients, on s'est compris?

Au *Zaragoza,* pas de ça. Josefa cachait une âme maternelle sous un masque de bouledogue, aussi peu gracieuse qu'elle était attentive. Les garçons le savaient, trouvaient toujours un plat qui les attendait, un coup de gueule pour le ponctuer, qui a préparé ça? ils riaient, vous pourrez après dire du mal de moi dans mon dos, Josefa-ci, Josefa-là! Ils avalaient la soupe, le dimanche elle leur préparait un *cocido,* des *garbanzos*[1] souvent. Les poings sur les hanches, elle prenait des airs faussement courroucés. Un orage les menaçait qui n'éclatait jamais ou se transformait en pâtisserie, ce soir j'ai fait une crème, après tu diras que je ne vous soigne pas! On n'a rien dit patronne, on se plaint pas. Manquerait plus que ça! elle ronchonnait.

Personne n'osait discuter ses ordres. Ceux qui enfreignaient les règles étaient vite recadrés. Ceux qui dérapaient aussi, Gonzalo! tu me diras si je me trompe, mais le mois dernier t'as même pas pu me payer la chambre et je te vois encore dépenser en bêtises et en absinthe chez José, arrête de crâner, tu veux, et mets-en un peu de côté! Pepe Luis, les bras croisés sur le comptoir, en profitait pour ajouter son petit couplet, elle a raison, Gonzalo, dans deux mois il y aura moins de bateaux et sans économies t'y arriveras pas. Gonzalo écoutait. Même si c'était pour l'engueuler, on s'intéressait un instant à lui. Au *Zaragoza,* chez *Saragosse* disaient les clients, flottait un petit air de famille.

---

1. Le *cocido* est une sorte de pot-au-feu auquel on ajoute généralement des pois chiches (*garbanzos*)

Ça avait commencé par de menues attentions, Adriano donne-moi ta chemise, il manque un bouton! tiens, ton casse-croûte! L'ordinaire c'était du pain frotté à l'ail pour passer le jour, jusqu'à la soupe du soir. Maria y ajoutait du fromage ou une tranche de jambon. Elle avait dix-huit ans maintenant et trouvait Adriano robuste, vaillant. Surtout il ne buvait pas. Un verre de vin à table, c'était tout. Elle voyait bien qu'il la trouvait aimable.

Quand elle leur servait le dîner dans la salle du café, les hommes parlaient fort. Lui se taisait, ne la quittait pas des yeux. Même Josefa lui trouvait un petit air vague ces temps-ci. Elle n'en soufflait mot. Ces deux-là iraient bien ensemble. Adriano n'avait pas un sou, bien sûr, mais, depuis qu'il logeait chez eux, elle avait vu qu'il était économe, qu'il n'aimait pas la nouba et se tenait en dehors des histoires. Sa force était à elle seule un vrai capital. Il tourne pas autour de Maria, Adriano? Laisse faire, Pepe! ils ne font pas de mal. Josefa nettoyait les tables, distraite, pour le moment il ne se passe rien et de toute façon Maria pourrait plus mal tomber.

Adriano et Maria se parlaient plus souvent. Entre eux une intimité s'était créée, faite de moins de familiarité, plus de sourires. Lui si taciturne préparait deux trois choses à lui dire le soir. Il s'en réjouissait en portant les sacs, s'en revenait rue Lafontaine plus léger, sans ressentir la fatigue comme avant.

Hormis Josefa et Maria, son univers avait toujours été masculin. Son compère Serafino avait voulu l'emmener au bobinard une fois, mais la fausse joie des filles, les cris, le faux amour, ça lui avait déplu, laisse tomber, Fino, c'est pas pour moi tout ça, vas-y si tu veux, je t'attends dehors. Sois pas bête, Adriano, c'est pas tous les jours! Les filles riaient, portaient de drôles de bas qui montraient haut leurs cuisses, allez viens le grand, tu veux pas? Non, il ne voulait pas, pas d'argent à mettre là-dedans. Ça l'agaçait tous ces flonflons, ce tintamarre. Lui ce qu'il voulait c'était un jour trouver une fille sérieuse, Maria ou une autre, Maria plutôt, une fille sérieuse avec qui il se marierait.

Massif, large d'épaules, il était dur dans ses os, sa peau, ses muscles. Véritable bloc de granit extrait de sa montagne, il avançait, le visage peu expressif, mâchoires serrées, les bras le long du corps, les mains comme des battoirs inutiles quand elles ne travaillaient pas. Pas des mains pour les caresses, encore moins pour la tendresse. Adriano, c'était de la pierre d'Aragon taillée à tous les vents, au gel de l'hiver, au feu de l'été. Il était même étonnant que vînt y fleurir cette pousse amoureuse. Par quelle fissure? Ça jetait une note colorée sur cette silhouette austère, ce caractère ombrageux.

Fino, lui, c'était autre chose, la rigolade il aimait bien, les filles aussi. Il avait un caractère plus arrangeant et tâchait de ne pas s'en faire, viens Adriano, on va s'en payer une tranche et pour pas cher! Parfois il prenait des cuites qui duraient des jours. Il disparaissait, partait dans des bringues dont il revenait à moitié mort, le visage bouffi d'alcool et d'insomnie. Sans compter les coups récoltés par-ci par-là, qu'est-ce que j'ai pris! Où t'es allé *marrano*[1]? Si je te disais que je m'en souviens pas! Il affectait un air désolé, contemplait ses poches vides, mais sa gaieté naturelle le reprenait, j'ai dû bien faire la java quand même! Le ciel était poisseux par-dessus sa tête trop lourde, les copains le regardaient mi-figue mi-raisin, avec quoi tu vas manger maintenant? Lui se mettait à rire dans l'in-

1. Familier: « cochon ».

différence de ses yeux vitreux, *mañana será otro día*[1], Adriano, t'en fais pas, *mañana será otro día!* Il riait encore aux anges et à la fatigue, partait se coucher tout habillé. En plus t'es sale comme un peigne ! lui criait Josefa, va-t'en dormir que je ne te voie plus !

Ses succès féminins et sa roublardise manquèrent un jour déclencher un drame. Dans ces années 1910, au carrefour de la rue Lafontaine et de la rue Kléber, les cafés regorgeaient de monde en terrasse, les parties de cartes, l'alcool aidant, s'achevaient souvent par des rixes au milieu de la rue dans un fracas de chaises renversées, de rideaux métalliques baissés à la hâte. En un clin d'œil, aux rires et conversations détendues succédait l'haleine épaisse des minutes de plomb où la vie, l'honneur stupide qu'inspire l'ivresse, étaient en jeu. Les couteaux étaient tirés, les volets fermés. S'ensuivaient des bagarres striées de cris rauques, parfois meurtrières, du sang sur le trottoir, des fuites à toutes jambes jusqu'à une cache ou au commissariat de la rue Monadey.

Adriano avait toujours manifesté sympathie et distance à l'égard des habitués des cafés. Il passait devant en saluant d'un signe du menton, ne laissait rien méconnaître de sa sérénité ni de sa force.

Fino lui aussi avait toujours évité les affrontements. Il n'était pas taillé pour, avec son profil de moineau famélique, ses grands yeux noirs qui attendrissaient les filles. Mais son attitude sautillante, provocante, son goût pour le moindre jupon, tout ça irritait à la fin les petits caïds du quartier, je le piste le petit Espagnol, chacun son bar, chacun son territoire, il va pas faire

1. « Demain sera un autre jour. »

long feu à cette allure ! Un surtout le guettait à chaque passage devant sa terrasse, un type dégingandé qu'il avait connu au marché, la prochaine fois qu'il me nargue... Son surnom, on disait son chaffre, c'était Marmande parce que son père vendait à l'étal des tomates du Lot-et-Garonne.

Marmande avait des yeux de chat, mobiles sous une casquette plate, trop large pour son visage anguleux. Vif, teigneux, c'était une terreur dans les combats de rue. Son couteau avait fait bien des victimes. On ne comptait plus ses séjours en prison suivis de nouvelles bagarres. Depuis que le regard de Fino avait croisé celui de la fille de Solano le boulanger, Marmande, qui considérait cette jolie brune comme son domaine réservé, n'attendait plus que l'occasion, je vais lui apprendre, moi !

Un matin de chaleur, Fino sortit du *Zaragoza* la veste sur l'épaule. Il dépassa les tables du carrefour, guilleret toujours, l'œil prudent quand il aperçut Marmande. On l'avait prévenu, méfie-toi, il te cherche ! Adriano par chance le suivait à quelques pas. Voyant Fino, Marmande bondit de sa chaise, jeta ses cartes pour se planter devant lui, dis donc l'espingouin, elle t'intéresse Emilia ? Fino soupira, laisse-moi, tu veux ! L'autre le retint par le bras, tu tournes pas autour, compris ?

Théâtral, nerveux le Marmande. Il fallait soigner l'image devant son public, j'aime pas tes manières, t'entends ? Pétrifié, Fino ne bougeait pas. Le voyou dansait autour de lui. Il renversa une table d'une feinte colère. La punition approchait. Mollement Fino tira son bras de l'étreinte. Il évita son regard de félin, voulut partir. Mais il entendit le déclic, la lame brilla et par miracle il la détourna du bras. La voix étouffée, il gémit arrête

Marmande ! fais pas le con ! Déjà Adriano que Marmande n'avait pas vu surgir était là. La lutte fut brève. D'une poigne de fer, il bloqua la main qui tenait le couteau, lâche ça, vite ! se coupa légèrement. L'autre tenta de se dégager, mais Adriano l'assomma de deux coups de poing qui tombèrent comme des massues. Marmande, l'œil vitreux, la chemise inondée de sang, gisait groggy, immobile sur le trottoir. Les clients et le patron du café se penchèrent sur son regard hébété, cette fois il s'est fait démolir le Marmande. Personne n'osait se réjouir trop fort. On lui jeta un seau d'eau froide au visage, allez, rentre chez toi, va te laver ! Ça lui fait une leçon, glissa une voix anonyme.

Fino, soulagé, regardait son bras tailladé, *gracias compadre*, t'as bien fait de passer par là. Adriano, toujours serein, viens, on va soigner ça ! bandait la plaie à l'aide d'un mouchoir.

Le *Zaragoza* fut en effervescence au retour des héros. Serafino entra le premier, la manche de sa veste tachée de sang, si t'avais vu Adriano, *cómo le ha pegado !* ce qu'il lui a mis ! Dans le groupe il cherchait Maria du regard, il l'a pas loupé *este hijo de puta.*

Maria était déjà aux côtés d'Adriano, montre-moi ta main, t'aurais pu te faire tuer ! Qu'est-ce que tu racontes ? Donne-moi ça, je vais nettoyer la plaie.

Elle l'installa, la main au-dessus d'une cuvette d'eau, dans le patio où ils se lavaient, courut à l'étage chercher de quoi le soigner, revint armée de ouate, d'alcool, attention, ça va piquer ! de bandes de linge propre qu'elle enroula délicatement autour de la coupure, satisfaite, voilà, dans trois jours tu es guéri. Elle tira sur la manche de sa chemise, se démena, donne ton bras que je boutonne le poignet ! Une brusque chaleur l'envahissait au milieu de cette agitation, t'aurais pu te faire tuer, Adriano ! Une bouffée d'émotion lui colorait les joues. Adriano, son Adriano tout à elle, au moins le temps du pansement ! L'occasion était si belle ! Te faire tuer, Adriano ! Lui aussi se sentait bizarre, ses forces à l'abandon, les muscles un peu tremblants, la bouche sèche, un drôle de creux à l'estomac.

Maria croisa son regard furtif. Sans réfléchir, elle tira le rideau blanc, retourna s'asseoir auprès de lui, Adriano, murmura-t-elle d'une voix brisée qu'il ne lui connaissait pas, lui plus taciturne que jamais, plus tendu que tout à l'heure face à Marmande. Des voix résonnaient lointaines dans la salle du café. Ils étaient isolés du monde. Elle lui prit la main blessée, doucement, le visage cramoisi, se leva à demi, posa un baiser sur sa joue. Ils se dévisagèrent. De si près. Adriano, soupira-t-elle encore. Lui ne la laissa pas se rasseoir. D'un geste instinctif, il referma sur elle ses bras lourds, la serra contre lui comme il aurait étreint un arbre de sa terre, aux racines impérissables, un arbre d'écorce délicate dont il faudrait prendre soin, qu'il ne quitterait plus jamais.

III

Septembre 1932

En partant à Langon, j'avais dû cesser de fréquenter l'école, t'en sais assez comme ça, va plutôt apprendre à vivre ! Comme si ne pas connaître ses parents et perdre ce qui vous reste de famille au terme de l'enfance, c'était pas une expérience suffisante !

J'avais donc dû quitter les cartes de géographie, les craies, le tableau et monsieur Lécuyer, attentif derrière ses lunettes épaisses, Emilio ton devoir d'histoire ! Je n'ai pas pu, mon oncle a éteint la lumière hier au soir. Bon, la première page pour demain. Il surveillait mon écriture à la plume, ses pleins, ses déliés.

Dans la salle de classe, nous alimentions un poêle en petites bûches à tour de rôle. L'hiver, la fumée recouvrait les odeurs de poussière et de peaux mal lavées. Un élève était chargé tous les matins d'arroser le vieux plancher et d'y jeter une poignée de son.

Le maître nous faisait répéter des verbes, des dates, parlait de la poule au pot d'Henri IV, de la vie de Catherine de Médicis, de Mazarin, eux aussi des étrangers venus en France pour réussir.

Nous craignions surtout les colères de monsieur Lécuyer. Elles éclataient, sèches comme la foudre, se dissipaient aussitôt. Nous ne bavardions qu'après le déjeuner, quand son visage se colorait, qu'il semblait réfléchir longuement le menton penché sur la cravate. Et nous nous déchaînions à la récréation. J'en garde le souvenir de courses et de rires, de bagarres et de jeux où parfois fusait un rentre chez toi, sale espadre ! mon père le dit, t'as rien à faire ici ! Sale espadre ! s'ils voulaient nous jeter dehors ceux-là, ils n'étaient pas au bout de leur peine. Les Espagnols étaient nombreux dans le quartier, depuis si longtemps, et nous étions quelques années avant la guerre civile.

Ils répétaient ça à l'envi, un surtout, sale espadre ! plusieurs fois j'avais haussé les épaules ou il avait pris mon poing dans la figure. Lafranque il s'appelait, attachait ses blouses d'un nœud ridicule sur le nombril. Sa bouche tordue, sale espadre ! flotte dans un coin de ma mémoire.

La plupart d'entre nous habitions près du marché. Nous nous retrouvions le dimanche matin pour jouer aux bertoles[1]. Sous la halle aux légumes. L'air y était frais et sentait le poireau écrasé.

Nous parlions beaucoup des filles, la petite brune qui habite l'impasse, la blonde qui travaille chez Suarez. Nous disions les femmes, fumions des cigarettes de tabac brun qui donnaient la nausée. Tout en continuant nos jeux et les courses de chariots, des caisses d'oranges renforcées auxquelles nous avions fixé des roulettes. Deux haleurs tiraient le pilote dans un bruit de train qui déraille, amplifié par la hauteur des voûtes.

---

1. Jeu de courts bâtons cylindriques qu'il s'agissait de maintenir en équilibre et projeter ensuite.

La rumeur du samedi était retombée sur ce seul jour de repos. Notre tintamarre découpait à vif le silence, indisposait quelques traînards mal rasés qui bavardaient le journal à la main dans un coin du comptoir aux fleurs, près des oiseaux. Ils se rassemblaient autour des cages. Un gaillard borgne, mal embouché, orchestrait une foire aux canaris, merles siffleurs et perruches. Il détestait nous voir approcher, foutez le camp les drôles, j'ai pas besoin de vous ici !

On pouvait pas lui donner tort. Le dimanche d'avant, Rafael et Mangin, un grand maigre toujours enclin aux mauvais coups, nous avaient entraînés, venez les gars ! trac ! les cages ouvertes en douce. Les oiseaux étaient partis en traits multicolores. Dans le demi-jour, sous les poutres. L'effet, superbe. Les cris du borgne avaient retenti. Eh ! le pirate, on l'avait nargué, comme ça tu gueuleras pour quelque chose ! Il avait voulu nous rattraper. Nous courions trop vite. Sa bedaine l'en avait empêché.

La mauvaise humeur m'envahissait le dimanche. Quand je m'ennuyais, j'allais déjeuner chez Ramón. Nous nous disions cousins car il était originaire du même village que ma famille. Mais souvent je devais m'échapper avant que, dans sa soûlographie, il ne s'en prenne à moi.

C'était un ivrogne qui travaillait aux abattoirs. Il avait épousé une Française, Josette, une jeune veuve qu'il avait dû convaincre un soir où il était sobre. Il puait l'alcool. Ses yeux rouges larmoyaient. Il baragouinait quelques mots de français, lé pain, lé vin, à mandger, en castillan il ne prononçait que des jurons, vouait aux gémonies ses congénères d'un *hijos de la gran puta* qui roulait dans sa gorge entre deux crachats.

Ils n'avaient pas d'enfants. Josette, effacée, terrorisée par ses tête-à-tête avec ce demi-sauvage, aimait m'inviter, viens, ça fera plaisir à Ramón, il ne va pas trop mal en ce moment. La mine triste, elle ajoutait nous arrivons même à terminer quelques repas dans le calme.

Josette était maigre, sans attrait, ne prenait plus soin d'elle. Elle avançait de façon automatique, au-delà du découragement. Je lui racontais des blagues pour la distraire. Elle haussait les épaules, qu'est-ce qui m'a pris ? tu peux me dire ce qui m'a pris ? il était gentil au début, il ne buvait pas trop.

Perdu au fond d'un bistrot, Ramón ne rentrait pas toujours déjeuner. Il débarquait ivre au milieu de l'après-midi. Un fracas dans l'escalier de bois suivi d'un hurlement, Djozetta ! nous prévenait de son arrivée et de sa chute, viens dimanche ça fera plaisir à Ramón, Djozetta ! il ne va pas trop mal en ce moment, Djozetta ! ici ! toudésuite !

Un soupir effaçait les sourires. Lui maudissait la Terre et le Ciel. Les insultes pleuvaient. Je filais, me promettais de ne plus revenir. Mais les dimanches étaient longs. Je pouvais pas toujours rester chez les Garouste, aujourd'hui, tu comprends, nous recevons la famille. C'était dit gentiment. Je pouvais pas me plaindre. Heureusement qu'ils étaient là pour m'aider. Et puis malgré ses cheveux graisseux, ses poils aux jambes, j'aimais bien Josette, j'aimais lui parler. Les jours où Ramón mon cousin n'était pas là pour beugler, *me cago en Dios y en todos vosotros !* Djozetta ici toudésuite !

Par un couloir obscur je débouchais dans la nuit. Un long couloir où résonnaient des voix derrière des portes invisibles, où circulaient des ombres. Je bloquais ma respiration en traversant une épaisse odeur de moisissure, inspirais la fraîcheur du soir une fois dans la rue. Ramón et Josette étaient derrière moi.

Je m'approchais de la *Rosa Negra*, une salle de bal de la rue Kléber, t'as pas l'âge, petit. La musique sortait par bouffées, *cielito lindo los corazones.* Je rentrais la tête, élargissais les épaules.

Parfois j'osais pas. Trop mal habillé. Des vêtements donnés par la mère Garouste, tiens essaie cette veste, elle devrait t'aller. Ça tombe pile ! Ce que démentaient ses yeux. La veste trop étroite, les pantalons trop courts, des chaussettes reprisées et deux chemises dont on avait rallongé les manches. Mon seul luxe c'était un tricot qu'elle m'avait offert à la Noël, un peigne et de la gomina.

J'en voulais à la terre entière. Aux garçons de mon âge qu'on laissait entrer tout sourire le col de leur chemise blanche ouvert sur un veston neuf, au fils Suarez qui faisait le beau devant les copains et les filles à la porte du bal, le fils Suarez dont j'avais déchiré la casquette à la mode, tu vas la manger ta casquette ! Il dodelinait de sa tête étroite en parlant. Rafael et Mangin pouvaient me faire rire en caquetant pour l'imiter ! J'étais devenu de plus en plus bagarreur. Querelleur même. Le fils Suarez avec qui un soir j'avais roulé sur le trottoir sous un faux prétexte, le fils Suarez dont j'avais arraché le col de la chemise. Un trophée, un instrument de ma respectabilité aux yeux des autres.

Bien courtes victoires que j'enfouissais dans l'obscurité humide des rues du quartier. L'amertume avait tôt fait de me rattraper. Je passais chez Garouste. Ils étaient assis sous l'ampoule de la cuisine. Lui rigolard, où t'as traîné encore ? Je buvais vite un bouillon. Thérèse, les joues rouges, les idées ailleurs, revenait de sa campagne. Ces soirs-là son regard ne croisait pas le mien.

Je préférais sortir à nouveau, filer dans des ruelles où mon pas chassait les rats. Des voix s'écaillaient encore dans la noirceur et le vide. Une lourde fatigue tombait sur mes épaules, mon estomac devenait bizarre. Assis sur le rebord d'une marche, je pensais à ma mère. Telle qu'elle était, elle m'aurait donné de la tendresse, j'en étais sûr. Je me mettais à pleurer. Elle m'aurait pris dans ses bras. Elle m'aurait dit ne pleure pas Emilio, mon petit Emilio ! Je voulais qu'elle revienne.

Pour dire bonjour, ici, on dit adieu, adieu avec sur le dieu une intonation comme un coup de frein dans une descente, un point d'exclamation à la fin, a-dieu !
On emploie des mots inconvenants pour dire des choses sans importance. Ils partent en images sur les reliefs accidentés d'exclamations variables. Selon les pleins et les creux. Mais quand on aborde les sentiments personnels, le visage se rétracte, les lèvres se pincent, les yeux pétillent encore et la pudeur s'installe, car les mots, quand on aborde l'intime, on sait qu'ils ne servent plus à rien.
On ne se quitte jamais vraiment, ça va ? la famille, les enfants ? ta mère encore à l'hôpital ? elle sort bientôt mais de là à reprendre à la charrette... On se parle, on ne se dit pas grand-chose, on ne se dit pas qu'on a été heureux de se voir, ça m'a fait plaisir, il fallait que je te parle. On se dit adieu tout simplement. A-dieu. Sauf si on se quitte vraiment. Car pour se dire adieu, on ne dit rien. On préfère alors parler du marché, de la santé ou du temps. On va aux enterrements. Mais pour dire à bientôt ici, quand on sait qu'on se reverra, alors on se dit adieu. A-dieu avec beaucoup de joie sur la deuxième syllabe. Qui reste suspendue dans l'air. Où elle rit longtemps.

Emilio Sánchez Miranda
c/o Monsieur André Garouste
8, place des Capucins

Bordeaux, le 9 juin 1934

J'avais déjà été convoqué au consulat mais cette fois c'était sérieux, ça parlait de classes militaires.

La première aventure consistait à traverser la ville. Au-delà du cours des Fossés, pour nous, ceux du quartier, c'était terre étrangère. On aurait exigé de nous un passeport pour franchir la Grosse Cloche, nous n'aurions pas été plus surpris que ça.

À Saint-Michel on était encore dans le prolongement, les têtes étaient familières, l'accent espagnol bien répandu. Plus loin, même dans les bistrots, on découvrait des visages inconnus, des intonations différentes des nôtres, moins nasillardes, plus monocordes, fallait avoir l'oreille pour se rendre compte.

Quant aux marchandes à la charrette qu'on trouvait çà et là isolées, qui la veut ma salade dix sous ma salade, qui la veut ? elles avaient l'air fortes en gueule mais chez nous elles n'auraient même pas eu leur place en deuxième division. Comme l'a commenté Rafael venu me soutenir. Lui il était plus jeune, né en France de parents espagnols, j'ai déjà la double nationalité, si je me tiens peinard, ça devrait passer.

Arrivés place Ferdinand-Laffargue nous en avons vu une qui vendait ses tomates sous un parasol bleu délavé, en plein soleil, ma tomate, un franc ! dépêchez-vous elle est belle ! Elle est moche ta tomate, elle est horrible même ! on a répliqué, histoire de se détendre avant de parvenir au consulat. Elle nous a gueulé après, la marchande. Un coup. Juste pour la forme. Sorcière ! on lui a répondu. Ça s'est de suite gâté pour nous. À cause du mari qu'était pas loin, du genre feignant mais si je m'énerve… et elle qui transpirait sous un immense bicorne en papier journal, rouge comme ses tomates maintenant, qui nous en lançait des pourries à travers, vous allez voir, sales drôles ! Le mari s'est approché sans rien dire, lui, l'air méchant.

Nous avons bien couru Rafa et moi. Le temps de se retourner, nous étions devant le Grand-Théâtre, en plein centre-ville, avec des gens chics et de sacrées automobiles devant la terrasse du *Grand Hôtel.* Nous avons cessé de courir, ça intriguait un policier qui faisait la circulation au pied de l'horloge, avec moulinets de bâton blanc et coups de sifflet. Et puis nous n'étions plus chez nous, intimidés presque, mal à notre aise en tout cas.

Rafael quand il était gêné il fallait qu'il fasse l'important. Moi je prenais un air impassible, un peu blasé, qui mettait en joie le père Garouste, tiens voilà l'hidalgo ! mais Rafa il avait besoin de faire des commentaires, t'as vu les pépées dans la traction ? je crois que je vais aller leur parler un moment. C'est ça Rafa ! mais n'oublie pas de demander la permission au balèze en costard qui conduit. Et pourquoi pas, chiche que j'y vais ! Il se lançait des défis. Qu'il tenait jamais. C'était sa manière.

Brusquement il s'est retourné du côté du *Grand Hôtel,* je l'ai vu évaluer la façade, compter les étages, combien ça peut valoir ce machin ? Là j'ai éclaté de rire, pourquoi tu veux l'acheter ? vrai ? tu veux l'acheter ? viens, on va demander si c'est à vendre, tu veux pas ?

Ça le démontait pas Rafa, n'empêche qu'avec la moitié tu dois déjà pouvoir t'en payer des maisons, des magasins et même des garages avec plein de voitures. Ça y était ! il rêvait, il contemplait les Panhard et Levassor,

Hotchkiss, Delahaye, garées devant les colonnes du Grand-Théâtre, c'était son truc à lui les voitures. Comme je me moquais, qui sait peut-être un jour si je fais fortune… Il me toisait en haussant les épaules mi-amusé mi-sérieux, ça t'en bouchera un coin ce jour-là, entre Emilio! je te dirai, je te recevrai sur les marches, entre Emilio! L'hôtel sera plein de types importants et de femmes superbes, tu verras, t'en reviendras pas, et nous on sera habillés comme des nababs, il sera loin le quartier, je peux te dire! Il y croyait à ses histoires. C'était là son avantage sur moi. Il n'était pas riche, mais il avait des parents, une famille, de l'affection. Il n'avait pas connu le malheur. La vie était encore pleine de soleil pour lui. Il ne s'était pas débarbouillé comme moi avec de la misère et de la pluie. Elle était là la différence.

En traversant la place des Quinconces nous avons longé la colonne des Girondins. Les fontaines crachaient de la fraîcheur, t'en croiras pas tes yeux, Emilio, tu verras! il a poursuivi, Rafa, dans son délire. Il m'énervait, simple et drôle le plus souvent, il gonflait d'orgueil à certains moments, toujours le dernier mot.

Je me suis arrêté de marcher, je l'ai dévisagé, tu sais quoi? je crois que t'es snob, un snob ça doit être quelqu'un comme toi, ça doit commencer comme ça dans la vie. Pendant quelques mètres il a pas moufté. J'ai vu qu'il était vexé. Moi j'accélérais le pas. Au coin de la rue Foy le consulat était en vue, bon, je vais te laisser il m'a dit, eux c'est pas snobs qu'ils sont, tu verras, c'est autre chose, moi, moins je les croise, mieux je me porte.

Les grandes baies vitrées de l'immeuble brillaient au soleil comme une clameur. Le drapeau, *bandera de España!* se tordait plus qu'il ne flottait au vent. Pas très avenant. Pour une fois, il devait avoir raison Rafa.

Des escaliers aussi majestueux j'en avais vu que là. Ça changeait de la triperie. Amples, profonds, marches et rampes étincelantes avec un tapis rouge sombre au milieu. On avait déjà perdu le goût de rire.

Au premier étage sous une lourde lanterne, un employé vêtu de sombre, cheveux plaqués, écrivait à une table. Il m'a souri brièvement d'un rictus aux dents jaunes, entre compatriotes, n'est-ce pas. C'est peu dire que j'étais sur mes gardes, tu viens pourquoi? La convocation. Comment t'appelles-tu? *siéntate.* Il m'a désigné un banc. L'atmosphère était sinistre. Un halo de lumière se détachait de la verrière sans éclairer tout à fait le palier. Seules les pages que tournait le corbeau émettaient un léger crissement.

Dans la pénombre un portrait me faisait face, Francisco de Goya y Lucientes. Le bonhomme me dévisageait avec insistance. Son regard était si aigu, le silence si tendu que j'ai cru un instant qu'il allait me parler. Pourquoi était-il venu mourir à Bordeaux? et se faire enterrer pas loin de la tombe de mon oncle et de ma tante? Je passais chaque fois devant son caveau quand j'allais les voir au cimetière de la Chartreuse. Ces questions je me promettais de les poser au señor Córdoba à mon retour.

Le señor Córdoba était un ancien collègue de mon oncle. Il avait travaillé chez Garouste et d'autres commerçants comme aide-comptable. C'était un homme fin, parlant aussi bien le français que le castillan, qui avait de l'instruction en tout cas. Il m'avait pris en sympathie depuis que j'étais seul. Je le retrouvais chez José au café, dans l'arrière-salle. Il ne m'avait jamais donné de mauvais conseils, m'avait parfois aidé d'une pièce. Toujours réservé, pesant ses mots, il était une des rares personnes qui m'inspirait confiance. Quand tu iras au consulat, Emilio, ne parle pas trop vite ! laisse-les s'exprimer. Ce sont eux qui désirent te voir. Écoute leurs arguments, écoute leurs raisons et surtout retiens bien ça, ils vont te questionner à propos de la politique, te demander si tu vas à des réunions, si tu as des amis d'un bord ou de l'autre, dis-leur la vérité, dis-leur que tu t'en fiches. Ne leur dis même pas que tu ne t'intéresses qu'au football, ils sont capables de t'interroger pour savoir si tu préfères le Deportivo ou la Bastidienne. Ils en tireraient des conclusions et le paquet serait emballé. Crois-moi Emilio, parle le moins possible ! Ces types, ce sont des renards. Ne te révolte pas surtout, ne t'indigne même pas devant eux. Ils diront ce qu'ils attendent de toi, t'envoyer à la mili sans doute. Nous verrons ensuite ce qu'il y a lieu de faire.

J'avais retenu la leçon, *el señor Canciller* va te recevoir, suis-moi. Deux portes épaisses, tapissées de cuir clouté, je me suis retrouvé dans une pièce plus haute que large, plongée dans la demi-obscurité. Sur le bureau, une lampe à l'abat-jour sombre éclairait par le bas le visage du chancelier. *Emilio Sánchez ? siéntese !* un visage émacié, osseux, peu enclin à la plaisanterie.

Au début il a essayé de se montrer aimable, de savoir qui j'étais, où je vivais. Sa figure ridée se froissait dans un difficile sourire. Il me donnait du *usted* qui revenait à chaque phrase. C'était la bonne distance entre nous. En même temps ça ne me disait rien qui vaille. Il a évoqué ma nationalité espagnole, vos vraies racines, Sanchez ! la beauté de ce pays, la fierté de ce peuple qui savait souffrir et se battre comme pas un. *Es-pa-ña !* il s'étouffait à chaque syllabe en les ponctuant si fort. Au-dessus de lui, sur la cheminée, un écusson en forme d'aigle dominait notre conversation, *Todo por la patria !* Décidément on n'en sortait pas.

On en est venus comme par hasard à discuter de football, je n'y vais jamais. À votre âge on commence à réfléchir sur le monde qui nous entoure, sur le travail, l'argent, les gens avec qui on vit. Je le voyais venir le squelette avec ses gros sabots, non pas moi, vraiment, ça ne m'intéresse pas.

Son regard désintégré dans la pénombre se cachait derrière de fines lunettes, voilà, Sanchez, votre famille est de Valencia, je crois ? Je n'ai pas de famille, j'ai répliqué. Il s'est raidi, il ne fallait plus m'embêter avec ces histoires, mais si ! vous êtes né là-bas, qui est votre père ? Le soldat inconnu j'ai répondu irrité.

Ça lui convenait plus du tout le ton de notre conversation. J'étais content de mon trait d'esprit mais ça n'avait visiblement pas rendu notre chancelier hilare, excusez-moi ! je suis nerveux, *perdone señor Canciller !* J'ai rattrapé la sauce comme aurait dit Mangin. J'aurais voulu qu'il voie la scène, c'était fait pour lui plaire. Attention, *cuidado señor Sánchez !* ici on ne plaisante pas. Sans vouloir le froisser un peu plus, je m'en étais aperçu.

Il a fait claquer sa langue, décidé à abréger l'entrevue, comme vous connaissez une situation familiale difficile, le gouvernement espagnol va vous envoyer faire vos classes au troisième régiment d'infanterie de l'armée de terre à Valencia, près de chez vous. Près de chez moi ! Je veux dire près de votre famille espagnole. Je ne les ai jamais rencontrés ! Il n'a pas relevé, vous vous y rendrez par le train, vous recevrez toutes les instructions à votre domicile dans les trois mois qui viennent.

Dans la lueur de la lampe deux plis profonds creusaient son visage. Ses lèvres minces s'incurvaient vers le bas. On aurait dit un spectre. C'est tout, a-t-il conclu.

10 octobre 1934

Madrid. Gare d'Atocha. Sous le gigantesque poitrail de ferraille, cris bousculades haut-parleurs, les locomotives soufflaient leur vapeur comme des baleines. Je me sentais balloté, plus seul qu'en plein océan. Des porteurs de journaux s'égosillaient sur les quais, ce soir manifestation des socialistes à Madrid ! Asturies : les syndicats ouvriers résistent ! le gouvernement menace d'envoyer l'armée ! De pauvres bougres s'entassaient dans la grisaille des valises, des têtes parcheminées de fatigue dans le poivre et sel de leur barbe pas taillée depuis des jours. Je n'avais jamais vu un tel rassemblement d'infirmes, de miséreux qui galopaient pour des aumônes, de maigres besognes. Pas le genre à s'apitoyer sur leur infortune. Comme des moineaux ils sautillaient après la moindre graine.

Un autorail s'est ébranlé, essoufflé. Quelques centaines de kilomètres de rocailles plus loin, je suis arrivé à Valencia. Et quelle arrivée ! Des heures de voyage m'avaient laissé hébété, mais j'ai pas eu le temps de rêver.

Un gros type ébouriffé, fagoté dans un uniforme verdâtre, s'est mis à gueuler après chaque recrue qui descendait du train, affolée, brinquebalante, toi par ici ! grouille ! J'arrive ! Grouille je te dis !

Hors la tenue tout était noir chez lui, sourcils, yeux, barbe. Il se frappait la cuisse à l'aide d'une cravache qu'il tenait d'une grosse main. Sa voix montait dans les travées, il s'époumonait, *regimiento número tres !*

Ça cavalait vers un camion où nous nous sommes serrés sur des bancs de fer, au milieu des jurons. Nous étions assommés de fatigue, de chaleur, anxieux dans cette galopade. Le moteur du camion a ronchonné lui aussi, craché sa fumée, dévalé les rues jusqu'à la caserne. Un vrai jeu de saute-mouton. *La Virgen*! quel tape-cul! a maugréé mon voisin. La tête vide, le derrière écrasé, nous avons été catapultés dans un cauchemar ensoleillé, trente-sept degrés à l'ombre, d'ordres criés dans la poussière et les alignements, fermez vos gueules! en rang, j'ai dit! Sous sa casquette la sueur coulait dans la broussaille de ses sourcils.

Une fois rassemblés, il a hurlé, vous êtes les fils de l'Espagne! Ça me causait une drôle d'impression, l'envie de sortir du rang, de dire, excusez-moi! il y a un malentendu, je suis français moi, bien sûr je m'appelle Sanchez, bien sûr mes papiers sont espagnols, mais je suis français, je vis en France, je suis allé à l'école en France, je parle français. L'Espagne votre patrie, votre pays! il aboyait maintenant, arpentait les rangs, et vous êtes là pour la servir, *pa-ra-ser-vir-la*! Il détachait les syllabes à grands coups de mâchoire, je parle surtout français, le *castellano* moins, vous avez entendu mon accent? vous voyez bien! Je le regardais se démener avec sa baguette sous la canicule. Mes dernières forces fondaient au soleil. Il aurait eu l'air moins abruti, j'aurais peut-être tenté une interruption, je vous assure, comprenez-moi! tout ça m'est étranger, pour dire vrai je me demande ce que je fais ici.

Le voilà qui me dévisageait sous le menton en pleine figure. Vu de près, c'était pas seulement un imbécile. Ses yeux avaient aussi des reflets assassins. Ça pétillait. C'était pervers, multicolore. Dites-moi que c'est un mauvais rêve je lui ai murmuré du regard, allez! dites-moi! vous me faites une blague, non? Sans insister toutefois. Pas nécessaire de capter trop longtemps l'attention de ce sadique.

Qu'il faisait chaud! Par-dessus sa casquette j'observais les nuages. J'attendais qu'il s'éloigne. Vous êtes ici au service de l'armée, de votre pays, répétait-il, vous êtes ses forces vives, ses fils, *los-hi-jos-de-la-pa-tria.* La phrase était bien rodée. Je n'écoutais plus, j'étouffais, je contemplais le ciel. Là-haut deux cumulus faisaient la course. Ils se découpaient en taches noires sur ma rétine, de plus en plus compactes. Mes tempes brûlaient. J'étais en nage. Les taches noires ont afflué. Les têtes des camarades ont commencé à danser autour de moi. Soudain le soleil s'est obscurci, mes jambes ont lâché. Le serviteur de la patrie, les quatre fers en l'air ! Le brave fils de l'Espagne, c'est à l'infirmerie qu'on l'a réveillé.

C'est alors que le certificat rédigé par Ma Caille à la demande du señor Córdoba a fait merveille. Ma Caille, c'était le chaffre du docteur Bréchet, le médecin du quartier. Depuis qu'il avait soigné Germaine, celle des légumes, pour son ulcère variqueux. Trois fois par semaine il allait la voir au fond de sa cour. Elle l'appelait de sa voix de stentor adieu ma caille ! rentre ma caille ! Ça résonnait dans tout l'immeuble. Lui ça l'amusait, une fois, Germaine, vous pourriez me dire entrez docteur ! Mais non, ma caille c'est plus gentil, moi je préfère t'appeler comme ça. Elle grattait son bras énorme où flottait la graisse, secouait sa poitrine d'un rire d'asthmatique, tu me vois en train de te dire avec l'accent pointu bonjour docteur, entrez docteur, je vous en prie ! Elle pinçait les lèvres pour le dire, note que quand il faut je sais me tenir, mais toi je te connais trop, ça me ferait drôle.

Bréchet se délectait dans le fond. Serviable, à n'importe quelle heure, il s'envolait parfois. Il aimait raconter des histoires. Quand il était en confiance. Toi avec l'imagination que t'as, t'aurais pu faire écrivain, elle lui avait glissé une fois, remarque, pour faire docteur, la mémoire c'est mieux, elle réfléchit un moment, mais c'est pas la même chose.

Hormis deux confrères jaloux et la petite Marcelle qui vendait ses laitues rue Élie-Gintrac et détestait tout le monde, les gens ici l'aimaient bien. Pour nous c'était Ma Caille, t'as vu Ma Caille? t'as appelé Ma Caille? et il veillait sur nous.

J'étais allé le voir avec le señor Córdoba qui avait traduit le certificat pour ces messieurs de l'armée espagnole. Ça parlait des malheurs de mon enfance, d'attaques de panique et de pulsions suicidaires, des nombreuses et sévères maladies que j'avais contractées avant même de pouvoir marcher. Le gars en blouse blanche a lu le document dans le bureau de l'infirmerie. Les traits mous de son visage s'affaissaient un peu plus à la lecture de chaque ligne. Je me demandais s'il n'en avait pas fait un peu trop Ma Caille, histoire de me rendre service.

Heureusement, mon malaise dès mon arrivée à la caserne et la mine décomposée que m'avait procurée l'interminable voyage étaient venus à la rescousse. Pardessus la feuille l'infirmier m'observait d'un regard à chaque minute un peu plus accablé. Ça lui paraissait plausible après tout ce catalogue de catastrophes sanitaires concentrées chez une même personne, c'est vrai ces histoires de nerfs? *Si, claro!* je répondais en trébuchant sur les mots à l'aide de mon plus mauvais accent.

Il m'a considéré un instant. J'avais entendu un flot de rumeurs liées à l'inquiétude politique du moment depuis que j'étais arrivé. On murmurait chez les gradés que le régiment allait faire route pour Toledo dans les semaines à venir. Derrière son regard fixe il évaluait la liste de mes tares, l'encombrement que j'allais signifier pour une troupe en mouvement. Il s'est levé avec lassitude afin d'avertir l'officier, je vois encore le dos de sa blouse dans le chambranle de la porte. Il parlait doucement de ce Français moitié crevard, ce qu'il venait fabriquer dans cette histoire, un drôle d'oiseau, *qué pájaro! qué pájaro!* il a répété.

Le lieutenant, je n'entendais que sa voix grave qui filtrait du bureau. Soudain il a penché sa tête fine aux yeux luisants dans ma direction. Deux secondes et puis la tête a disparu, vire-le! il a lâché, donne-lui son pécule, sa feuille de route et qu'il foute le camp!

J'ai marché quelques minutes dans les rues de la ville. Au milieu des piaillements, des ondulations chantantes des voix d'ici, je me sentais léger. Je suis entré dans un café obscur, *Club Taurino de Valencia* indiquait une plaque. Il était tôt, pas un client dans la salle. Une femme cousait au pied d'une estrade, un homme lustrait le comptoir de bois verni. La photographie agrandie d'un torero, jeune, déjà replet, couvrait tout un pilier du bar, qui est-ce? Granero, il est mort il y a une dizaine d'années à Madrid, une cornada en pleine tête, la cervelle et l'œil pendaient par la plaie, terrible, le patron a soupiré, il était d'ici, de Valencia, *un gran torero y una gran persona.*

Je ne repartais en France que le lendemain. J'ai pris un train chaotique jusqu'à Alcor, curieux, inquiet aussi de rencontrer cette famille espagnole dont je ne possédais qu'une adresse griffonnée au dos d'une enveloppe.

Alcor, c'était un gros bourg poussiéreux que seule une avenue principale irriguait. De lourdes maisons blanches s'alignaient tout le long. La ville barbotait dans la chaleur de l'été prolongé. Seule la place était animée au bout de la rue.

Sur la marquise d'un café, on lisait *Las Palomas* en lettres blanches. À l'intérieur la salle était vaste et les voix résonnaient sous les arcades de plâtre. Quelques vieux jouaient aux cartes et deux types parlaient en spécialistes de la *novillada* du lendemain. C'était veille de fête et de *toros* à Alcor.

Un des *aficionados* avait du plomb dans l'aile. Il rythmait chaque parole de larges claques sur le zinc. L'autre renonçait à le contredire, si tu veux, Mariano. Il aspirait le bout d'un cigare, et arrête de boire, sinon tu ne la verras même pas ta corrida !

Le *camarero*, un blond aux joues roses, s'amusait de la conversation en préparant une carafe de *limoncillo*[1]. Derrière lui, au-dessus des bouteilles, un écriteau avertissait IL EST INTERDIT DE CHANTER ET DE PARLER POLITIQUE. Mariano, ça l'a agacé tout à coup, *se prohibe !* tout est interdit ici, et moi si j'ai envie de dire que Dávila, il va aller se faire voir avec ses terres et ses orangers. Il ricanait en l'air, on va venir lui dire à don Antonio, barrez-vous ! les terres sont à nous maintenant, on va partager et, pour vous, le plus mauvais morceau, chacun son tour ! vous n'avez pas lu, don Antonio ? la loi sur les fermages ? allez, dehors ! *fuera,* don Antonio ! tes oranges, c'est nous qui les avons plantées, c'est nous qui les avons récoltées, cette fois, c'est nous qui allons les vendre ! tu entends ça ?

Son compère tâchait de le calmer, ferme-la Mariano ! La fermer ? plus jamais ! Tu vas le regretter, on t'écoute, je te dis, ferme-la, *por Dios !* Mais lui riait de sa bouche

1. Eau de vie avec glaçons et citron.

édentée. Ses yeux vibraient de colère et d'alcool, je lui dirai va-t'en vite, Dávila ! j'ai assez transpiré pour toi, assez crevé de faim pour toi !

L'assistance s'était arrêtée, le regardait aller jusqu'au bout de lui-même, mi-cruelle mi-amusée. Tu veux perdre ton travail, Mariano ? c'est ça que tu veux ? Je m'en fous de mon travail, c'est Dávila qui va travailler pour moi à présent, lui et la belle, l'élégante doña Remedios qui ne m'a jamais regardé, ils verront si la terre est basse !

Son ardeur retombait, allez, viens t'asseoir, a ordonné l'ami. La cour de la ferme on te laissera, *punto y fuera !* il a marmonné encore, Mariano. Deux minutes plus tard, il s'est endormi sur sa chaise. Un malaise planait dans le café, il a trop bu a regretté à voix haute son compagnon. Le métayer de Dávila, qui buvait de l'*aguardiente* au bout du comptoir, ne semblait pas enclin à tant d'indulgence.

L'air chaud pénétrait par la porte ajourée. Un troupeau de chèvres traversait la place. Le camarade de Mariano m'observait, je buvais mon café au comptoir, tu n'es pas d'ici toi ? Oui et non, j'ai essayé de détendre l'atmosphère, vous connaissez les Sanchez ? Lesquels Sanchez ? ceux du pont ou ceux de la calle Jativa ? Je ne sais pas, ceux dont le père est Teófilo et qui avaient un fils qui s'appelait Emilio. Tu les connais ? Non, mais je suis de leur famille.

L'autre s'est arrêté tout net, tu es le fils d'Emilio ? Non, je suis son neveu. Tu es le fils d'Asún alors ? tu viens de France, c'est ça ? Il était heureux, visiblement heureux, et j'en étais soulagé quand la gêne l'a rattrapé, écoute, je suis Eulalio, ton oncle, le frère d'Emilio et d'Asún, on m'appelle Lalo. Il m'a donné un *abrazo*, chez moi tu es le bienvenu, il n'y a aucun problème, *no hay problema.* Plus il le répétait, plus je comprenais qu'il y en avait un. Il a souri, m'a donné une tape dans le dos, et comment t'appelles-tu ? Emilio ! toi aussi ! Il m'a regardé, j'ai eu de la peine à la mort de ton oncle, quand nous étions enfants, nous nous entendions bien tous les deux, nous ne nous quittions pas. Il a baissé les yeux, la seule difficulté c'est le père, il ne voudra même pas entendre parler de toi, il en est resté aux histoires de déshonneur de sa fille, de la famille, tu comprends ? Je comprenais. Mais tu peux venir à la maison, au contraire ! je suis heureux de t'accueillir, Emilio, il insistait.

Il m'a entraîné par des ruelles de terre battue, tu dormiras chez moi ce soir, nous ne sommes pas riches, la maison n'est pas grande, mais il y a un lit dans le débarras, tu pourras t'installer là. Fernanda ! Fernanda ! viens voir qui est là, c'est incroyable ! Lalo avait peut-être vingt ans de plus que moi, il m'observait sans cesse, tu sais, on ne s'est pas beaucoup occupé de toi après la mort d'Emilio, il voulait le dire, ne savait pas trop comment, mais ici on vit au jour le jour avec beaucoup de misère à certaines époques, Fernanda c'est incroyable, le fils d'Asún, le neveu d'Emilio, il vient de France !

Moi aussi je le dévisageais, il était râblé, plus carré que moi, bâti pour les travaux durs. Je cherchais dans son profil quelque ressemblance, le nez dans sa courbure, les yeux surtout qui se plissaient en amande comme les miens. Fernanda, une femme sèche aux articulations noueuses, m'a fait fête et a préparé du riz aux légumes, de la *horchata*[1], et des *butifarras*[2], fierté de Lalo, c'est moi qui les fabrique, Emilio, j'en vends un peu aux voisins, aux amis. La chaleur de l'accueil coulait en moi comme du plaisir.

---

1. Boisson à base de souchet et d'amandes pilées.
2. Saucisses de Catalogne.

Nous avons marché avant le dîner. On était début octobre. La nuit n'avait pas attendu que la chaleur retombe pour glisser dans le ciel, s'insinuer dans les maisons. Toutes n'avaient pas l'électricité. On voyait des lampes à huile s'allumer.

À l'intérieur d'une bâtisse étroite et profonde retentissaient les accords de l'harmonie du village, ils répètent pour la fête de demain a dit Lalo. Des cuivres claironnaient contre les murs du local vide une musique martiale et enlevée qui cachait sa mélancolie dans un éclaboussement de notes fantasques, c'est dommage que tu ne puisses pas rester demain, ici c'est le grand jour. Il a réfléchi dans la pénombre qui s'installait, remarque, c'est peut-être aussi bien comme ça pour la première fois.

Nous nous sommes arrêtés devant une porte minuscule où une vieille rabougrie égrenait un chapelet, machinalement, en regardant le mur. *Tía*[3], c'est un cousin qui vient de France, *de Francia!* il a hurlé, Lalo, elle est sourde comme un pot, entre! je vais te présenter mon autre frère, Paco.

Le patio, la maison, les pièces, tout était plus exigu que chez Lalo. Paco devait vendre moins de *butifarras*, ah! c'est toi! entre, on m'a prévenu, il y en a qui t'ont vu au café tout à l'heure, sois le bienvenu! que fais-tu par là? la mili? ils n'ont pas voulu de toi? à la bonne heure! surtout qu'ici tu sais la situation est trouble, on ne sait pas ce qui se prépare, il y a beaucoup de chômage et de plus en plus de grèves. Il finissait de tresser un panier en faisant la moue, tout ça n'est pas bon. On causa un moment.

Lalo avait à faire. Il m'a laissé retourner seul chez lui. J'ai parcouru l'obscurité des ruelles que traversaient des

---

1. « Tante ».

cris d'enfants comme des hirondelles. Plus grave, plus fluide, palpitait la présence de ma mère qui avait grandi, sans doute pas mal souffert, parmi ces gens et ces murs. Dans la salle vide, un trombone solitaire dispersait quelques notes dont rien ne dissimulait la tristesse maintenant.

La soirée est passée si vite ! Lalo et Fernanda me traitaient comme s'ils m'avaient toujours connu. Ils n'avaient pas d'enfant et ma présence les réjouissait. Je me suis mis à parler, parler, un résumé de ma vie a défilé l'espace du repas.

Quand j'ai ouvert les yeux le lendemain, Lalo était levé depuis longtemps. Il avait accroché des boyaux à une corde pour préparer ses saucisses. L'odeur chaude, écœurante qui envahissait le patio m'était familière. Comme je ne lui avais rien caché de mes brillants débuts dans la charcuterie à Langon, il m'a montré son savoir-faire avec les boudins, les saucisses, les *butifarras*, pour le *chorizo*, c'est plus compliqué, en plus, c'est un secret, je te montrerai un jour si tu reviens.

L'heure de mon départ avançait, Lalo, j'ai dit, j'aimerais quand même rencontrer mon grand-père. Comme tu voudras mais ne te fais pas trop d'illusions, c'est un dur et depuis qu'il est malade, il est encore plus têtu.

Il était tôt encore. Des hommes préparaient la fête du soir suspendant de maigres calicots à une façade. Devant l'abattoir, j'ai entendu le bêlement d'une brebis qu'on égorgeait. Son sang coulait dans une rigole jusqu'à nos pieds.

Une maison fermait le bout de l'allée. Sa terrasse donnait sur les champs. C'était là, il était là, paralysé sur sa chaise, les traits figés. Lalo m'avait averti. *Padre*, c'est Emilio, tu sais, Paco t'en a parlé. La moitié de son visage était mort. Son œil valide est passé sur moi, fantomatique, ne souhaitant pas s'y arrêter.

Mon cœur battait un peu. J'attendais sans trop y croire un geste, une parole. Au lieu de ça il a poussé un grognement pour appeler une femme âgée qui se tenait dans la cuisine. C'était sa deuxième épouse, ma grand-mère était morte depuis longtemps. Elle ne m'a pas salué, s'est avancée vers Lalo qu'elle a rabroué, qu'est-ce que tu viens embêter ton père à cette heure ? Elle a pris de façon machinale le malade sous son épaule pour l'aider à se lever. Dans son visage effondré, le regard du vieillard a croisé encore le mien. Cette fois, je l'ai fixé, je voulais qu'il lise le nom de sa fille dans mes yeux, même s'il était déjà loin, dans des brumes où la mort s'approche, où tout ce qui vient des hommes indiffère, je suis Emilio, le fils d'Asún, j'ai bien articulé pour qu'il l'entende. Comme s'il ne l'avait pas su.

IV

1910

Fino n'en croyait pas ses yeux. Après avoir déchargé deux gabares le matin, Adriano était rentré vers les deux heures, avait déjeuné d'un morceau de fromage, lui qui affectionnait son repas du dimanche ! il avait enfilé une chemise propre et s'était rendu au bal, toi Adriano tu me caches quelque chose, t'es amoureux ma parole !

Les deux hommes marchaient rue Kléber en direction du *Clairon* d'où montait la musique d'un quadrille. Voir ce roc abrupt avancer avec gaieté vers une distraction excitait la curiosité de Serafino, il agitait son index et lui répétait, toi *compadre* tu me dis pas tout. Il eut la réponse quand il vit un groupe de jeunes filles devant la porte du café, Maria parmi elles qui n'était pas la moins belle ni la moins rougissante en ce dimanche après-midi.

Malgré l'ardeur de ses sentiments, Adriano eut un sursaut une fois à l'intérieur. Trois musiciens, qui n'en étaient pas à leur première prestation, attaquaient un air syncopé et, dans la salle close, la musique, les exclamations manquèrent avoir raison de sa patience. Maria restait sereine, attentive à ne pas le brusquer. Fino s'amusait mais demeurait amical près d'eux, tu vas avoir du mal à le faire danser, Maria !

Elle ne broncha pas et quand la musique fut plus douce elle prit la main d'Adriano pour le faire bouger sur le rythme d'une valse à trois temps. Fino s'esclaffait, ce coup-ci il a tout d'un ours, Adriano, t'as raté ta carrière, continue ! Les deux dansaient parmi les éclats de rire puis ils se noyèrent dans la foule, le bruit des voix, les accents de l'orchestre. Un des musiciens tapait avec sa trompette sur la tête d'un ivrogne qui lui cherchait noise. Quelques verres se brisèrent. Dans la fumée épaisse, le brouhaha, le couple avait si bien tourné qu'au bout de quelques minutes il avait même disparu.

Ils se promenèrent le long des quais tout l'après-midi. La Garonne s'étirait large, boueuse. Adriano ne la confondait plus avec la mer. La conversation tourna autour des villages, les Pyrénées, l'Aragon, la peine qu'on y avait trouvée, les aînés, les cousins qu'on y avait laissés. On ne s'attarda pas sur le soleil couchant qui donnait une couleur cuivrée aux berges de La Bastide. La tranquillité de la balade suffisait à leur représentation du bonheur, Adriano je me sens en confiance avec toi, je crois qu'on pourrait bien s'entendre tous les deux. Elle ne le sentait pas réticent. L'indépendance, la solitude, il y avait goûté, moi aussi, Maria, ça m'irait. Dans sa bouche, de telles paroles c'était beaucoup. Elle lui donna le bras, il faudrait commencer par un petit commerce, j'ai des idées depuis longtemps. Ces perspectives, ça les faisait sourire.

En remontant par la place Saint-Michel elle prit la décision de lui apprendre à lire, il savait un peu, les gros titres du journal, les annonces d'embauche sur les quais... à écrire et à compter. Maria savait depuis longtemps. Josefa s'était chargée de son éducation et de son instruction, les comptes personne ne doit les faire à ta place, le courrier aussi c'est important, comme ça, tu te fais respecter. Elle avait raison Josefa. Après il ne restait plus qu'à travailler.

Ils marchaient en direction de la halle. L'immeuble au coin de la rue Permentade était sombre et à moitié effondré. Personne ne l'habitait. Adriano reconnut la voix de Fino, bientôt sa silhouette et son béret rond. Il sortait des décombres en tenant par le cou une grande fille brune aux traits durs, échevelée. Il l'appelait *mi paloma*, ma colombe, elle avait tout d'un épervier jugea Maria. Fino riait, chantonnant *mi amor me dio un clavel*[1], s'exclamait sur le trottoir ma chérie ! ma chérie !

Adriano s'amusait. Avec ou sans commerce la vie pour Fino était belle, même les jours de pluie, Adriano, même quand il fait froid, même quand je la saute et que j'attends le soir pour manger un bout de pain, la vie est belle, Adriano ! Tant qu'on ne me met pas en taule ou à l'hôpital, tant que l'armée n'a pas besoin de moi, je me sens libre, je me dis que demain il fera beau.

La jeune femme s'appelait Camille. Elle vendait des artichauts au coin de la place Maucaillou. C'était la fille de Nénette, une marchande à la charrette. De sa mère elle avait hérité le port altier, le teint bistre, le caractère impulsif et dans ses prunelles d'un vert éclatant couvait en permanence le feu d'une sourde colère.

Depuis quelques mois Fino la voyait plus souvent. Il l'avait retrouvée au bal cet après-midi. Camille et Fino se connaissaient depuis l'enfance, quand ils travaillaient avant d'en avoir l'âge à l'usine de chaussures. On les cachait vite dans les cabinets quand débarquait l'inspec-

1. « mon amour m'a donné un œillet ».

teur. La promiscuité avait favorisé la découverte du sexe opposé. En grandissant, de loin en loin, ils avaient poursuivi leurs jeux. Dans la complicité, la bonne humeur. Entre ces deux, pas question de mariage, Fino trop volage, elle trop rétive. Elle avait vu défiler tant d'hommes aux côtés de sa mère qu'elle n'était pas prête à se soumettre aux exigences d'un seul et unique amant.

En apercevant Adriano et Maria qu'elle connaissait peu, elle avait quitté Fino, *adiós mi paloma!* je te vois demain, t'es un amour! Fino avait rejoint le couple sur le cours Saint-Jean. Ils prirent une limonade chez Lola, la sœur de Josefa qui venait d'ouvrir un débit de boissons à côté de la pharmacie, comme ça ils n'auront pas besoin d'aller loin tes clients. Tais-toi Fino, c'est toi qu'on devrait soigner et pour de bon!

Il frétillait plus que d'habitude ce soir-là, je crois que je vais faire affaire avec Camille, si elle ouvre son « café au lait[1] » rue du Casse, elle n'aura personne pour l'aider. J'installerai mes cruchades devant sa porte et je continuerai mes casse-croûte pour les dockers, mais plus sur les quais, ils les achèteront en passant. Il regarda Adriano, sérieux cette fois, qu'est-ce que t'en dis le grand? Adriano prit son élan pour parler, elle a son caractère et t'es pas commode non plus, elle peut un jour changer d'avis. D'un autre côté je gagne pas bien ma vie avec mon petit commerce, concéda Fino en roulant une cigarette de tabac gris, et puis Camille a besoin d'un homme qui la protège, en cas de coup dur, tu vois. Adriano le désigna d'un doigt ironique, et ce serait toi le protecteur? elle ferait mieux de compter sur son nerf de bœuf et son sacré tempérament ta Camille. Ceux qui

1. Petit établissement qui servait des cafés au lait.

viendront trouveront à qui parler. Et comment tu feras pour la défendre si des costauds l'embêtent? J'y ai pensé, s'esclaffa Fino, j'irai chercher les trois commis de chez Bruat, le charcutier d'à côté, ce sont des copains, à nous quatre on fera le ménage, je te garantis! Il frottait son court béret, heureux de sa bonne idée, et vous les amoureux, quand est-ce qu'on vous fiance?

Les amoureux on les vit se promener le soir après le service. Ils marchaient jusqu'à la porte d'Aquitaine, s'en retournaient par la rue Kléber, saluaient quelques compatriotes assis sur des chaises. Maria parlait de leur avenir de façon de moins en moins allusive. Elle ne rencontrait aucune résistance de la part d'Adriano. Il laissait glisser les choses sur une pente naturelle qui lui paraissait être un mieux dans sa vie.

Après lui avoir prodigué quelques conseils sur l'existence, Josefa aborda avec Maria le sujet du mariage de façon plus concrète, on pourrait l'organiser cet été quand les nuits sont longues, prévoir une cérémonie le matin et le repas dans la cour s'il fait beau, vous habiterez la chambre du haut dans un premier temps, après on verra. Le projet se façonna dans l'esprit de chacun.

Un soir enfin, Maria posa la question, Adriano, tu veux qu'on se marie? parce que si c'est oui, nous aurons beaucoup de choses à prévoir, où habiter, le linge, les draps, organiser la noce, avec quel argent, qui inviter, tu comprends? Ils étaient assis sur un banc place de la Victoire. Lui l'écoutait, confiant dans l'énergie que savait déployer cette femme encore si jeune. Est-ce que tu veux te marier avec moi, Adriano? L'air était doux et comme suspendu à sa réponse. Il leva ses yeux vers elle et eut sur les lèvres un léger sourire qu'elle interpréta comme un assentiment.

Il n'y eut pas de fiançailles, frais supplémentaires et temps perdu. Pepe Luis en parla à Josefa et Josefa à sa sœur, tout effacée au fond de sa cuisine, Adriano est un garçon sérieux, nous devrions la marier de suite ta fille. Tu sais bien, lui dit Adela, que pour l'avenir de Maria je m'en remets à toi.

Avant la messe de mariage Maria et Adriano durent se confesser auprès du jeune vicaire de la paroisse. Elle s'y prêta de bonne grâce, deux ou trois mensonges nécessaires, monsieur l'abbé, et quelques oublis. Il en fut autrement pour Adriano qui s'apprêtait à concéder des coups de poing administrés avec un excès de largesse et demeura incrédule, c'est quoi cette histoire? devant le galimatias du prêtre. Au retour, il secouait la tête, tu sais, ce curé, il a bien fait de faire prêtre.

La cérémonie fut brève et se déroula sans encombre. Maria était aux anges, mais inquiète aussi, et Adriano intimidé par le passage à l'église. Le costume, la cravate raidissaient son allure, lui donnaient un aspect endimanché, j'ai l'air de quoi habillé comme ça !

Le soir même débuta leur nouvelle vie, mais aucune intimité n'était possible au deuxième étage du *Zaragoza*. Une mince cloison séparait la chambre des jeunes mariés de celles de Josefa et Pepe Luis d'un côté, d'Adela de l'autre. Les pièces communiquaient entre elles par des portes mal fermées.

Maria trouva un appartement au loyer modeste avec une souillarde où l'on pouvait faire la cuisine et aussi sa toilette sur l'évier en pierre. Elle se sentit enfin libre de découvrir la vie conjugale mais il fallait calmer l'impatience d'Adriano, négocier avec ses maladresses et pour l'heure éviter une grossesse.

Josefa exerçait un matriarcat sans partage, vous continuerez de manger au café, je te donnerai ton marché chaque semaine et un pécule à la fin du mois. Une intrusion permanente dans leur vie qui ne fut pas longtemps du goût de Maria. Les rapports se tendirent. Quand le couple déménagea, Josefa en prit ombrage, parla d'ingratitude, d'égoïsme, après tout ce que j'ai fait pour eux !

Adriano continua de décharger les gabares sur les quais, assurant un subside régulier. Maria tenta sa chance en aidant une amie qui vendait des citrons à la charrette. Quand elle voulut installer son propre coin de vente, t'es qui toi ? d'où t'arrives ? l'accueil fut hostile, la chasse sans pitié, ici on ne se pointe pas comme ça, on demande, t'as compris ? Malgré l'appui de Nénette, la mère de Camille, cette fois tu t'en mêles pas Nénette ! d'accord ? elle ne put résister longtemps. Elle demeura plusieurs semaines sans travail ce qui rendit le paiement du loyer difficile, l'achat de nourriture aléatoire, les meilleures parts pour Adriano, il a besoin de toutes ses forces. Elle aurait jeûné trois jours plutôt que de réclamer du secours à Josefa.

Nénette, elle, avait fini par établir sa fille dans son « café au lait », croissants et brioches, là elle serait bien ! C'était sa récompense, j'ai tellement travaillé ! je l'ai élevée comme une princesse celle-là. Solennelle elle inspirait l'air, contemplait son étal vide, il me faut quelqu'un pour me donner la main, pour me remplacer quand je m'absente, tu ne voudrais pas Maria ?

S'absenter comme quand débarquait le mercredi matin Auguste Lapanne avec son chargement d'artichauts de Macau. Il était superbe avec sa casquette l'hiver, son canotier l'été, ses moustaches fournies et ses yeux noirs enfouis dans les orbites. Il menait par le licou sa jument qui tirait le chargement frais, l'ouvrier perché au-dessus.

Il arrêtait d'abord l'attelage au banc de légumes où les marchandes l'attendaient deux fois par semaine, discutaient le prix, pas longtemps, des artichauts de cette qualité, hein ! Il s'en roulait une, on parlait du beau temps, l'ouvrier déchargeait la marchandise. Lapanne se faisait payer et filait au *Débit Bleu* casser la croûte.

Nénette, l'air farouche, écartait ses bragues fendues par le milieu, pissait debout dans la rigole comme les hommes, un pied sur le trottoir. Elle suivait le Lapanne du regard, savait qu'il lui réservait quelques paniers d'artichauts frais. N'étant que revendeuse elle n'y avait pas droit et les marchandes le lui faisaient savoir avec des mots choisis, mais c'était son salaire et elle tenait bon.

Lapanne laissait sa jument chez Pipette le bourrelier, un artiste pour réparer les harnais quand il était à jeun, puis il lui faisait signe d'approcher, Nénette, t'as cinq minutes ? ce matin j'ai envie. Tous les mercredis matin il avait envie. Elle le défiait l'œil moqueur. Il en éprouvait quelque crainte, mais il aimait ça. De toute façon c'était lui qui payait ou c'était tout comme, si elle veut sa part… Si je veux sauver mon commerce… Maria, garde-moi le banc ! je reviens dans un moment. Elle soupirait pour la forme, avec lui en principe ça va vite.

Elle habitait à deux pas de son étal. Quand il la voyait filer dans l'impasse, Lapanne la rejoignait dans son galetas où régnait une odeur aigre. Nénette n'était plus très jeune, ne se lavait pas souvent. Elle le connaissait depuis des années, alors, tu viens retrouver ta petite habitude? Il la prenait par la taille, elle ouvrait ses jupes, découvrait une toison sauvage qui remontait en losange jusqu'au nombril. Elle tombait sur le lit, soudain absente, cachait son regard terrible d'une main pudique.

Lui savourait un bref instant de domination, se servait en propriétaire. Mais en dix secondes le plaisir était déjà passé, té! ç'a pas traîné ce coup-ci! D'autres fois au contraire l'odeur sure de la peau de Nénette ou le sentiment d'une contrariété mal définie le freinaient dans son élan. Lapanne ahanait sur ce corps indifférent. Le temps passait. Il expirait, étouffait, il était cramoisi, en nage. Nénette s'inquiétait, dis donc, t'as pas la forme aujourd'hui! Lui s'abrutissait dans la quête du spasme, tu vas pas nous faire une attaque au moins?

Ce pauvre Auguste! qui reprenait ses esprits à présent, alors patron, ça va mieux? moi, tu m'as moulue! Un mot aimable pour ne pas le froisser Lapanne. Bon prince il laissait quelques billets sur la table, à mercredi ma grande! Puis il passait récupérer sa jument chez le bourrelier, l'ouvrier au comptoir du *Débit Bleu.*

Au marché on se parle librement. On s'engueule, on s'appelle, on se moque. On se traite, c'est sans importance. Nous sommes tous plus insolents les uns que les autres. Une excitation nous prend quand nous sommes au travail sous la halle.
À se lever la nuit, à se coucher le jour, la vie devient folle, les esprits s'exaltent, je tiens que par les nerfs, j'ai la pendule déréglée, les idées arrivent à plusieurs, vont parfois si vite que les mots ont du mal à les suivre, ils accélèrent dans des images, sont de plus en plus familiers, sautent d'une phrase à l'autre comme de vrais trapézistes. L'œil est fixé, tendu, la parole débite débite, elle essaie d'en dire le plus possible des idées.
À la fin, au bout de l'excitation, il n'y a plus de phrases, il n'y a plus de paroles, même les plus grossières, il ne reste que des cris, encore quelques rires et puis tout retombe. Soudain, dans un abattement.
Parce qu'il y a des hauts et des bas dans la fatigue. Les moments qu'on aime et ceux qu'on aime pas. Des mots aussi, des mots qu'il faudrait pas dire et d'autres qui font du bien.

Mai 1912

Pendant de longs mois Maria végéta de petits boulots en tâches provisoires, la situation ne s'arrangeait pas. Elle s'impatientait, je ne veux plus dépendre des autres, Adriano !

Ils en parlèrent un soir. La fenêtre était ouverte. Au-dessus des tuiles inégales des toits, le ciel inspirait un élan infini qui convenait à leur jeunesse, tu sais, sur le port, on dit que des gens comme nous se débrouillent bien en Amérique, j'ai deux collègues de Huesca, les frères Pavón, qui vont partir en Argentine. Un cousin leur a trouvé du travail dans une ferme. Ils ont besoin de main-d'œuvre là-bas. C'est un pays dur, mais on peut vite gagner sa vie.

L'idée flottait légère dans la chambre, prenait corps à chaque phrase davantage, le gouvernement prête même l'argent du voyage, tu as un délai pour rembourser.

L'Argentine, ils avaient entendu parler du port où s'entassaient les émigrants, des plaines qu'habitaient les Indiens. Ils avaient confiance en eux. Combien faudra-t-il emporter pour débuter là-bas ? Est-ce un pays chaud, un pays froid ? On pourra peut-être monter une affaire. Adriano, les yeux dans le vague, mûrissait son projet, s'il faut du courage, ça ne m'a jamais manqué.

Ils se couchèrent imprégnés de certitude, d'un monde sauvage où vaillance et sérieux leur ouvriraient la voie. Ils en discutèrent encore dans une nuit entrecoupée de sommes. L'Amérique ! faute d'images précises, leur enthousiasme forgeait la réalité de leurs rêves.

La Compagnie des Chargeurs Réunis, quai des Chartrons.

Maria le lendemain poussa la lourde porte vitrée. Sur le comptoir de bois verni trônait la maquette d'un paquebot hérissé de cheminées. Un homme maigre en chemise à faux col prit le temps de lui décrire le voyage, le bateau arrive de La Pallice, vous embarquerez à Blaye où vous vous rendrez par train aux frais de la Compagnie, suivront deux escales à Bilbao et Lisbonne, Maria crispait son attention afin de ne rien perdre, et après, la grande traversée ! Les mots Atlantique, Portugal, Îles Canaries dansaient dans sa tête. Une immensité océanique s'emparait d'elle qui n'avait jamais vu la mer.

Elle s'en retourna vers le quartier en courant presque, grisée par tant d'images. Le monde s'ouvrait à eux. Elle humait déjà les embruns, le vent des estuaires, sentait dans les bras la fatigue des tâches qui les attendaient.

Sa décision était prise, Adriano n'hésiterait pas non plus, elle en était sûre. L'aventure prenait forme. Tant d'inconnu lui donnait le vertige, je ne vais pas partir en l'annonçant à ma mère et pas à Josefa. Ce fut la réconciliation, on se pardonna, on s'embrassa, vous avez raison ! vous êtes jeunes, c'est le moment ! Le soutien de la famille, un réconfort pour les jours difficiles qui là-bas ne manqueraient pas.

On prépara les bagages. Outre le linge et des couvertures, Adriano emporta un tournevis et un marteau, persuadé qu'ainsi on l'embaucherait plus vite. Il chargea une valise sur son épaule. Serafino le suivait poussant la malle sur le diable de l'épicier.

La troupe se mit en route, dépêchez-vous ! nous sommes en retard. Mais, Adriano, il nous reste deux heures avant le train. *Cállate*[1] ! je sais ce que je dis. Il

1. « Tais-toi ! »

marchait à grandes enjambées sans se retourner. Adriano, attends-nous, *por Dios!* Maria protesta. Les autres s'essoufflaient, prends le premier train! se moqua Fino, on t'envoie Maria par le suivant.

Adriano avançait, ne répondait pas. Josefa et Adela à ses côtés, Maria trottinait, vêtue d'une jupe noire, d'un chemisier blanc brodé, chic mais pas trop, au cas où on rencontrerait du monde. Anxieuse en apparence, paniquée en son for intérieur. Elle qui craignait les incendies et la foule, les araignées et les chats noirs, partait traverser l'océan Atlantique, comme Christophe Colomb, pour aller vivre dans un pays peuplé d'Indiens, à l'autre bout de la terre.

Les embrassades furent abrégées, rugueuses, c'est pas aujourd'hui qu'il faut s'attendrir hein, Maria! On essuya vite une larme, Josefa les baisa au front, tout se passera bien. Le train démarra, Fino lança une blague. Ceux qui restaient avaient l'estomac serré. Maria et Adriano se sentirent brusquement faibles sur leurs jambes, tout le temps que le train franchit la passerelle sur le fleuve et plus loin encore, jusqu'aux panneaux qui indiquaient Bassens après le tunnel, dans le tournant.

À Blaye c'était un cargo qui les attendait, de faible tonnage, muni d'une seule cheminée, il n'est pas trop petit ce bateau? Adriano, tu crois qu'il peut traverser l'Océan?

Des marins fumaient appuyés au bastingage. Un sous-officier à la veste fripée s'approcha. On les aida à hisser les bagages, le bateau n'est pas plein pour ce voyage, nous allons vous donner des cabines de deuxième. Le navire transportait du charbon, d'imposantes machines dans des caisses de bois et quelques voyageurs dans les cabines regroupées à l'entrepont et à l'arrière.

En soirée ils franchirent l'estuaire. Maria s'effrayait des premières vagues qui vinrent heurter le navire. Le vent s'était levé, cinglait les visages. Elle pensa qu'il fouettait son ardeur et qu'elle en avait besoin. La terre qui était devenue la sienne s'éloigna.

On longea la côte espagnole. De loin on apercevait des ports et, la nuit, la lumière alternée d'un phare. À bord ce n'était pas le luxe, mais Maria commença à prendre du plaisir au voyage. Adriano trouva deux compères, un de Teruel, l'autre de Jaca, avec qui il put causer et disputer d'interminables parties de cartes.

Trois jours plus tard, le cargo s'engagea dans l'embouchure du Tage. Le château, les quartiers étagés, les milliers de fenêtres, Lisbonne du haut de ses collines dévalait jusqu'au fleuve.

Adriano, qui avait besoin d'employer sa force, aida les marins à l'amarrage.

Après le dîner, on entendit du remue-ménage sur le pont. Un homme et une femme avaient gravi la passerelle, suivis d'une kyrielle de malles luxueuses cloutées. Par les hublots s'agitaient les têtes hirsutes des émigrants, tiens voilà du beau linge ! le commandant redoublait de déférence, celui-là, il en a moins fait pour nous en huit jours que pour ces deux en dix minutes.

La femme avait une trentaine d'années. Elle était vêtue d'une robe à panier grise. Une ombrelle tournait dans ses doigts. L'homme, jeune aussi, raide d'allure, parlait la tête jetée en arrière. Des rouflaquettes lui mangeaient le visage.

En remontant sur le pont, Adriano et Maria croisèrent le second du commandant qui les cherchait, ah ! nous avons besoin de vous. La dame qui vient d'embarquer n'a personne pour l'assister, elle m'a demandé de lui trouver une camériste. Je ne sais si je pourrai. Mais si, ne vous inquiétez pas ! Le second prit un air convaincant, qui sait ! c'est peut-être là votre chance.

Maria se présenta au couple, ce fut la señora qui la reçut, l'interrogea brièvement, lui expliqua le linge, la chambre, le service, vous verrez, je vous donnerai mes instructions au fur et à mesure. Elle avait l'air las, tendu, mais gardait le sourire, vous m'appellerez doña Matilde et monsieur, don Pedro.

Don Pedro regardait par l'un des hublots de la vaste cabine dont le seul luxe était un lit d'acajou, un fauteuil recouvert de tissu. Il se retourna, salua Maria, *buenas noches*, d'un air précieux et distingué qui l'impressionna.

Le voyage s'étira sur vingt-trois jours. On aperçut le dos des marsouins, l'aile grise d'oiseaux perdus sur l'Atlantique. La mer fut calme constamment. Doña Matilde se reposa beaucoup, ils se sont enfuis de Madrid tous les deux, c'est l'épouse du ministre de la Guerre et lui, un officier de la Garde Royale, surtout tu ne dis rien à personne, Adriano ! Ne t'inquiète pas, c'est pas mon genre. Il se contentait de trouver le temps long et ne quittait guère ses compères aragonais.

Un matin le cargo pénétra dans les eaux saumâtres du Rio de la Plata. Une effervescence parcourut les voyageurs. Ils tendaient le cou afin de mieux découvrir le Nouveau Monde, on ne voit pas encore Buenos Aires ! Le second leur dessilla les yeux, vous allez être déçus, on ne voit pas grand-chose. Leurs voix trahissaient une joie nerveuse, c'est quand même pas tous les jours qu'on débarque en Amérique ! De minuscules habitations s'effilochaient sur les premières bandes de terre, en face c'est Montevideo et l'Uruguay. À bâbord se découpa bientôt la haute silhouette de navires à quai, une forêt de cheminées qui s'étendait sur des kilomètres. Lentement le cargo s'approcha, longea les digues. En début d'après-midi, il s'engagea dans une darse.

L'absence de vent, une chaleur d'étuve rendaient plus boueuses encore les eaux du port. Longtemps le cargo manœuvra dans les bassins au milieu d'une armada de paquebots. Sur le pont, la troupe des émigrés n'en menait pas large sous les parois de ferraille, les lignes de cordages, prise entre l'impatience de débarquer et l'inquiétude de ce qui les attendait.

Maria et Adriano, rendez-vous au bureau de l'immigration ! Ils descendirent la passerelle avec les autres, firent la queue, laissèrent l'empreinte de leurs doigts passés au tampon d'encre. Acquittez-vous des formalités, vous remonterez ensuite et, si vous le désirez, doña Matilde s'adressait à Maria avec un large sourire, vous pourrez vous installer avec nous, nous nous connaissons maintenant.

Maria accepta. Elle voyait partir les rangs d'émigrés vers les rues incertaines de La Boca. Souvent ils avaient en poche l'adresse d'un parent, d'un ami, d'autres erraient sur le quai, il n'y a pas à hésiter, Adriano, pour nous c'est une aubaine.

Des amis diplomates dénichèrent une demeure au nord du quartier de Palermo, dans une rue bordée de caoutchoucs. Une maison à étage. On poussait la grille de fer forgé, un long vestibule débouchait sur deux patios contigus, le toit était en terrasse, le sol à refaire,

Adriano, je crois qu'il faudra cimenter les dalles et le jardin aura besoin de vous.

Don Pedro dit qu'il aimait les fleurs et la couleur des arbres en cette saison. Il avait rasé son visage pendant le voyage, gardé une simple barbiche que Matilde lui pinçait, ça te va mieux comme ça. Elle battait des mains, le salon là, le patio à repeindre, elle dansait, lui prenait la main, viens ! je t'emmène visiter notre maison. En haut de l'escalier ils disparurent.

Maria et Adriano eux aussi s'installèrent. Deux pièces en sous-sol. En cachette ils s'embrassèrent.

Pedro était cavalier, chaque matin ses bottes cirées. Il n'avait pas tardé à rencontrer des amis pour chevaucher autour de Buenos Aires.

Les malles qu'avaient emportées les deux amants n'étaient pas vides. Consuelo, proche amie de Matilde, facilita l'achat d'une propriété près de San Nicolás dans la Pampa. Des banquiers recommandés s'empressèrent de leur rendre visite. L'argent fut vite et bien placé. On agissait dans la hâte, le plaisir aussi, avec l'aisance de la fortune et du rang.

Maria, il faudrait coudre le bas de ma robe neuve, Maria, tu repasseras mon chemisier noir. Maria tu iras acheter des légumes. Maria, les housses du salon, Consuelo et son mari viendront dîner.

Les journées commençaient tôt le matin, n'avaient jamais de fin, la patronne est aimable, mais c'est une enfant gâtée. Dis-lui, Maria, que tu peux pas tout faire, maugréa Adriano. Qu'elle prenne une cuisinière !

Adriano, *hombre!* assieds-toi. Au fond d'un *conventillo* de San Telmo, il avait retrouvé ses amis du bateau, rien que des Espagnols, là-dedans, surtout des hommes, qui s'interpellaient d'une fenêtre à l'autre autour du patio.

Isidro lui ouvrait la voie dans l'escalier de bois sans lumière. Ça gueulait de tous les côtés. Trois ou quatre lits crasseux par chambre. Certains se reposaient, d'autres jouaient au *truco,* entre nous d'abord et sans argent pour pas se faire plumer par les Argentins. Un vieux coiffé d'un chapeau de paille grattait sa guitare sur un grabat, *cállate* Esteban ! y en a qui dorment. Isidro évoluait toujours avec autorité, viens, je vais te montrer notre chambre, Angel ! viens voir qui est là.

Abrazos. Toi t'es verni Adriano, du bon boulot, une belle maison, ta femme avec toi… Adriano ne disait rien. Quand il les voyait entassés dans ce taudis, c'est vrai qu'il était verni. Et vous ? figure-toi qu'on a rencontré un drôle de gars qui vend du matériel de construction, il est des Pyrénées, c'est un Français, on l'appelle Rogelio.

Isidro riait en s'asseyant à cheval sur une chaise, il nous a adoptés parce que nous sommes copains avec son chef d'équipe, un gars de Jaca. Il y a de tout chez lui, des Espagnols, des Italiens, des Polonais, des Portugais. Rogelio il a l'obsession de se faire voler, il dort jamais. Sans femme, sans ami. Un vrai sauvage. Tiens ! nous allons boire un coup. Ils avalèrent un doigt d'eau de vie, trinquèrent à leur réussite. Isidro lui donna une tape sur l'épaule, il ouvrit les mains, fataliste, nous ne sommes pas encore riches mais ça viendra bien un jour. Ils le raccompagnèrent jusqu'à la rue.

Soy el rubio Pichinango (tango)

Soy el rubio Pichinango
yo el paraíto Zapitria,
yo nunca niego la cría
soy el negro Pantaleón.
Los tres somos cuchilleros
muy nombrados de la gente
que nos limpiamos los dientes
con la punta del facón.

Je suis Pichinango le blond
moi Zapitria le verni,
mes origines jamais je renie
je suis le nègre Pantaleon.
Tous les trois on joue du surin
on est connus dans le patelin
et on se cure les chicots
avec la pointe de nos couteaux.

(musique: Eduardo García Lalanne)

Après le déjeuner, un cocher en victoria conduisait Matilde à la *Confitería Ideal* le long de Suipacha. Sous les plafonds en stuc, les colonnes et les miroirs, elle retrouvait Consuelo et de nouvelles amies, *un merenguito con leche! unos churritos para mí* [1] !

Adriano, lui, s'échappait après le déjeuner, tchic tchac, il s'était mis au *truco*. Il descendait Santa Fé puis Maípu en tramway ou à longues enjambées, quelques *cuadras* plus loin rejoignait les copains au conventillo ou dans l'arrière-salle du *Casa Andrés*, viens là, nous serons plus tranquilles, un bistrot miteux où pour le prix d'un *café con leche* les hommes passaient l'après-midi à jouer.

Ni parties de cartes avec les amis, ni *chocolate* à la *Confitería* pour Maria. Les semaines passaient sans répit. Doña Matilde était de plus en plus capricieuse. Simple et complice dans l'intimité, elle devenait mondaine et d'un orgueil ridicule, *olá-á-á!* dès que surgissait la moindre visite. Si elle pouvait se taire pendant cinq minutes!

Parfois don Pedro ne chaussait pas ses bottes, ne faisait pas claquer la cravache sur la couture du pantalon, Maria, mes compresses! Le cheveu en bataille, la mâchoire gémissante, il s'enveloppait dans un long peignoir, ferme les volets, la migraine me reprend! Maria lui portait du maté, on dit que ça soulage. Il faisait la grimace, tu n'as rien trouvé de plus amer? Elle lui montait toutes les heures des serviettes humides. Adriano qui jardinait haussait les épaules, que lui arrive-t-il encore à notre beau militaire? Tais-toi, Adriano! t'en mêle pas! Il grommelait quelques mots, femmelette, chochotte, que couvrait le bruit des coups de pelle.

---

1. «Une petite meringue avec du lait! Des petits beignets pour moi!»

Ce fut Matilde qui l'annonça la première, Maria, j'ai un secret qui va te faire plaisir. Maria ne confia pas le sien qui la réjouissait moins, même Adriano n'était pas informé.

Doña Matilde ébaucha un sourire, aussi frais qu'une rose au matin aurait dit Pedro. Elle allait embrasser Maria quand elle pâlit, se tourna vers la table de toilette et vomit son café dans la cuvette. Ça commence bien ! commenta Adriano quand il fut averti, heureusement le cavalier est en forme ces jours-ci, manquerait plus que ça !

On fit appeler le docteur Ocampo, Jorge Luis Ocampo, un ami de Consuelo, homme fin et lettré qui, outre Victor Hugo et Cervantès, connaissait sur le bout du doigt l'œuvre de Camoens et des frères Goncourt. On le rencontrait souvent sous les verrières du café *Tortoni* entouré d'écrivains. Il parlait peu, de son métier encore moins. Il préconisa des infusions d'eucalyptus, c'est bon pour tout ! prodigua d'excellents conseils, deux trois semaines embêtantes et vous verrez, Matilde, tout ira bien.

Maria jusqu'à trois mois cacha sa fatigue et sa grossesse. Ses seins poussaient, son ventre gonflait. Aux premières nausées, la tête avait tourné et puis, l'équilibre retrouvé, elle avait poursuivi le ménage. Adriano, elle craignait sa réaction, il faut que je te dise quelque chose. Pas maintenant, je dois finir de tracer l'allée. Adriano, assieds-toi, il faut que je te parle. L'esprit au jardinage, il la regarda impatienté, qu'y a-t-il ? tu ne comprends pas ? Tu es enceinte ! Il hocha la tête, eut un léger sourire au coin des lèvres, moi, je veux bien, mais comment allons-nous faire ? et eux, qu'est-ce qu'ils vont dire ?

Ils dirent For-mi-da-ble ! mais leur regard exprima une autre inquiétude que Maria s'attacha à dissiper. Elle fut présente auprès de la señora, soucieuse du moindre de ses malaises, indifférente aux siens.

Gabriel chez Adriano et Maria, Silvia chez *los señores*, naquirent à deux semaines d'intervalle. Pour des premières naissances, le docteur Ocampo et Victoria la *comadrona* ne cachèrent pas leur satisfaction. Maria fit son possible pour être sur pied au plus vite. Entre les tétées et les pleurs de la nuit, elle se démultiplia pour se montrer aussi disponible qu'auparavant et rassurer tout son monde.

Son seul bonheur était la jeune vie de Gabriel, sa seule satisfaction ses maigres économies. Dans une course, répétée chaque jour, les toilettes, les repas, le ménage encore, où l'avenir se brouillait, elle ne se posait pas la question de la fatigue, mais elle voyait Adriano s'assombrir, se réfugier solitaire dans la cabane à outils, nous ne sommes pas venus au bout du monde pour être domestiques toute notre vie, lâcha-t-il un soir.

Au bout de dix mois une nouvelle grossesse s'annonça, coupa court aux tergiversations.

Leur logement n'était pas grand. Adriano se montrait de plus en plus tendu, agressif avec Maria, peu gracieux avec les patrons.

Une nuit il revint de chez Andrés avec une oreille en sang, une estafilade sur la joue. Qu'est-ce qui t'arrive ? Bien sûr, tu t'es battu ! Deux Argentins qui me cherchaient… Pour un mauvais regard on pouvait se retrouver avec un poignard dans le ventre. Adriano n'en avait cure. Les autres avaient cru pouvoir l'impressionner. Avec ses poings il les avait assommés avant qu'ils ne sortent les couteaux.

Mercedes naquit avant terme, une fille en plus ! Adriano la trouva maigrichonne, bouda un peu plus souvent au fond du jardin. Doña Matilde et la sage-femme aidèrent Maria les premiers temps.

Au début d'août 1914, ils reçurent une lettre de Josefa datée du mois de juin leur disant que tout allait bien à Bordeaux, malgré une courte maladie de Pepe Luis qui est au régime maintenant, et apprirent par les journaux que l'Europe était en guerre.

Les mois passaient. Les terrasses sur Mayo se remplissaient le soir dans la chaleur moite de janvier, les crieurs de journaux s'époumonaient sur Corrientes ou Santa Fé, net fléchissement du commerce extérieur ! France : des milliers de mort sur les champs de bataille !

Mercé profitait, Gabriel et Silvia jouaient dans les allées ou l'après-midi au Botánico, don Pedro montait à cheval, Matilde prenait son *chocolatito* en ville, Maria faisait le ménage, la cuisine et encore le ménage, Adriano bricolait jusqu'à cette nuit d'avril 1916 où Pedro fut réveillé par un long frisson dans le dos, un mal de tête impitoyable. La fièvre monta brutalement dans la matinée. Il fut envahi de nausées, de douleurs. Le docteur Ocampo ne fut pas long à suspecter la fièvre jaune qui couvait dans le quartier de San Telmo, mais qui parfois, hélas ! chère amie, peut s'en échapper.

Le lendemain Adriano à son tour fut incapable de se lever, cloué au lit par la fatigue, à boire ! la fièvre, des douleurs du front, de tous les membres. À boire ! Il s'agitait dans les draps, *qué me pasa ? pero, qué me pasa ?*

Face au malheur Matilde poussa de petits cris, comme des glapissements, Maria se retroussa les manches.

Le médecin pratiqua une saignée, conseilla une décoction de quinquina, des purgatifs, préconisa des bains tièdes. Matin, midi et soir, Maria fit chauffer l'eau, remplit la baignoire, porta sur son dos les corps anéantis des deux hommes, don Pedro plus léger, gémissant, Adriano massif, immobile, dangereusement immobile, *por Dios*, Adriano, que tu pèses !

Le docteur Ocampo vint trois fois par jour examiner Pedro et Adriano, donnez-leur des infusions de camomille, une le soir de romarin et continuez les bains, surtout continuez les bains !

Maria respecta scrupuleusement les consignes du médecin puisqu'il fallait s'en remettre à la science, mais pria la Vierge auprès d'une image pieuse et surtout fut dès le début convaincue qu'elle ne pouvait compter que sur elle-même et sur l'indulgence de la maladie, Adriano, écoute-moi ! tu ne vas pas nous laisser, tu entends ? à l'autre bout du monde, moi toute seule avec les enfants, c'est impossible, Adriano ! tu vas te secouer, dis-toi que t'es costaud, qu'il faut que tu t'en sortes ! Il grognait, ne comprenait plus le monde à travers ces douleurs et cette faiblesse qui lui étaient si étrangères, pose-moi une compresse froide sur le front, ça me soulage.

Le lendemain il demeura abattu, secoué de frissons alors que Pedro connut quelques heures d'accalmie. Matilde courut à l'église du *barrio* allumer un cierge tandis qu'il reposait. Quand elle revint, la fièvre avait brutalement grimpé, il saignait du nez. Ocampo cette fois fit la grimace, on entendait la détresse de Matilde dans le salon, Maria, ta maîtresse va avoir besoin de toi, je crains le pire pour don Pedro. Et Adriano, docteur ? Je ne peux rien dire encore, il la regarda, mais ton mari est un gaillard, gardons l'espoir qu'il s'en sorte !

Pedro vomit de pleines cuvettes d'un liquide parsemé de caillots noirs. À midi son visage était gris. Vers cinq heures, il vira au jaune cireux. Il perdit connaissance, sa respiration s'amplifia, de plus en plus bruyante, comme un soufflet de forge qui résonnait dans toutes les pièces. Elle s'accéléra pendant quelques heures encore et céda brutalement. Le silence s'empara de la maison. Il faisait nuit. Don Pedro était mort.

Il pleuvait le lendemain quand on l'enterra à La Recoleta. Quelques amis, Consuelo, d'autres, entourèrent Matilde.

Adriano au même moment commença à transpirer abondamment. Les draps étaient trempés de sueur. Il élimina des litres d'une urine sale, malodorante. Dans les heures qui suivirent, épuisé, naufragé rejeté sur le sable par la tempête, il se sentit mieux. Maria inquiète s'affairait, le changeait. Il fit un geste, donne-moi à boire, je crois que ça va aller.

Les semaines suivantes virent Matilde désemparée. La mort de Pedro, l'exil, la vie par pans entiers s'était effondrée.

Adriano reprit des forces. L'ictère l'abandonna lentement. Le docteur Ocampo, au bout de quinze jours, le déclara sorti d'affaire et conseilla un régime.

Matilde reçut une lettre d'Espagne. Sa famille l'attendait, prête à l'accueillir, ton père a compris et pardonné écrivait sa mère.

Dès lors le retour à Madrid fut envisagé. Matilde souhaitait les aider, pourquoi n'iriez-vous pas à l'*estancia* de San Nicolás, si je devais la céder, le nouveau propriétaire serait content de vous avoir déjà sur place.

Ils se quittèrent, sachant qu'ils ne se verraient sans doute plus, je vous écrirai, ils s'embrassèrent.

Au milieu d'une foule de travailleurs misérables, Maria et Adriano prirent le train à Constitución, voyagèrent toute la nuit, les enfants endormis sur leurs genoux. Ils débarquèrent au matin dans un paysage désertique où la terre se confondait avec le ciel, au bout, tout au bout de l'horizon.

Hilario, un gaucho métissé d'indien, servait de contremaître à la ferme. Ils n'étaient pas les bienvenus, Hilario le dit sans ambages, de toute manière notre travail ici c'est la tonte des moutons, la conduite du bétail aux abreuvoirs et une fois par mois celle des bêtes achetées que l'on mène au train. Avant nous avions deux *peones* italiens pour creuser les fossés et poser les clôtures, deux bons à rien, ils sont partis. Ses yeux plissés ne transigeaient pas face à Adriano, je crois qu'il faudra que tu commences par là, *compadre*.

Cela ne dérangeait pas Adriano, seul, sans contrainte, au milieu de ces champs à perte de vue. Il partait le matin avec sa réserve d'eau, quelques galettes, du fromage, plantait ses piquets, tendait son fil de fer, dénichait toujours un arbre pour la sieste. Un soir il en trouva un pour s'abriter. La nuit l'avait surpris alors qu'il n'avait pas fini une tranchée. Plus le temps de rentrer à la ferme. La pampa à la tombée du jour se peuplait de bêtes fauves, de bruits inquiétants. Il n'eut d'autre solution que de grimper au tronc de l'arbre, de passer la nuit recroquevillé sur la fourche de grosses branches. En pleine nuit il eut la visite d'un puma qui feula, se fit les griffes contre le tronc, eut la bonne idée de s'éloigner.

Lui si peu bavard raconta souvent l'aventure. Il raconta aussi, c'était sa guerre à lui, Adriano, l'épisode des voleurs de bétail. Il poussait son histoire d'un rire léger, enfantin, Hilario était parti bambocher à San Nicolás heureusement je savais manier la Remington, je n'ai pas dit un mot et j'ai tiré plusieurs fois en hauteur, presque aussitôt après, de l'autre côté de la ferme, j'ai entendu un ou deux coups de feu en réponse et la galopade, j'avais eu de la chance, ceux-là n'étaient pas très courageux.

Doña Matilde repartie en Espagne, de sombres affaires menées par un gestionnaire véreux alourdirent le climat déjà hostile. Les salaires ne furent plus payés depuis Buenos Aires. Au bout de deux mois l'expérience pampéenne tourna court.

Malgré les craintes de Maria, à San Telmo ! tu n'as pas assez attrapé la fièvre jaune comme ça ! ils s'installèrent dans une pension de famille sans luxe que tenait un Aragonais, calle Chacabuco, près du *conventillo* des copains. Adriano partit les rejoindre, je vais voir si leur Français n'a pas besoin de moi.

Piedra y madera
Artículos de construcción
1380 Calle Perú
Unión Telefónica 4206

Le Français l'engagea aussitôt, viens, je vais te conduire. Ils grimpèrent sur un chariot en direction du Riachuelo voisin, nous sommes près de la gare et du fleuve, comme ça les matériaux nous parviennent par le train, par le bateau, repartent de même. Il fumait son mégot du coin des lèvres, tu sais, ici rien n'est facile, ceux qui disent le contraire sont des menteurs, à moins de voler, c'est aussi dur de faire fortune à Buenos Aires qu'à Paris. Sous son chapeau de feutre auréolé de crasse, il avait l'air prématurément vieilli. Adriano l'écoutait, acquiesçait vaguement, difficile de s'en sortir la tête haute, quinze ans que je bataille pour mettre trois sous de côté ! Quand on croit que ça va marcher, on te vole, tout est à recommencer.

Rogelio avait des gestes rapides que ses pensées bousculaient. Arrivés sur un ponton au bord du fleuve, ils sautèrent du chariot près d'une barge chargée de troncs, de caisses. Je reçois de tout ici, tu vois, du pin pour les pavés, les maisons, du *quebracho*[1] qui vient du Nord pour les bordures de trottoir, les poteaux télégraphiques, ses yeux dévoraient la marchandise.

Mon cher frère, ma chère belle-sœur,

Comme je vous le disais, la vie ici est tous les jours plus difficile. Les vols et les agressions sont nombreux. Il est fréquent qu'un homme soit égorgé pour une histoire de jalousie entre émigrés. Le pays a besoin de main-d'œuvre. Dans cette population on trouve de pauvres gens qui voudraient déjà repartir et n'auront jamais l'argent du retour et des individus de toutes origines sans éducation et sans morale.

Comme beaucoup d'hommes, mes chers parents, je souffre de solitude dans ce pays et je pense souvent à vous. J'ai été heureux d'apprendre que mes neveux ont pu être inscrits au collège des pères marianistes de Toulouse. J'enverrai la somme nécessaire dès le mois prochain.

J'espère que cette lettre vous trouvera tous en bonne santé.

Votre frère qui ne vous oublie pas et souhaite vivement vous revoir un jour pas trop lointain.

Roger

Il dévisageait Adriano pendant que les ouvriers déchargeaient le bateau, méfie-toi d'eux, ce sont des vauriens ! Ne vous inquiétez pas, patron ! Ici, mon gar-

1. Ou « bois de fer » : bois extrêmement dur d'Amérique du Sud.

çon, pas de sentiment, tu sais, de l'autorité! Adriano à son tour le regarda, en général il faut que ça se passe comme je veux que ça se passe, ça vous va? Après une si longue tirade, Adriano alla s'asseoir sur un talus.

Rogelio tentait de communiquer sa fièvre à son nouveau chef d'équipe, ton travail ce sera de stocker le matériel dans les deux *galpones*[1] qui se trouvent derrière, Buenos Aires est en pleine ébullition, entends-tu, Adriano, tout reste à faire, Buenos Aires veut devenir une grande capitale, elle veut un tramway, je lui vends des rails, elle veut des égouts, je lui vends du ciment et des feuilles de zinc pour le toit des échoppes. Il levait les bras, les baissait, interpellait Adriano qui mastiquait son casse-croûte, des poutres, des portes, des fenêtres, il faut qu'on trouve de tout chez moi, tu comprends, et pour toutes les bourses!

En quelques jours Adriano prit la mesure de son travail et de ses hommes, se fit respecter, évita les bagarres entre employés.

Depuis que l'on construisait des *barracas* dans les banlieues ou de vastes maisons à étages dans le centre, le commerce était florissant. Rogelio ou Isidro le contremaître passaient comme des météores donner des instructions. Lui se chargeait de recevoir les artisans, des Espagnols surtout, quelques Italiens qui baragouinaient le *castellano*, Adriano, il me faut des poutres métalliques pour demain, Adriano, de la chaux à emporter de suite, Adriano, du ciment, Adriano, du sable, Adriano, du neuf de l'occasion, Adriano, Adriano…

---

1. « remises », « hangars ».

Il se démenait sans jamais accélérer le rythme. Ce milieu d'hommes, ce travail physique lui convenaient. Rogelio savait ce qu'il lui devait et lui, si pingre dans le commerce, lui versait un bon salaire.

Le soir, en fermant les deux hangars, Adriano apercevait parfois la silhouette inquiète du Français qui rôdait à l'affût de voleurs, de combines. Son ombre filait le long des grilles dans les affres d'une dépossession. Adriano rentrait à la pension, faisait mine de ne pas le voir.

Mon cher Georges, ma chère Élise,

Comme il me plairait d'être avec vous et mes chers neveux pour fêter le Nouvel An !

Ici le travail ne cesse pas. J'ai récemment été contraint de déménager car il me fallait me séparer d'un associé indélicat. J'avais cru bien agir en partageant mon négoce avec un Argentin mais il jouait avec la caisse. J'ai manqué me retrouver en faillite à cause de lui. Il m'avait même présenté sa sœur qui était devenue ma promise. Ma prétendue m'endormait. Elle se disait amoureuse, je passais des heures avec elle et lui me volait pendant ce temps.

Je suis de plus en plus las de cette vie sans joie. Ma santé n'est plus aussi bonne qu'au début. Je crois que la décision de tout vendre et de rentrer au pays mûrit dans mon esprit.

Bien chers tous, que je serai heureux de vous revoir et de vous serrer enfin dans mes bras !

Mes affectueuses pensées à vous deux ainsi qu'à mes chers neveux.

Votre Roger

Rogelio ne serra jamais les siens dans ses bras. Un soir on le trouva mort dans son bureau éclairé par une ampoule, la tête affalée sur une pile de comptes dont lui seul connaissait les secrets.

La mercerie qu'ouvrit Maria à un bloc de la pension possédait un logement attenant, deux grandes pièces derrière la boutique, un jardinet où les enfants pouvaient jouer en sécurité, l'électricité, l'eau courante depuis peu. Adriano construisit un présentoir où ils rangèrent le stock de laines, dentelles, boutons, galons rachetés à un artisan qui venait au hangar.

Des femmes s'approchèrent mais elles étaient peu nombreuses, souvent pauvres dans la communauté émigrée.

Dans San Telmo et La Boca les rues n'étaient pas sûres, les bagarres fréquentes. Avec tous ces voyous comment se faire une clientèle ? Les recettes étaient maigres. La guerre n'en finissait pas en Europe. Le commerce avec les Anglais, les Allemands, les Français avait chuté. Les prix des loyers, des marchandises, augmentaient si vite que beaucoup se trouvèrent en difficulté.

Maria en parlait souvent, de plus en plus souvent, tant qu'il nous reste assez d'économies, Adriano… Le pays, la famille leur manquaient, si cette fichue guerre pouvait s'arrêter ! Si bien qu'un jour Adriano tapa du poing sur la table, bon ! nous rentrons ! Maria le dévisagea, comme ça ? de suite ? les mers sont dangereuses, tu ne crois pas ? J'ai dit nous rentrons. Et les enfants ? tu as pensé aux enfants ? Arrête tes histoires et cesse d'avoir peur de tout ! Prenons au moins le temps d'écouler la marchandise, de trouver un repreneur ! Débrouille-toi ! tires-en un bon prix ! Il songea à Serafino, à Pepe Luis, aux amis. Ses yeux brillèrent, dans deux mois nous serons rue Lafontaine.

Un soir d'octobre 1917 ils quittèrent les eaux jaunes du Rio de la Plata. Il y avait moins de navires dans le port qu'à leur arrivée cinq ans plus tôt. La joie du retour, l'impatience de se retrouver chez eux, prenaient le pas sur la tristesse de l'échec, de l'adieu au pays laissé dans les turbulences.

Le voyage paisible au début devint plus angoissant à l'approche de l'Europe, on dit que les sous-marins coulent les bateaux dans les estuaires. Adriano haussait les épaules, ne t'en fais donc pas ! La peur lui était étrangère, tout au plus un puma posté au pied de son arbre lui inspirait-il de la prudence.

Maria à l'inverse ne tenait plus en place. Elle campa les dernières nuits au pied du lit des enfants, les laissa tout habillés, des couvertures auprès d'elle, si on nous torpille que fera-t-on, capitaine ? Ne vous inquiétez pas, vous monterez en priorité dans les canots de sauvetage. Le marin lui souriait, tout se passera bien, vous verrez.

Rien n'était moins sûr. Beaucoup de cargos avaient déjà sombré, des dizaines de personnes avaient péri. Maria à l'affût des conversations inquiètes de l'équipage, Maria à qui Josefa avait écrit soyez prudents, attendez quelques mois ! il se passe des drames à l'embouchure de la Garonne, soyez confiants, la paix viendra bientôt. Maria n'en menait pas large, aurait voulu prier plus fort dans ces heures d'insomnie. Elle se voyait à la dérive sur un esquif avec Mercedes et Gabriel dans les bras.

Le passage des premiers rouleaux à minuit, le phare du Verdon, tous retenaient leur souffle, guettant l'obscurité. Quand ils dépassèrent la pointe d'Ambès, ils purent enfin respirer, nous sommes sauvés dit le capitaine, ils ne viendront pas nous chercher si loin.

Trois heures plus tard le bateau s'approcha du quai de Bacalan. Ils accostèrent. On entendait quelques jurons derrière les grilles, une charrette roulait sur les pavés. Le jour se levait timide sur la ville, un jour grisâtre de novembre où la lumière jamais ne monterait.

V

Automne 1934

Emilio ! Emilio ! Thérèse me courait après, jolie, tout essoufflée, les joues rouges. Deux jours que j'étais rentré.

Quand madame Garouste avait vu ma mine au retour de mon odyssée, d'abord tu vas te reposer, ensuite tu travailleras, elle m'avait fait dîner, va dormir maintenant !

Emilio ! Emilio ! Thérèse ce matin je lui trouvais un sourire frais, ses yeux riaient, qu'est-ce que tu fais là ? je te croyais en Espagne.

Je l'avais connue enfant, mal vêtue, qui fréquentait l'école des filles, de l'autre côté du portail. Nous le laissions entrouvert, une pierre, une cale de bois, pour passer en douce depuis la cour des garçons. Elle portait une robe légère, sa poitrine pointait doucement, un tablier blanc noué autour de la taille, c'était charmant. Nous étions là comme deux idiots à monter, descendre du trottoir.

Elle m'aimait bien Thérèse. Sa mère était repasseuse rue Tiffonet, près de la Victoire. Elle l'aidait le matin dans la vapeur d'eau, les mains moites, le linge, le vin aussi, elle en abusait la mère. Penchée sur son fer, elle avait le nez, les yeux tout rouges, le repassage elle expliquait, ça congestionne. Thérèse le soir travaillait, pour rien, chez une couturière qui lui apprenait le métier. Ma mère m'encourage, moi aussi j'aimerais bien…

Elle était farouche, il y avait souvent de la colère dans ses yeux. Moi je plissais les miens. Je voulais me donner un air aimable et mystérieux. Courageusement Thérèse s'avançait, nous pourrions nous revoir si tu veux, son regard intense m'appelait. Si tu veux, Thérèse.

Tout à coup à dix heures du matin, au milieu de la rue Kléber, dans la lumière timide d'octobre, un peu de douceur se faufilait jusqu'à moi.

Son visage était tout près du mien. J'ai mordu ses lèvres et elle a fermé les yeux, m'a laissé faire. Une femme avec ses paniers eh, vous gênez pas ! au milieu de la rue en plus ! a grogné pour la forme. Je l'ai entraînée Thérèse dans le couloir d'une maison. On ne voyait rien. Longuement nous nous sommes embrassés. Il y avait de la chaleur dans tous nos muscles.

Rafael et Mangin maintenant ils jouaient les hommes. Ils allaient au café. Ils prenaient la pose. Rafa surtout qui jetait son manteau sur ses épaules, tu sais ce que c'est ? il me faisait tâter, du prince de galles, demande à Mangin comment il l'a eu ! Il riait accoudé d'un bras au comptoir, vas-y, demande-lui ! Mangin il n'avait pas envie qu'on en parle, ferme-la, Rafa ! ça vaut mieux. Il exhibait une cravate, une pochette voyantes, trop voyantes, Rafa. Aussi, il parlait, il parlait trop. Il virait à ces perroquets qui ne trouvent de perchoir qu'au bistrot.

L'autre, Mangin, au contraire, il se fermait, glissait dans sa vie souterraine. Il agissait sans rien dire, me jetait parfois un coup d'œil fuyant. Nous étions copains, mais il se méfiait. T'inquiète pas je lui ai dit, ça sort pas d'ici, mais j'ai peur que tu sois parti pour faire des conneries, non ? Faut se débrouiller, Emilio, chacun son truc.

Il était nerveux, se rongeait les ongles, moi, Emilio, je veux pas me lever toutes les nuits pour travailler, je veux pas bosser toute ma vie pour un patron qui me paiera avec une fronde, me laissera les miettes et quand je serai trop vieux m'enverra d'un coup de pied au cul à la retraite, quand je serai malade, que je pourrai plus profiter de rien. Il inspira l'air, mordit dans une allumette, voilà, Emilio, voilà ce que j'en pense de tout ça, même si, je te le cache pas, ça me flanque la trouille à certains moments.

Rafa rigolait toujours. Il plastronnait, jeune coq. Ne lui manquait plus que le fume-cigare. Et toi, Rafa, comment tu comptes faire ? Il fit la moue, comme je ne vais pas faire de gros héritage dans les prochaines semaines, je crois que je vais m'intéresser à l'automobile, à la mécanique d'abord. Il réfléchissait, ce qui me plairait c'est vendeur de voitures, démonstration, réception de la clientèle, du beau linge et toi bien nippé, les mains propres, chic, pas fatigant… Il s'y voyait Rafa. Pourquoi pas ! avec ton bagout, a dit Mangin. Avec ton élégance naturelle, j'ai ajouté. Il l'a bien pris, ça l'a pas vexé. Il s'y voyait Rafa.

Moi, par contre, je me voyais nulle part. J'étais dans le brouillard. Je voulais m'en sortir mais comment ? J'avais des idées, ça venait, c'était confus encore. Il fallait que ça mûrisse.

C'était dimanche. On n'a pas trop forcé sur l'apéro, il faut être en forme pour cet après-midi. La vérité c'est qu'on manquait souvent la messe au *Retiro*, le patro[1] espagnol de la place Herbefol. Le père Zapata il se privait pas de nous le dire, mais pour les soirées spectacles,

1. Le patronnage.

quand débarquaient les filles du quartier, endimanchées, bien pomponnées disait Mangin, on était des assidus, les copains et moi.

Il en venait de partout, des brunes, des blondes, des bonnes à tout faire, des employées, Espagnoles ou de famille espagnole, toutes ! Elles se rassemblaient au pied de la croix en granit, voix aiguës, les garçons en retrait sous le préau, voix de basses et cigarettes.

Après le déjeuner c'était l'effervescence. Une heure avant le spectacle ou le film la cour était pleine.

Rafa était cousin de Mercedes Lorca, celle de l'épicerie. Il lui a parlé le premier. À côté d'elle se tenait une fille mince au visage régulier. Son regard serein, fixe, m'impressionnait. Peut-être qu'elle est myope m'a glissé Mangin, je crois pas j'ai dit.

Décidément elle m'intimidait celle-là. Marguerite elle s'appelait, Marguerite comment ? Marguerite Suarez. Ses parents, de riches charcutiers place des Capucins. C'était ma chance ! Le fils Suarez que j'avais corrigé autrefois s'amenait maintenant entouré de sa bande. Je pensais qu'il allait sortir le couplet on s'approche pas de ma sœur ! Je me renfrognais, je sortais les griffes. Pas du tout ! Il s'est avancé vers moi, sourire dans le genre sans rancune, m'a tendu la main, salut ! Salut ! j'ai répondu. La sœur, Marguerite, elle regardait. Elle a pas bronché.

Ce jour-là il y avait cinéma. Les pères du *Retiro* veillaient à tout dans la salle, les filles d'un côté, les garçons de l'autre, avant d'éteindre la lumière. Nous nous lancions des messages, ça bavardait, *silencio !* puis des boules de papier, des quolibets, *si-len-cio !* il frappait dans les mains le père Zapata.

Le film parlait d'un orphelin recueilli par des nonnes. Nos voisines faisaient semblant d'être sensibles, on entendait des soupirs, nous, du côté des hommes, nous ricanions. L'orphelin grandissait, très lentement, bon ! il la finit sa croissance ? a crié Rafa. Comme navet, ça se posait là. Nous nous agitions dans l'obscurité, on voyait courir des ombres. Le père il braquait sa lampe. Dans tous les sens. *Si-len-cio !* Puis le chahut reprenait. Des pères Zapata, des soirs comme ça, il en aurait fallu douze.

Après le cinéma on pouvait aller aux vêpres, ceux qui le désirent ou qui ont raté la messe ce matin, ou bien danser gentiment, de loin, sous l'œil des abbés. La danse, même de loin, ça rapprochait. J'avais du mal à me lancer. Les paso-doble giclaient du phonographe, *mi jaca*, ça tournait, *galopa y corta el viento*, fallait savoir, c'était technique, *cuando pasa por el puente*, j'essayais, je voulais, *camini-to de Jerez*, mais j'osais pas.

Antoine Suarez, lui, c'était un as. Le paso, la valse, le tango même, il savait tout danser. Les filles tournaient, ravies. Voyant ma gêne, c'est lui qui s'est avancé, je t'expliquerai les premiers pas, tu verras, c'est facile, après tu te lances. Il était pas obligé.

Nous sommes rentrés ensemble. En passant cours de la Somme quelqu'un a dit que la repasseuse de la rue Tiffonet, vous savez, la mère de Thérèse, avait été transportée d'urgence à l'hôpital Saint-André, elle boit trop cette femme. Je marchais à côté de Mercé Lorca, elle parlait de l'école où l'on se voyait dans l'entrebâillement des portes, de sa naissance à Buenos Aires.

Une de ses camarades que je ne connaissais pas, Amparo, racontait la grève qui avait eu lieu au printemps et menaçait de reprendre dans son usine, à l'huilerie Sangras. Elle parlait fort, et vous qu'est-ce que vous faites ? Elle nous haranguait, les biscuits Farfelut, les sucreries Lamélas vont s'arrêter, c'est le moment, il faut qu'on se rassemble ! Elle expliquait ça à Mangin qui haussait les épaules, moi j'ai déjà du mal à me rassembler avec moi-même, alors tu sais… Rafa a alors entamé les premières notes d'une chanson folle en sautant comme un cabri.

Quand un vicomte
Rencontre un aut'vicomte

Amparo, elle a essayé de poursuivre son meeting, mais on n'était pas de bonnes recrues, on n'est pas d'humeur, arrête !

Qu'est-ce qu'ils s'racontent ?
Des histoir's de vicomtes…

Mercedes parlait encore de la fête sous la halle dimanche dernier. Marguerite derrière elle, impassible, ne disait rien. Elle m'intriguait de plus en plus celle-là.

Rafa a fait des bonds sur le pavé, des ailes de pigeon pour nous distraire.

Quand un gendarme
Rencontre un aut'gendarme

Nous avions tous envie de rire. Même Amparo en la poussant un peu.

Garouste m'avait donné un de ses costumes, tiens, prends celui-là ! je ne le porte jamais. Un gris à rayures, pas mal.

Le paquet sous le bras, je me suis rendu chez Thérèse un soir. L'atelier de repassage était fermé, les volets tirés. Je suis entré par le couloir. Thérèse était assise sur le divan défoncé de l'arrière-boutique. Une loupiote l'éclairait à peine, ne me regarde pas ! je viens de pleurer, je suis affreuse. Comment va ta mère ? Très mal, très mal elle répétait. Les larmes étaient revenues, je sais pas ce que je vais devenir, je suis en train de tout perdre, Emilio ! ma mère, ma maison, mon travail. Elle montrait l'étage, et celui-là, le propriétaire, qui ne demande des nouvelles de ma mère que pour me dire que maladie ou pas on lui doit son loyer, qu'il a des frais, que sa femme aussi est souffrante ! Elle pleurait le visage dans les mains, à la rue ! à la rue je vais me retrouver ! sans personne !

J'étais mal à mon aise. D'habitude j'avais pas le temps d'avoir de la peine pour les autres, et puis là elle me touchait Thérèse. Je l'ai prise dans mes bras. Sans personne ! elle gémissait. Je sais ce que c'est j'ai murmuré, t'inquiète pas, on s'en sort, bien ou mal, mais on s'en sort. Ici au marché, tu trouveras toujours du boulot. Elle m'a regardé, l'œil furtif, un peu apaisée. On entendait le pas lourd du proprio par-dessus nos têtes, ce gros lard ! il a même essayé de me caresser, on verra, Thérèse, si tu es gentille...

J'ai posé le costume sur le lit, tiens ! j'ai porté du travail à ma couturière préférée, il faudrait le mettre à ma taille, retoucher les manches. Elle a déplié la veste, tu viendras le soir, je t'arrangerai ça, tu verras, tu seras superbe, elle a souri enfin, je te referai la doublure, le bel Emilio ! elle a soupiré. Nous nous sommes embrassés. Longtemps. Toute la nuit ça a duré.

Thérèse elle avait une peau blanche satinée, aucune aspérité sous la main. Elle se blotissait contre moi. Nous avons évoqué ce que nous avions vécu jusque-là. Nous n'avons pas parlé d'avenir.

Les essayages se sont multipliés. Le costume a été long à restaurer. À la fin, tous les soirs je la rejoignais quand elle rentrait de l'hôpital. Elle me racontait, ma mère a encore rejeté du sang, les médecins ne me laissent plus d'espoir. Nous expédiions la retouche, dînions de peu de chose et nous précipitions dans les bras l'un de l'autre.

Notre manège rendait furieux le propriétaire, Thérèse, je vous l'ai déjà dit, je ne veux pas d'étrangers le soir dans la maison ! Laisse, il est jaloux ! Dans le noir je glissais sous les volets de la boutique pour entrer.

Une semaine plus tard, Thérèse a enterré sa mère. Elle était bien seule ce jour-là, une amie, quelques clientes.

Il n'y a pas eu d'indulgence. Dès le lendemain, ne pouvant payer le loyer ni reprendre le commerce, elle a été mise à la porte. Elle hurlait dans l'escalier, je te revaudrai ça, vieux salaud ! tu veux que je lui raconte à ta femme ce que tu voulais me faire, hein ? tu veux qu'on en parle ?

Elle a trouvé un logement dans un grenier rue Leyteire. Pas le luxe, pas la misère non plus. Une fleuriste de la place Maucaillou qui louait des chambres. Le matin elle donnait la main à la charrette rue Élie-Gintrac. On lui avait fait de la place.

Vers dix heures tout le monde cassait la croûte au *Débit Bleu* ou chez Gégé.

L'hiver, derrière la buée des vitres, les bols fumaient, on réchauffait les pieds et les mains engourdis. Tiens ! il manquait plus que lui ! la grosse Tina ironique accueillait son fils Jacky le catcheur, alias José Gutierrez, alias Jacky le Prince des halles, un jeune homme brun, râblé. En poids et en taille il faisait la moitié de sa mère, comment j'ai pas fait un joueur de rugby, moi ?

Il était à l'affiche de tous les galas aux Capucins et dans la région. Un spécialiste de la manchette et du saut. On lui opposait toujours des méchants comme Antonio Martinez, un de Bègles qui avait gardé, lui, son patronyme espagnol. Elle se moquait Tina, tout son influx c'est pour le catch. Elle partait d'un rire d'emphysème, à la maison par contre y a pas plus feignant, le Prince des halles souriait, buvait son café au lait, en dehors du ring une vraie couleuvre.

Jacky il avait ses supporters chez Gégé. Il racontait son combat du samedi, son choc aux reins, heureusement il avait mis sa protection. Le slip garni de caoutchouc, ça amusait en fin de nuit. Les rires partaient fort. Tina n'était pas la dernière.

Mais quand monsieur Raymond se joignait au groupe en fond de salle, elle faisait attention, allez ! taisez-vous un peu ! Il l'intimidait monsieur Raymond, arrêtez vos insanités ! avec son éternel complet gris, elle l'imitait, impeccable du matin au soir. Chef des écritures chez Lapeyre, gros, demi-gros et même le détail, il prenait son quart d'heure tous les matins, son petit café crème, le verbe posé, toujours bien peigné, courtois, toujours cravaté. Il débutait chaque phrase par un vous savez, quand on a la responsabilité de quatre-vingts personnes… prenait des airs. Tina était lucide même s'il lui en imposait par ses manières, c'est un faux cul, je te dis ! ça joue les hommes du monde mais ça n'a pas le rond. Elle secouait la tête, c'est toujours pareil, ça veut péter plus haut que son derrière et après ça s'aigrit facilement.

Je les rejoignais autour de la table ovale. Thérèse me voyait à peine si monsieur Raymond était là. Il s'asseyait tout au bout, pérorait, si ces grèves continuent je crains que le Parlement ne légifère. Voilà comment il parlait le chef des écritures. Il avait un avis sur chaque sujet, un air de tout savoir qui m'agaçait vite. Thérèse le quittait pas des yeux. Elle était fascinée, c'était la classe. Je préférais me taire.

Avec Jacky c'était plus drôle. Je lui lisais *Le Miroir des Sports.* À chaque résultat il soupirait des ayayaïe ! admiratifs en agitant la main. On l'épatait vite le catcheur. Rien qu'en lui montrant les photos avec leurs légendes, *Rigoulot vainqueur. Il a tombé dans les deux manches l'Anglais Clark. On peut admirer sur le cliché une superbe clé au bras de Henri Deglane.*

Son modèle c'était Deglane, il a commencé par la gréco-romaine comme moi, c'est ça qui lui a donné la technique, le style… Rigoulot, Deglane, Paris, le Palais des Sports, la Salle Wagram, ça le laissait rêveur Jacky.

Cette année-là il s'est hissé jusqu'aux huitièmes de finale du championnat de France. Ç'a été la fierté du quartier. Il y a eu un article dans *La Petite Gascogne.* Dans les cafés, au travail, on parlait plus que de lui.

C'est alors qu'on l'a vu moins souvent chez Gégé ou autour du marché, presque plus au bout de quelques semaines. Le bruit a couru qu'au gymnase aussi on le voyait moins, qu'il s'était mis à boire et à sortir la nuit. Tina faisait la mystérieuse. Elle nous l'annonçait très pris par son nouveau métier, une sorte de représentant de commerce chez des industriels. Jacky ! représentant ! mais Tina, il sait pas lire ! oui mais c'est que du bouche à oreille. Elle avait la réplique Tina mais les yeux tristes.

Mangin, lui, l'avait vu dans des bars de nuit en compagnie d'un fabricant de chaussures dont il était devenu l'amant. Ils habitaient une maison Art déco toute neuve en banlieue. Costumes, restaurants, voiture, le catch c'était fini.

Un peu plus tard son protecteur, le roi de la semelle, est décédé. Jacky n'a pas quitté la maison. Il a épousé la sœur, une excentrique à voilettes qui avait quinze ans de plus que lui et une passion pour les salons de thé. Il était trop tard pour des enfants, ils ont élevé un caniche qu'ils promenaient le dimanche. Certains l'ont aperçu après la guerre du côté du Parc Bordelais.

Dans le quartier, Jacky, le Prince des halles, on l'a jamais revu. On n'en a même plus parlé au bout d'un moment.

Nous les gros mots on n'y fait pas attention. On les déclame comme ça, putain merde con surtout, comme des virgules, des points d'exclamation, des accents toniques, des coupures affectueuses ou rien du tout, juste pour rythmer des phrases, reprendre notre respiration. Comment on y penserait encore aux gros mots que l'on dit ? Ils coulent naturellement, on les entend plus, on les retient pas.

Pour se rendre compte qu'ils existent, qu'ils sont encore là, il faut qu'on les décore, qu'on leur ajoute des images, con comme un balai, comme une pinasse, con à payer patente. Là ça nous fait rire un peu, ça fait sursauter comme une bosse sur la route. Mais faut pas en abuser non plus des images. Sinon on ne les regarde plus. Con comme une sole, un train, comme une brosse à dents, con comme une paire de moufles, à en perdre haleine, ça fait des guirlandes autour des phrases, ça leur donne un air de fête.

Y en a d'autres, des plus génitaux, quand on les prononce, tout le monde sait ce qu'ils veulent dire. Y a pas besoin d'appuyer dessus. Ils font leur petit scandale à eux tout seuls.

Mais les autres, putain merde con, les petits, c'est même plus des gros mots, des repères tout au plus dans la grisaille. Ils ne font de mal à personne. Ils sont là pour mettre de la lumière, du relief dans les phrases, à la maison, au travail, des serpentins, des girandoles autour des jours qui ne sont pas fériés, con comme une malle, un vélo, con à en mourir, un vrai feu d'artifice !

VI

Novembre 1917

Deux clients sommeillaient dans la salle du *Zaragoza*. Le ronflement du moteur les fit sursauter, regardez qui est là ! Il y eut des cris, des rires, les voisins, les amis entourèrent le taxi, des gamins s'approchèrent et Adela au milieu de la cohue tomba dans les bras de sa fille. Adriano agacé dégagea les enfants en quelques bourrades et la famille se réfugia au fond du café. Maria cherchait sa tante, et Josefa ? elle est à l'étage, Pepe Luis est malade.

Aux bruits dans la salle, aux pas de Maria dans l'escalier, Josefa s'était avancée, pour une surprise ! vous voilà ! déjà ! C'est Adriano, guerre ou pas, tu le connais, sous-marins ou pas, il fallait rentrer. Elle aperçut dans la chambre Pepe Luis étendu sur le ventre. Sur son dos violacé le jeune médecin étalait des sangsues et dans la pièce flottait une odeur de remèdes. Josefa se tourna vers elle, on a failli le perdre il y a deux jours, une congestion, il avait la bouche tordue, il ne pouvait plus parler. Son visage se ralluma, mais Dieu soit loué vous êtes là, je m'inquiétais, tu sais !

Dans la salle du bar Mercé et Gabriel avaient déjà trouvé leur place sur les genoux des femmes qui s'extasiaient avec des intonations aiguës. Serafino, vite alerté, entra une pastèque sous le bras. Avec Adriano ils se donnèrent une forte accolade et lui blagua aussitôt comme s'ils s'étaient quittés la veille. Il avait perdu quelques cheveux mais pas son sourire, figure-toi, Adriano, que les soldats américains ont débarqué la semaine dernière au marché, deux camions tout neufs ! des costauds avec leurs chapeaux à bords plats ! ils parlaient du nez, un vrai vol de canards dans le café, ça braillait là-dedans et ils ont de l'argent, je peux te dire ! ceux-là, ils arrivaient de Bassens. Ils ont semé une pagaille pas possible, j'ai cru qu'ils allaient acheter tous les fruits du marché !

Adriano s'amusait de voir Fino s'agiter en bout de table, tu sais, les Américains dans la région, y a pas à dire, ça aide le commerce, et vous ? raconte-moi, comment ça s'est passé, c'est comment l'Argentine ? Adriano, sérieux, réfléchit un instant, c'est grand, dit-il. Fino ricana, ah ! non, tu t'en tires pas comme ça ce coup-ci ! il faut que tu racontes ! Alors Adriano en trois phrases évoqua la fièvre jaune, la pampa, Hilario le gaucho, le puma au pied de l'arbre, le Français et ses hangars, il fit claquer sa langue, et voilà !

Fino secouait la tête, toi non plus t'as pas changé. À l'aide d'une ficelle il composait sur ses doigts des personnages pour distraire les enfants, tu sais ce que j'ai fait dimanche dernier ? il plissait les yeux Fino, je suis allé à la messe. Toi ? à la messe ! *Si señor!* des curés espagnols, ils ont acheté une ferme place Herbefol, le *Retiro* ils appellent ça, c'est pour ceux d'ici, ils feront le catéchisme, de la musique, du théâtre. Ils se sont lancés dans de sacrés travaux, j'ai même donné un coup de main ! Le maire et deux évêques sont venus pour l'inauguration. C'était un défilé de voitures route d'Espagne, on n'en avait jamais vu des comme ça, viouf ! viouf ! à toute vitesse ! ça brillait de partout.

Ce fut pendant le déjeuner qu'apparut la tristesse, diffuse, sur les visages, dans les conversations, la maladie de Pepe Luis, la guerre, les morts, les tickets pour le charbon, le pain, la viande, encore ici au marché, on se débrouille mais tout est hors de prix. Adela leur servit une soupe de *garbanzos*, depuis le temps! s'affaira ensuite autour des lessiveuses dans le patio.

Josefa se lamentait sur son mari, je crois bien que c'est la fin, chaque fois qu'il souffre de la tête, qu'il devient un peu plus rouge, je tremble qu'il ait une nouvelle attaque, Bréchet, le nouveau docteur, il ne m'a pas laissé grand espoir, pourtant je l'ai mis au régime, il mange des légumes, je lui donne de la *manzanilla*[1].

Elle soupira, il ne bouge plus, il dort tout le temps. Assise à ses côtés Maria se taisait. Avec des gestes maternels elle défaisait le chignon de sa tante, elle lui retira ses peignes, la recoiffa, vingt fois par jour je monte voir s'il va bien, Pepe! je l'appelle, Pepe! tu m'entends? la lumière d'automne glissait dans l'ombre, il ne répond plus, on dirait qu'il n'entend pas, qu'il est loin déjà.

---

1. Infusion de camomille.

LA CLASSE 18

Les Muguets-Soldats
Mouvement de marche

Les muguets, les primevères
Fleurissent là-bas ;
Il entre dans les chaumières
Un parfum d'lilas.
C'est le mois d'Avril, les mères
Baisent leurs p'tits gars,
Les mères leurs p'tits gars
Qui marquent le pas.

Le muguet d'nos boutonnières
Ou bien le lilas,
Aux sal's Boch's incendiaires
On n'en donnera pas.
Puisqu'ils manqu'nt de victuailles,
On leur flanqu'ra d'la
Mitraille,
Pour que ça
Bourr'leurs estomacs !

Allons, séchez vos paupières,
Vous tourmentez pas ;
Vos fanfans seront militaires
Comme leurs papas…
Du muguet aux boutonnières
Ou bien du lilas,
Bonn's mères,
Vos p'tits gars
S'prépar'nt aux combats

La Classe dix-huit, bonn's mères,
Elle est un peu là…
D'vos petiots vous serez fières,
Je n'vous dis que ça ;
Car demain la France entière
Nous baptisera,
Bonn's mères,
Ah ! Ah ! Ah !
« Les Muguets-Soldats ! »

André Alexandre

Le lendemain Fino vint chercher Adriano, on va te trouver du travail, les hommes et les bras manquent, si c'est pas au marché ce sera aux abattoirs.

Sur le chemin ils s'arrêtèrent au bistrot que Lola et Violette, la mère et la fille, tenaient cours Saint-Jean. Le rideau était à demi tiré. De la cuisine parvenait une odeur d'huile frite, le crépitement des poêles. Ils trouvèrent la famille attablée autour d'un militaire, c'est Riquet, le fiancé de Violette ! Fino s'avança, alors le poilu ? Le jeune homme avait eu à peine le temps d'enlever son képi et sa capote. Lola s'approcha triomphante la cafetière à la main, il descend du train, il vient d'arriver ! Elle leur fit un clin d'œil, y en a une qui est contente ! Violette le tenait par le bras. Lui mal rasé, l'air harassé, souriait les yeux dans le vague. Il essayait de manger un bifteck, à force de mourir de faim on perd l'appétit. Mange ! regarde comme t'es maigre ! t'as perdu au moins huit kilos ! C'est que là-bas j'allais pas tous les jours au restaurant, tu vois !

Ils voulaient tous lui poser des questions, il répondait vous pouvez pas savoir, vous vous rendez pas compte ici, vous pouvez pas vous rendre compte.

Il les effrayait un peu Riquet avec son visage hâve, ses yeux hagards, lui qui était parti rigolard comme toujours avec de bonnes joues. C'était pas le même que la guerre renvoyait à la maison. Pour quelques jours seulement. Fino lui tapa sur l'épaule, tu t'es fait plus homme, eh Riquet ! voilà tout ! Non, pas plus homme, Fino, pas plus homme, moins homme, quand tu sors de là-dedans, t'es un peu plus animal, un peu moins homme. Gênés ils se parlaient entre eux, y a le fils Moillanpleur qui vient de rentrer aussi, l'autre, l'aîné, il a été blessé dans la Somme, une balle dans le bras, il paraît qu'il va mieux.

Riquet, sa mère et sa tante vivaient rue Belleville, il faut que je parte, elles doivent m'attendre. Violette voulut l'accompagner, non, j'y vais seul, je reviendrai cet après-midi, attends-moi ici, c'est pas que je veuille te quitter, mais je veux pas tout mélanger, tu comprends? Il lui prit la main, je peux te dire que dans mon malheur d'être là-bas, j'avais de la chance d'avoir une fiancée qui m'écrivait et une mère qui m'envoyait des colis. Les gars dans les tranchées, quand le courrier arrivait et qu'il n'y avait pas de lettre pour eux, certains pleuraient comme des gosses, et j'en ai vu des bien courageux pourtant, des bien braves, mais le cafard des fois c'était terrible, ça te paralysait. Je sais, risqua Lola, tous les journaux en parlent, ne crois pas! on se tient au courant. Vous ne savez rien! ce que disent les journaux c'est rien que mensonges et bourrage de crâne. Sa lèvre inférieure tremblait. La colère et la peur le prenaient. Il voulait leur dire, dans les lettres on est tous pareils, on fait attention à ce qu'on dit, mais la vérité c'est ce qu'on vit là-bas, c'est pire que ce que vous imaginez de pire, c'est plus la vie, c'est même pas la mort, il s'arrêta un peu haletant, c'est l'enfer, c'est ça, on patauge dans l'enfer. À Verdun on marchait sur des cadavres, on entendait toute la nuit les blessés gémir, appeler leur mère et tous ils l'appelaient et bien fort encore! Une nuit il y en avait un derrière un abri de rondins à quelques mètres de moi qui a répété sans cesse me laissez pas souffrir comme ça! j'avais pas le droit de bouger, pas le droit d'aller voir, toute la nuit il a supplié pitié! me laissez pas! Au petit matin sa voix a faibli, ses appels se sont espacés. Quand il a fait jour, on n'a plus entendu que le cri des corbeaux, le sifflement des obus. Il était mort sans doute, j'aurais voulu me rendre près de lui pour être sûr qu'il avait existé, que je n'avais pas rêvé, voir à quoi il ressemblait, mais c'était trop dangereux, ça tirait de partout. J'ai dû filer par l'autre tranchée, j'ai jamais pu m'approcher.

Il y eut un drôle de silence quand Riquet se tut. Il portait son regard halluciné nulle part sur le dallage. L'odeur du café se mit à flotter parmi les soupirs. Même Adriano sentit l'émotion lui nouer le col. Il se racla la gorge. L'Argentine était loin tout à coup, si tu veux avec Fino on va t'accompagner, on va te porter ton barda. C'est pas la peine, d'un coup de tramway j'y serai de suite.

En sortant, ils croisèrent trois portanières, la grosse Paca et ses filles, qui revenaient de la halle chargées comme des mulets. Le visage fermé de la mère, les larmes des filles n'auguraient rien de bon. On vient d'apprendre aux Garouste que leur fils est mort, un de plus, elle expira l'air longuement, un gentil garçon, leur unique enfant, c'est bien triste.

Adriano et Fino avancèrent vers la place. La pluie rendait les pavés luisants. Dans la triperie des Garouste, René le vieux commis se tenait seul avec deux femmes qu'on employait depuis la guerre. Ce petit, il se lamentait, c'était comme mon fils, je l'ai connu enfant, on est venu leur apprendre ce matin, il a eu la jambe broyée il y a dix jours du côté de Reims. On l'a transporté à l'hôpital à Paris. Il souffrait le martyre. Il a eu le temps d'écrire à ses parents et puis là, un gradé est venu leur dire qu'il était mort avant-hier du tétanos. On devait lui couper la jambe, eh bien, tu vois ! ils n'en ont pas eu le temps !

Les trois hommes se turent. René connaissait bien Fino. Il venait souvent au café au lait. Il montra du menton la porte des appartements, ils sont montés, lui ne dit rien, elle, elle pleure sans arrêt. Il repoussa un tiroir rempli de couteaux, alors moi je vends les derniers abats, le reste à la criée et on ferme. Il avait les yeux pleins de larmes. Pauvre gosse, il allait sur ses vingt ans, son père me l'avait confié. Je lui avais tout appris du métier. Je le vois encore quand il riait, ça me faisait plaisir quand il riait.

Dehors, sous un parapluie de toile, deux revendeuses à la charrette se disputaient des caisses de royans, t'as pas pissé dessus ! comment tu veux qu'ils brillent, une marchandise de la veille ! Ils sont tout fanés tes poissons ! Regarde ces yeux ! C'est simple, on dirait qu'ils sont morts. Elles étaient sur le point de se battre, les injures s'envolaient. Depuis la triperie ils écoutaient leurs cris d'une oreille distraite, comme une bulle de réalité qui montait jusqu'à eux.

Dans le matin sans lumière Fino entraîna Adriano, on va aller voir Moillanpleur le grossiste des abattoirs, tu sais, ils en ont parlé chez Lola, il manque de personnel. Quand ils entrèrent, le fils en uniforme se tenait debout près de la caisse. Les femmes l'admiraient, il est bel homme ! palpaient le tissu de sa capote. Lui et son père firent bon accueil à Adriano, sur douze gars dit le père, j'en ai six à la guerre et déjà trois qui reviendront pas.

Il offrit l'apéritif au bar *Rodolfo.* La salle était exiguë, sombre, de rares bouteilles attendaient sur des étagères de couleurs vives. Édouard, le fils Moillanpleur, lui aussi il avait besoin de parler, ça me paraît incroyable d'être ici, j'en ai tellement rêvé ! Quand tu vois ce massacre, la terre dévastée, les morts, les vivants, tout qui sent la charogne et ce feu terrifiant qui tombe du ciel, sans qu'on puisse s'abriter, la boue dans les gamelles, la soif qui te fait boire l'eau dans les trous d'obus et les bidons des tués, les rats qui te bouffent le nez quand tu dors, quand tu vois ça, t'as plus qu'une envie, que ça s'arrête d'une manière ou d'une autre. C'est pourquoi c'est si dur de repartir après une permission, surtout quand on les a vus les embusqués de l'arrière parader en uniforme à la terrasse des cafés, ils ont pas dû le salir à Verdun leur uniforme ! et vous lança-t-il à Fino et Adriano, vous en avez de la chance d'être espagnols, tiens ! et restez-le !

Il chassa son amertume, reprit le visage de la peine. Dans la petite salle poussiéreuse du bar, les hommes restaient là pensifs, à boire leur Pernod. On n'entendait plus que la chanson d'une fillette dans la cuisine, le bruit du rideau de perles que Rodolfo, le patron, franchissait sans cesse.

Rodolfo n'avait rien dit jusque-là, il remplit les verres et s'adressa aux deux Moillanpleur, quand je suis arrivé il y a vingt ans, j'ai accepté tous les travaux qu'on a bien voulu me donner, pendant dix ans j'ai été porteur de pierres dans les chantiers, c'est un travail pénible, mais enfin, tout en gagnant une misère, j'ai pu faire des économies, élever mon fils, ouvrir le bar, alors quand on a demandé à Raoul de choisir sa nationalité, il posa la bouteille d'un air solennel, alors je lui ai dit écoute, en ce moment c'est la guerre, peut-être que tu y partiras et ça ne me réjouit pas le cœur, mais tu es né dans ce pays, la France nous a adoptés et je veux que tu sois français, voilà ce que je lui ai dit à Raoul. Un murmure d'approbation circula parmi eux. Fino, au grand étonnement d'Adriano, avait esquissé un garde-à-vous. Il doit être mobilisé dans trois mois, poursuivit Rodolfo, quand je t'entends raconter tout ça, Édouard, ça me rassure pas vraiment, mais il faut qu'il fasse son devoir, c'est ma volonté, il le sait, et lui-même n'est pas d'un autre avis.

Et le fils aîné ? demanda Fino au père Moillanpleur. Dans son malheur il a eu de la chance. Lui il était déjà à l'abri, mais il a voulu sauver son copain enterré par le souffle d'un obus, une main, un pied qui dépassaient. Au moment où il le tirait de là, il y a eu une autre explosion et ç'a été son tour. Le bras, le poumon droits qui ont pris. Enfin ! il commence à remuer ses doigts et surtout il respire bien maintenant. Édouard est allé le voir à Compiègne à l'hôpital, il le désigna du pouce, il en a vu de belles là-bas.

T'avais un pavillon, reprit Édouard, rien que des jeunes gars, on leur réapprenait à marcher, c'était terrible, ils trébuchaient, se tenaient les uns aux autres, une vraie débandade. Plus loin rien que des amputés ! un bras, une jambe, une forêt de pilons ! et dans une salle au fond ceux qui avaient la gueule arrachée. Ça sentait l'éther, la blessure pourrie, du couloir on entendait leurs plaintes. Après ça, quand on te dit de repartir à la guerre, il faut avoir le cœur bien accroché, tiens ! il en faut du patriotisme, il se retenait et puis lâcha dans un souffle et de la connerie, beaucoup de connerie pour aller dedans.

Quel est le dernier cadeau d'une mère à son fils partant pour le front ?
Un flacon de ***DENTOL.***
Le ***DENTOL*** *(eau, pâte et poudre) est un dentifrice à la fois souverainement antiseptique et doué du parfum le plus agréable.*
Le ***DENTOL*** *est un produit français.*

Le BRACELET du POILU *– Garanti 2 ans – depuis 15 francs* ***– Avec radium visible la nuit: 18 et 20 francs*** *– Demandez catalogue – Prime à tout acheteur.*

AMPUTÉS! *Voici une jambe solide, pratique, très perfectionnée, du prix de* ***130*** *à* ***160 francs*** *suivant le cas et qui vous sera* ***livrée en 8 jours.***
Demandez la notice
la Jambe Artificielle
«LAROBUSTE»
Modèle essentiellement garanti, recommandé aux travailleurs. Permet seul une marche facile et l'exercice de tous les métiers.

Les premiers mois Adriano travailla comme porteur chez Moillanpleur, la viande dans de grands paniers ou suspendue à des crochets, la perche sur l'épaule à transporter les quartiers des abattoirs jusqu'aux boucheries de la place, parfois plus loin, un boulot qui grâce aux pourboires payait bien.

Maria reprit du service au *Zaragoza.* Pepe Luis malade, elle secondait Josefa, surveillait d'un œil les enfants qui jouaient dans la cour.

Malgré son contact rugueux avec les collègues, le patron se montra satisfait d'Adriano. Moillanpleur l'avait vu à l'œuvre. Il était assez costaud pour effectuer à lui seul la besogne de plusieurs en une matinée. Il lui confia la tête de son équipe de porteurs. Avec ses façons brutales, Adriano saurait écourter les stations au comptoir des bistrots, entre deux tournées la discipline serait respectée. Ce ne fut pas sans grincements de dents ni solides inimitiés. Certains avaient voulu se rebiffer, mais il était trop fort, violent même, bien décidé à se faire obéir. Ils avaient calé. Au bout de quelques semaines, le groupe avait trouvé sa cadence.

Le 11 novembre 1918, Clinclin, le fils du quincaillier de la rue Leyteire, un échalas aux genoux cagneux, déboula dans le café au lait de Fino et Camille, tout excité. Qu'est-ce qui t'arrive Clinclin? où t'es allé fourrer ton nez? La guerre! il en bégayait, la guerre! c'est fini! z'entendez pas les cloches?

On avait beau s'y attendre… Fino s'en fut devant la porte. Des jeunes gars passaient en courant dans la rue, d'autres criaient ça y est! c'est fini! La Grosse Cloche grondait du côté des Fossés, d'autres paroisses répondaient, plus carillonnantes. J'arrive du Grand-Théâtre, il était encore essoufflé Clinclin, y a une foule terrible, des drapeaux partout, il s'asphyxiait, il voulait tout dire, pour une fois qu'il avait son auditoire, à un moment, une artiste est sortie du théâtre, elle a chanté *La Marseillaise* sur les marches et tout le monde a repris en chœur.

Pendant qu'il racontait, des filles juchées sur des carrioles traversèrent la place Maucaillou en lançant des fleurs et criant Vive la France ! Un vieux à la figure violette rigola au bout du comptoir, ils vont voir maintenant les Fridolins de quel bois on se chauffe. Fino ne répondit pas.

Ce midi-là le vin coula à flots, la guerre est finie ! la guerre est finie ! sauf pour l'équipe d'Adriano qui dut achever toutes les livraisons, la guerre est finie, Adriano ! On termine d'abord ce qu'on a commencé ! On installa des tonneaux sur les terrasses, on but, on s'embrassa, on chanta dans les bars où c'était interdit, on accrocha des calicots bleu-blanc-rouge sous la halle et les voix des revendeuses, espagnol et français mêlés, retentirent métalliques.

Josefa du fond de sa cuisine entendait la liesse s'emparer de la rue, *La alegría es flor de un día*[1] soupira-t-elle. Elle acheva de couper les carottes pour la soupe du soir, monta apprendre la fin de la guerre à Pepe Luis qui but son bouillon sans remuer un cil. En bas, Henriette, une amie d'Adela, énumérait les fils du quartier tombés au front. Elles évoquèrent ce pauvre Riquet à qui un éclat d'obus avait arraché la tête cet été dans la dernière bataille de la Marne, comme dit le *refrán, nadar y nadar, y a la orilla ahogar*[2], et le chagrin de Violette, c'est trop tôt mais elle est jeune ta nièce, la vie recommencera.

---

1. « La joie est fleur d'un jour. »
2. « Nager, nager, et, à la berge, se noyer. »

Les hommes revinrent du marché. Cette effervescence rendait Adriano ombrageux, il n'aurait su dire pourquoi. En entrant dans le *Zaragoza* il rabroua Maria, repoussa les gosses.

Les plus instruits lisaient les éditions spéciales à voix haute, encerclés de petits groupes autour des tables. On ne parla que de l'Armistice pendant des semaines, l'enthousiasme ne dissimulait pas la fatigue, la tristesse, mais chaque jour un peu plus on évoquait l'avenir. Maria se sentit libérée, *tía*, j'ai fait un peu d'économies en Argentine disait-elle à Josefa, j'ai des idées, il faut qu'on en parle. Elle observait sa mère qui lavait le linge dans la cour, les bras couverts de savon.

L'hiver fut rude, le charbon manqua. On utilisa le bois des caisses pour chauffer. Ceux des hommes qui travaillaient sur le port ramenaient des bûches qu'ils fendaient dans la cour. Un soir Adriano revenait du marché en poussant un diable chargé de cageots, au moins ça fera du petit feu, quand une voisine leur annonça la mort de la vieille Angustias, celle de la maison d'en face.

Angustias n'avait pas de famille. Son commerce miteux de salaisons et légumes lui permettait à peine de vivre. Maria ne laissa pas passer sa chance, se rendit place d'Aquitaine chez le notaire chargé de l'affaire.

C'était un homme maigre, extrêmement myope qui portait un col cassé tout lustré comme on n'en voyait pas dans le quartier, comme elle en avait vu tant à Buenos Aires. Elle se déclara acheteuse du fonds de commerce, revint deux jours plus tard en compagnie de Josefa qui offrit sa garantie. Le vieil homme conclut la vente du magasin assortie de la location du logement sans faire de difficultés, comme ça vous resterez entre Espagnols, hein ! je ne vois pas du reste quel Français irait s'installer rue Lafontaine. Sa réflexion l'amusa. Il pensa l'atténuer d'un flatteur c'est votre fief en somme !

Les deux femmes ne firent aucun commentaire. Le parquet, les meubles sentaient l'encaustique, une voix distinguée réclamait un dossier dans la pièce voisine. Elles relurent le contrat, empochèrent les papiers. Un vent froid balayait la place, des tramways grinçaient de tous leurs freins. Maria, dont les joues rosissaient, se tourna vers sa tante, tu crois que je fais une bonne affaire ? Josefa eut un sourire, il y a un *refrán* qui dit, il y avait toujours un *refrán* qui disait, *el que parte o reparte se queda con la mejor parte*[1]. Elle lui donna le bras.

Une salle pour le commerce, un vestibule qui servait d'arrière-boutique et dans le prolongement trois pièces pour vivre, avec l'eau courante et l'électricité dans la cuisine, une souillarde qui glissait le long du jardin. Adriano n'en revint pas quand Joseph le peintre traça sur la façade *Adriano Lorca, Épicerie-Comestibles.* Doigté, précision, lui soûl du matin au soir, sa main ne tremblait plus quand il dessinait les lettres une à une, noires sur le fond de pierre regrattée à la brosse de fer, ça donne soif tout ça, t'as pas un coup à boire, Adriano ? Adriano faisait la sourde oreille une fois sur deux, à ce rythme tu vas ruiner le commerce avant qu'il soit ouvert ! T'as pas un verre de vin, Adriano ? Travaille d'abord, tu boiras après ! Prudent il lui tenait l'échelle, il le sentait tanguer, Joseph, tout en haut des barreaux.

---

1. « Celui qui coupe les parts ou les distribue garde le meilleur morceau. »

Maria loua une charrette à bras qu'on rangerait dans la remise du ferronnier voisin. Elle se levait tôt, arrivait parmi les premières sous la halle pour acheter fruits et légumes. À l'heure de se rendre au marché, ils trouveront les produits frais en bas de chez eux.

Gabriel avait cinq ans maintenant, la petite Mercé trois. Adriano était rude avec eux. Maria n'avait pas voulu l'admettre au début, mettant ces réactions brusques sur le compte des soucis, de la fatigue. Avec moi aussi il a changé, depuis que nous sommes rentrés en France, il s'est durci, mais ce n'est rien, d'autres fois il est gentil. Josefa ne la croyait guère.

Les jours de lassitude Maria rêvait, il redevenait aimable, prenait soin d'elle, ou leurs routes ne s'étaient jamais croisées et elle rencontrait un homme moins fort mais plus délicat, instruit comme le jeune comptable de Josefa ou encore un garçon au joyeux sourire comme le fils des boulangers de la rue Saint-Jacques.

Elle ne disait pas le plaisir que son mari prenait parfois à la méchanceté, à mater les autres. Elle n'acceptait pas qu'il s'en prît aux enfants, t'as la main trop leste, Adriano, je ne veux pas que tu les touches, attention à toi ! nous ne sommes pas tes porteurs, eux ils sont costauds, ils peuvent se défendre, nous, nous sommes ta famille.

Il repartait en silence. Insidieusement il la respectait moins, se sentait plus fort. Un agacement, une sourde colère s'emparaient de lui. Te laisse pas faire ! soufflait Josefa à sa nièce, ne le prends pas de front, profite d'un moment de calme pour lui dire que tu n'es pas d'accord, qu'il pourrait le regretter, il n'est pas idiot ton mari, il réfléchira.

Un soir alors qu'ils venaient de fermer la boutique, la tension était plus perceptible encore que d'autres soirs.

Il avait accroché à grand bruit les volets de la devanture, s'en était retourné nerveux dans la cuisine. Pour une broutille il se fâcha contre les enfants et leur administra une claque sur la tête. Alors Maria s'interposa. Il eut beau taper du poing sur la table hurler *cállate!* elle ne cédait pas. J'étais jeune avant, je me laissais faire. *Cállate!* tais-toi ! tu entends? Non, je ne me tairai pas, c'est toi qui vas m'entendre ! avant j'étais crédule, je croyais que tout irait pour le mieux, que tout pourrait s'arranger, mais aujourd'hui je te connais. J'ai dit ça suffit ! il tapa de nouveau sur la table. Moi aussi je dis ça suffit, Adriano ! tu as dépassé les bornes, tu es trop brutal, ou tu changes d'attitude ou la vie ici ne sera plus possible.

Elle le dévisagea, elle était blême. Adriano se raidit. Il ne l'avait jamais vue ainsi, violente, déterminée. L'affrontement lui devint insupportable. Il bondit, renversa la chaise, la table, sortit en cognant dans les portes.

Sitôt dans la rue, la tiédeur du crépuscule l'enveloppa. Le ciel orangé s'étirait en bandes mauves vers la gare. Il voulut le suivre, s'évader de la famille, de la maison, du quartier, être porté plus loin par sa colère. Il se sentait habité d'une fureur innocente parce qu'ignorante de ses raisons. Des lampadaires jetaient déjà une lumière jaune sur la vitesse de ses pas. Il passa sous les mâchoires métalliques de la halle, traversa plein de hâte leur fraîcheur obscure. Son corps, son esprit couraient devant lui. En quelques enjambées il se retrouva sur les berges de la Garonne. Les eaux du fleuve bouillonnaient, rouges sous la lumière déclinante, tourbillonnaient, sauvages, contre les pilastres du pont. La nuit étendait des franges bleues et noires plus loin, au-delà de la Passerelle, où des cabanes de pêcheurs se noyaient dans l'obscurité.

L'air vif qui balayait le fleuve, la coulée puissante des

eaux l'avaient arrêté. Sa colère s'essouffla dans cet espace dégagé, souverain. Plus de murs ici, plus de palabres !

Il s'assit un instant sur un ponton de bois, espérant que cette fièvre en lui descendrait. Il scrutait la nature, l'interrogeait en silence, pourquoi de brusques impulsions l'envahissaient parfois, une force en lui que des paroles ne pouvaient exprimer ?

Il contemplait les gabares alignées sur la rive, la pénombre qui tombait sur les remous du fleuve à ses pieds. Les derniers fils de lumière s'estompaient dans le ciel. Il n'obtint pas de réponse. Son enfance, ses parents là-bas dans les montagnes lui revinrent en mémoire, comme ils étaient loin ! Lentement ses forces l'abandonnaient, sa fureur aussi. Il souhaitait ne plus bouger, rester là sans rien attendre. Son cerveau était engourdi, sa volonté éparpillée. Maintenant il laissait flotter l'air du soir sur son front, couler en lui la douceur du paysage, l'écho d'un bref apaisement.

Les premiers foyers brasillaient autour de minuit. Les voix convergeaient vers les points rougeoyants. Elles ne montaient pas, se chauffaient pour l'instant, profondes, sereines, sans public ni comparses. Ensuite les feux s'allumaient sous la halle au poisson, plus tard du côté de la volaille puis des boucheries, des triperies, enfin aux deux bouts du marché vers les bancs de fleurs et de fruits.

Par bruits successifs, les roues d'une charrette, une chute de caisses, des appels d'une allée à l'autre, la rumeur s'étendait dans le froid, animait les esprits, en de brefs assauts réchauffait l'atmosphère.

Quand les premiers tramways de la nuit, chargés de maraîchers d'Eysines, de Bruges, s'arrêtaient dans des crissements de freins, Adriano était là pour acheter des paniers de légumes au pied des plateformes.

À la saison Maria l'accompagnait. Elle connaissait quelques revendeuses espagnoles, Paca, Marta, qui lui cédaient pommes et oranges. Devant son magasin elle avait installé des tréteaux métalliques pour disposer ses cageots. À l'intérieur elle avait monté en piles des conserves.

Au bout de trois mois les fournisseurs étaient payés, au bout de six la somme prêtée par Josefa remboursée.

Un soir, sous l'ampoule de la cuisine, elle relisait ses comptes comme chaque semaine, Adriano nettoyait sur un papier journal un revolver acheté à un gars du port, je crois Adriano, lui annonça-t-elle, que nous n'aurons plus besoin d'entamer nos économies, encore quelques clients et le magasin nous permettra de vivre. Il remontait le barillet sans répondre, elle regarda l'arme, et ça c'est pourquoi? Avec tous les types qui traînent dans le quartier je me méfie. Maria examina la feuille où elle avait aligné les chiffres au crayon, elle se leva, tu sais, si tu veux, tu pourras bientôt laisser les abattoirs, c'est peut-être ce travail qui t'a changé le caractère, si tu viens ici, tu pourras m'aider, tu auras une vie tranquille, le commerce marchera mieux, combien de fois je dois fermer en pleine journée! Lui se taisait, huilait le chien du revolver, tu m'écoutes, Adriano? Il dit on verra, fit cliqueter la gâchette.

L'idée d'être patron, de faire comme Pepe Luis le séduisait. Maria décela sur son visage une expression plus détendue, elle lui sourit, dimanche on pourrait passer chez Espinosa, le tailleur de la rue Sainte-Catherine, te commander un costume. Avec quoi tu vas le payer? Laisse-moi faire! je sais me débrouiller. Oui, mais là, un costume…

Chez Espinosa, un grand type cérémonieux, ils en commandèrent deux, un gris d'usage courant, un noir qui servirait dans les occasions. Ils en payèrent le tiers d'avance. Maria s'engagea à régler le reste à tempérament, avec nous señor Espinosa, n'ayez pas d'inquiétude ! Je n'en ai aucune, il était confiant, il dit je sais qui vous êtes, ce qui flatta Maria, et prit aussitôt les mesures.

Adriano sortit réjoui. C'était la fin de la matinée. Maria lui prit le bras, proposa de passer par les Fossés pour rentrer. Le soleil filait sur les façades de pierre à travers les marronniers jusqu'aux étals que rangeaient les marchands. Il désigna un café, allons prendre l'apéritif !

Maria n'avait pas goûté depuis longtemps un seul instant de repos, elle en poussait de légers soupirs. Ils virent défiler devant la terrasse des familles qui partaient déjeuner, une foule qui travaillait, courait, criait. Elle éprouva presque de la honte à rester là assise pendant que ces gens se démenaient, pria le ciel que personne du quartier ne vînt à passer.

Un mendiant qui jouait avec son singe juché sur l'épaule les fit rire un moment. Quand il avança sa soucoupe parmi les clients attablés, Adriano l'envoya paître, tu aurais pu lui donner quelques sous tout de même ! Comme il se renfrognait elle n'insista pas, évoqua les costumes, tu seras superbe !

Elle hésitait encore à aborder son changement d'humeur, l'atmosphère pesante qui régnait parfois à la maison, quand Adriano se leva, bon, on y va ! paya les consommations sans laisser de pourboire. Maria le contempla étonnée. Il se retourna, siffla entre ses dents, je travaille pas pour les engraisser.

Ils revinrent par la rue Leyteire qui brillait dans la lumière de midi. Les roues d'une charrette dansaient sur les pavés. Maria ne parla plus que des travaux pour le logement, des commandes de sucre, d'huile, à prévoir pour la semaine.

Quand elle entendit le pas de son mari à l'étage, hésitant d'abord puis terrible dans son insistance, Josefa tressaillit.

Adela était montée lui apporter son déjeuner. Elle était restée figée, que fais-tu, Pepe Luis? assieds-toi! Il s'était dressé, le visage violacé, l'œil fixe.

En bas, Josefa, qui rinçait des verres sous le comptoir, accusait les secousses. Connaissant son homme, elle fermait les yeux, sûre du destin de ces pas. Les lumières de la rue traversées de cris dansèrent dans l'embrasure de la porte. Et puis tout à coup, au-dessus de sa tête, dans sa tête, retentit le fracas du corps massif, vaincu, de Pepe Luis sur le parquet, un bruit comme le tonnerre dans toute la maison, de la cave aux étages.

Elle cassa un verre dans ses mains, lâcha le torchon. Appuyée au rebord de la bassine, le cœur vide, elle entendit l'appel d'Adela qu'elle ne voulait pas entendre, Josefa! Josefa!… elle se précipita vers l'escalier.

On enterra Pepe Luis vêtu de son costume en pied-de-poule, flanqué de sa canne à pommeau, comme il aurait aimé se promener un dimanche. De la chapelle du *Retiro*, trop exiguë pour tous les Espagnols du quartier, le cortège s'ébranla jusqu'à la concession de la Chartreuse.

Nous étions à Pâques. Les jours suivants, une pluie cinglante vint flétrir les fleurs, transformer les allées du cimetière en chemins boueux.

Un mois plus tard, Adela à son tour s'effondra morte dans la sciure qu'elle répandait sur le parquet du *Zaragoza*. Sa sœur poussa un cri si aigu qu'il traversa la rue et couvrit le bruit du papier sulfurisé que rangeait Adriano, du moulin à café dans les mains de Maria.

El bien viene andando, el mal volando[1] murmura Josefa. Ce fut Rosa, la jeune sœur de Violette, qui prit les rênes du *Zaragoza.* Josefa, elle, s'assit au fond de la salle, face à la porte, *El bien viene andando, el mal volando,* répétait-elle à qui venait la voir.

L'épicerie marchait bien, trop bien même au goût de certains. Un regard, des réflexions acides n'avaient pas échappé à Maria au milieu des bavardages et des rires. Des plaintes s'épanchaient au magasin pendant les courses. Maria les écoutait mais dans le sillage de Josefa toujours aux aguets, ma fille, en imaginant le pire tu n'es jamais loin de la vérité ! elle se protégeait des commérages, des mesquineries, de la jalousie surtout. Elle acquiesçait mais demeurait en retrait, répondait par un *refrán* ou une banalité.

Maria restait aimable, prudente toujours, sentir ce qu'il y a d'hostile chez l'autre, tous ces sentiments remâchés qui ne demandaient qu'à sortir. Une sorte de mauvaise humeur communicative qui parcourait les cœurs au milieu des marques de gentillesse, des plaisanteries, un serpent toujours prêt à mordre. Quand on s'adresse à des étrangers, rester vigilant, c'est la règle, et de toi à moi, la même chose en famille ! ajoutait Josefa.

Adriano, lui, possédait une stratégie plus radicale, un mot familier avec les clientes, qu'est-ce qu'il te faut aujourd'hui, Antonia ? Pour le reste pas de dialogue. À part la vieille Remedios qui perdait un peu la tête et lui

1. « Le bien arrive au pas, le mal en volant. »

claironnait à l'oreille ses déboires quotidiens, aucune ne s'aventurait à un échange prolongé avec le *gracioso* comme elles l'appelaient. Il ne cachait pas sa méfiance, souriait peu. Tu pourrais être plus aimable l'incitait Maria. C'est bien comme ça, t'en fais pas !

Son agacement montait d'un cran si un ivrogne se hasardait dans la boutique. Il y en avait beaucoup dans le quartier, ombres titubantes du matin au soir. On ne les comptait plus la nuit, appuyés aux murs ou en zigzag sur les trottoirs. Il ne supportait pas de voir à la fin du mois des enfants, des femmes se rendre au bar pour supplier les hommes de regagner la maison, allez rentre ! les tirer par le pan de la veste, rentre je t'en prie ! avant qu'ils aient dépensé toute la paye. Un mari, un père, un pauvre type aux yeux vitreux buvait leur désastre, allez rentre maintenant ! C'est pas des hommes ! En Espagne ou ici, depuis son enfance, il en avait tant connu ! Ça l'exaspérait et si le poivrot entrait dans le magasin en faisant du bruit ou s'il parlait mal à Maria, il avait vite fait de se retrouver au milieu de la rue Lafontaine.

Là où l'impatience d'Adriano chavirait c'était à l'arrivée d'un représentant, d'un parfumé comme il les appelait à voix haute, tiens, Maria, occupe-toi du parfumé ! Maria, c'est pour toi, encore un parfumé ! S'ils s'annonçaient discrètement tout allait bien, mais souvent la sobriété n'était pas leur fort. Là il tournait les talons, comment va, monsieur Lorca ? Il ne répondait pas, parfois les dévisageait, passait son chemin.

Sa tête de turc c'était Clémentin, pochette et chapeau mou, le représentant des cafés Robustar, des torréfacteurs de Bègles, ah ! monsieur Lorca ! *Robustar, la star des cafés !* il partait d'un rire aigu, Clémentin, et il tapait sur l'épaule d'Adriano, et celle-là, *Chez Robustar, chaque grain est une star!* Il tombe bien glissait Maria à Violette. Toujours volubile Clémentin, surtout quand il sortait de table. Tout rouge aussi, le cou, la tête, on dirait un poulet ébouillanté ton représentant. Adriano n'hésitait pas à lui renverser quelques olives sur le complet neuf ou à lui rendre sa tape amicale d'une main beurrée qu'il écrasait sur la veste. Il riait jaune Clémentin, sacré farceur ce Lorca! Il agaçait d'autant plus Adriano qu'il amusait Maria, ah! madame Lorca! sans vous importuner trop longtemps votre époux et vous-même, laissez-moi vous proposer une idée commerciale qui embellira votre magasin, il faisait pétiller ses yeux autant qu'il le pouvait le Béglais, une pile de poches Robustar surmontée d'un moulin à café tout neuf que vous gagnerez en fin de vente! Elle ne dit pas non, fit peindre en lettres stylisées *Cafés de luxe* sur la vitrine. Ça lui plaisait à Maria, l'épicerie prend tournure! Comme en même temps l'ébéniste de la rue Saint-Jean lui avait confectionné une caisse avec moulures, tiroirs pour la recette, réceptacle en métal pour la monnaie, un souffle de vanité vint l'effleurer.

Son souci c'était que les enfants aient de l'instruction plus tard, lire, écrire puis la comptabilité ou des études pourquoi pas, elle avait tâché d'en parler à Adriano, c'est comme ça qu'ils s'en sortiront, pas autrement. Il avait maugréé, il faudra surtout qu'ils soient capables de prendre la suite.

Un autre événement survint en cet automne 1921. Joseph le peintre avait raccordé un fil à une ampoule au-dessus du lit. On pouvait l'actionner à l'aide d'une poire, l'électricité dans la chambre, le luxe, la modernité! Clic-clac, éteint-allumé, éteint-allumé, ce système ça l'avait amusé cinq minutes, Adriano. Arrête ça ! suppliait Maria, tu vas finir par casser le bouton. Éteint-allumé, éteint-allumé, clic-clac, et puis il s'était méfié. Maria paraissait satisfaite, elle s'était mise à lire au lit et de plus en plus longtemps, c'est pas bon ces journaux, ça rend fainéant, éteins ça ! demain on se lève tôt.

Lui avait mesuré l'adversaire. Une fois qu'elle n'avait pas obéi sur-le-champ, il s'était levé, avait coupé le compteur, comme ça je ne le dirai pas deux fois ! la nuit, c'est la nuit ! Depuis il coupait le courant électrique chaque soir avant de se coucher. L'obscurité retrouvée facilita sans doute la troisième grossesse de Maria.

Mais elle ne renonça pas pour autant à ses lectures. Elle trouvait un moment pendant la sieste de son mari ou le soir après dîner. Elle s'attachait à l'orthographe des mots, à l'écriture des phrases. Elle achetait *Le Petit Journal*, trop patriotique, revanchard à son goût, « À ton tour Germanie ! », mais elle en appréciait les histoires écrites dans un français plein de distinction, ou *L'Illustration* qui la conduisait dans l'intimité des grands de ce monde. Perds pas ton temps avec ces histoires ! Adriano n'avait pas tort après tout, ceux-là trompant leur ennui dans le luxe, leur vie artificielle, et eux ici, en bas, en train de se battre pour vivre ! Elle se rappelait l'Argentine, doña Matilde, don Pedro, les palaces et les mondanités.

À l'occasion, elle échangeait des considérations complices avec Violette, lis l'article sur les ducs du Luxembourg, tu me diras ce que t'en penses. Violette était toujours gaie, même si rien ne remplacera mon Riquet bien sûr, moi ce que je préfère c'est les photographies des aviateurs. Ses rêves partaient en vol plané, y en a des vraiment beaux ! Maria l'observait, mi-attendrie mi-amusée, allez ! le chagrin lui passerait.

L'Australien Ross Smith s'apprête à faire le tour du Monde en avion.

L'aviateur australien Ross Smith qui du 12 novembre au 10 décembre 1919, en moins de 28 jours, parcourut en avion les 19000 kilomètres qui séparent l'Angleterre de l'Australie, vient d'annoncer son intention de faire le tour du monde par la voie des airs. L'audacieux et habile aviateur, qui mettra ainsi à exécution un projet du regretté Védrines, surveille actuellement la construction de l'appareil qu'il pilotera, avion amphibie Vickers-Vimy, muni de deux moteurs et dont le train d'atterrissage pourra s'escamoter et faire place à des flotteurs d'hydravion. C'est sur un avion de cette grande maison de construction d'aéroplanes que Ross Smith a effectué son raid Londres-Port Darwin et que le regretté Alcock a traversé l'Atlantique sans escale.

Le Miroir des Sports – 26 janvier 1922

VII

1936

À la fin de l'hiver, Garouste m'a rendu ma liberté, il est temps que tu voles de tes propres ailes. Je m'y attendais un peu. C'étaient des gens pudiques. Même s'ils n'en parlaient jamais, ils ne se consolaient pas de la mort de leur fils à la guerre. Une fois il avait bredouillé bientôt vingt ans! c'était hier. Personne ne pouvait prendre sa place. Que pouvais-je dire? je leur étais reconnaissant de tout, enfin! voilà! nous nous regardions, on ne va pas faire de grandes phrases, hein?

Il m'a tapé sur l'épaule, bon! je ne te jette pas à la rue, tu vas te trouver un logement et j'ai parlé de toi à Suarez le charcutier. Il a besoin d'un commis, il te connaît et tu débuteras avec un bon salaire, chez eux tu seras en confiance, tu sais, tu pourrais plus mal tomber.

La charcuterie Suarez! C'était une maison aux Capucins! Une dizaine d'employés, des patrons avec du caractère et les enfants que je connaissais un peu. Ma crainte c'était mon entente avec eux, être leur employé, celui de leurs parents. Le calcul était vite fait. J'avais pas les moyens de refuser et changer de perspective m'était salutaire. Pour tout dire le projet m'excitait.

En même temps, des baisers moins ardents, moins de chaleur dans les caresses, nous nous quittions avec Thérèse. À chaque difficulté matérielle l'invective fusait, nous nous agacions pour des broutilles. C'est elle qui a ouvert le feu. Elle me fixait de son regard noir, j'ai pensé à nous deux, Emilio, je crois que nous nous ressemblons trop, nous sommes les mêmes, avec la même colère à l'intérieur, la même envie de nous en sortir. Ça nous empêche de rêver ensemble. J'ai approuvé, à joindre nos deux misères nous ne serions pas heureux longtemps, à nous épier dans une pièce minable sans cuisine, sans confort, les gosses qui arriveraient, nous ne resterions pas longtemps amoureux, c'est sûr. Elle m'a pris la main, d'ailleurs est-ce que nous le sommes encore ? il s'agit plus d'amitié maintenant entre nous, tu crois pas ? Je lui ai souri. Elle avait raison, ce n'était pas cela que nous voulions, c'était même le contraire. Oui, proches l'un de l'autre, frère et sœur en somme dans nos solitudes orphelines.

Nous restions complices. Une chambre au bout de son palier s'est libérée deux mois plus tard. Je m'y suis installé, en voisin un peu jaloux la première fois que j'ai entendu des pas rejoindre sa chambre. De mon côté j'avais pas attendu pour faire quelques connaissances dans les bals du samedi soir. Une fois j'avais même raccompagné chez elle Yvonne, la reine des halles de l'année précédente. Le dimanche je me rendais au *Retiro*, assez tôt, en espérant avoir le temps de causer avec Mercé Lorca et son amie Marguerite Suarez. Juste avant le film.

Suarez ne pouvait m'embaucher immédiatement. Il me fallait attendre l'été. Comme je désirais sortir du quartier, respirer un peu, je me suis présenté pour une place chez un quincaillier de la petite rue Hégrelet dans le centre ville. Un ami de Rafa qui y travaillait était malade.

Les Laclinque, les patrons, c'étaient des Bordelais. Ça a débuté par des sourires, c'est si gentil de venir nous aider ! Madame Laclinque elle en faisait des manières, alors c'est quoi votre prénom ? Emilio ! c'est très bien Emilio, si vous n'y voyez pas d'inconvénient, ici vous serez Émile. Elle me le répétait, s'il y a quoi que ce soit, Émile, vous pouvez m'en parler.

Benoît, le commis principal, il m'a aussitôt déplu. C'était un calamistré. Il me toisait avec ses yeux mi-clos au mépris plus lisible que celui de ses maîtres, la bouche entrouverte sur une dent proéminente pour susurrer les ordres.

Tout était nouveau, les clients d'abord qui parlaient d'une voix doucereuse apportant dans le magasin des parfums de citronnelle et d'antimites dans le meilleur des cas, au pire des odeurs de pipi de chat, ce faux-cul de Benoît qui rêvait d'être ses patrons, ses patrons rêvant eux d'un autre rang, le travail enfin, manipuler des objets en métal froids, inodores, c'était pas la même chose que de palper toute la journée la masse molle des abats avec ses gestes automatiques de découpe et d'accrochage ou la muqueuse rêche et chaude des saucisses, la glaise des pâtés. C'était une vie, tout un savoir-faire.

Plus Benoît me surveillait du coin de l'œil, plus je me trompais dans la taille des boulons, le diamètre des colliers d'arrosage, la forme des pommeaux. Les Laclinque eux ils me souriaient. Le soir Dent-en-avant leur faisait son petit rapport. Après des heures d'espionnage feutré il en avait des choses à leur dire. Mais ils me souriaient toujours.

Ça m'énervait toute cette gentillesse. Je me demandais où ils la planquaient leur vacherie. Elle avait bien dû se faufiler quelque part ! Simplement elle prenait un visage que je lui connaissais pas encore. Lui avec sa blouse grise, propre, sa blouse quand même, sa cravate, ses chemises bien coupées, rasé de frais, elle avec ses tailleurs stricts, ses chemisiers fermés, ils arboraient leur grimace du matin au soir.

Elle s'effaçait juste la grimace quand dans un fracas de portes, d'exclamations leur rendait visite Nathanaël Van de Bout, les vins Van de Bout ! Il ne travaillait pas vraiment, Nathanaël, débarquait à l'improviste, échevelé, faussement débraillé, rien que du velours côtelé, du tweed, de la belle flanelle, elle avait repéré madame Laclinque. Alors Edmond, toujours au boulot ? quand passez-vous à la propriété ? Il en crevait Edmond.

Van de Bout, il achetait du matériel de jardinage pour se distraire, Benoît vous livrera dès ce soir, Nathanaël, soyez tranquille ! Il repartait à tue-tête comme il était entré.

Alors le silence retombait sur le magasin, une boue amère remontait à la surface. C'était un délice. Les patrons partaient cacher leur mine sombre dans l'arrière-boutique, écoute Edmond, calme-toi Edmond, je sais, je sais. Entre deux spasmes on l'entendait, Blouse-Grise, gicler tout son venin.

Laclinque, quincailliers de père en fils depuis 1853, c'était imprimé sur la toile qui pendait dehors.

Dans ces moments-là j'en prenais pour mon grade. C'était inévitable. Ça grinçait, ne dites pas ça Émile ! ne faites pas ci ! Et puis ça montait, on ne vous a pas appris les manières ? Lui, il inspectait mes ongles pour voir s'il ne pouvait pas se défouler.

Benoît, quand il sentait la vase du fleuve leur submerger le cœur, il prenait les devants, non mais d'où tu sors ? Lui aussi il avait l'âme limoneuse.

Jamais devant, toujours derrière les étagères de seaux et de bassines avec du pourri au fond, j'entendais cracher sur les Espagnols, c'est menteur, c'est sale, un coup de peigne et ça se croit lavé ! Des jours, quand il me croisait Benoît, on aurait dit qu'il allait se pincer le nez.

Le pire c'était quand on déjeunait face à face les deux dans l'arrière-boutique. Rien que de voir l'air dégoûté qu'il prenait ce grand escogriffe ça me coupait l'appétit. Ça l'agaçait Benoît. Tout l'agaçait. À la fin c'était devenu ma distraction.

Plus les jours s'accumulaient, moins j'entrevoyais mon avenir dans la quincaillerie bordelaise. Les coups de gueule du marché et la rigolade au travail commençaient à me manquer. Le temps passait dans le silence ou le grincement des outils, quelques propos sur la messe du dimanche contre le Front populaire, qu'appuyait Benoît-le-larbin.

Il se contemplait dans les glaces, se plaquait un peu plus les cheveux, portait des cravates et des chemises à col glacé comme le patron. Les miennes elles laissaient à désirer. Je les achetais chez Léon cours de la Marne. Elles étaient à rayures inégales qui au premier lavage se mettaient à gondoler, disparaissaient au deuxième.

Un jour ça a suffi. Dent-en-avant a malheureusement ricané à propos du col informe de ma chemise, je vois que tu trouves même de quoi t'habiller aux Capucins. J'ai pas réfléchi, ma main aussi elle vient des Capucins ! Il a pris mon poing sur son rostre de poisson malade. Ça a explosé, saigné de suite. Il est parti en arrière dans le présentoir tout neuf des robinets pour baignoires. Il poussait des hurlements de truie, la patronne gémissait comme si elle allait mourir derrière sa caisse. Police ! Police ! il criait Benoît. C'était pas la peine, ils étaient déjà là. Les voisins, à l'affût derrière la vitrine, avaient assisté à la scène, ils étaient partis les chercher. Fallait pas que ça traîne! Une vraie rue de délateurs la rue Hégrelet, bien comme il faut.

Rien à faire. Je pouvais plus sortir. Les pèlerines étaient là dans l'encadrement de la porte. L'espion maison il gueulait encore en me montrant du doigt, avec l'autre main il essayait d'endiguer l'hémorragie nasale. Alors, perdu pour perdu, je lui ai mis un coup de pompe dans les côtes, l'autre c'était parce que j'étais en colère, celui-là c'est pour le plaisir, Benoît, cher Benoît! je lui ai sifflé.

Ils m'ont emmené au poste. Et vite fait. J'ai entendu des cris, ils me traitaient de bandit, d'espadre même, il y en a qui ont parlé de prison, les policiers m'ont passé les menottes. Ils étaient tous d'accord. Je le sentais, ça leur faisait du bien.

Trois mois plus tard j'ai pu enfin débuter chez les Suarez. Marguerite me connaissait mieux depuis que je travaillais chez ses parents. Elle était devenue moins sauvage.

J'avais été bien accueilli. Le père Suarez n'était pas un commode. Exigeant, acharné, il criait beaucoup, mais avec moi il était aux petits soins. Il m'avait associé à son cuisinier Tonio. Tonio était arrivé de Navacerrada, le village du patron, dix ans auparavant. Il n'avait pas bougé depuis. On s'était de suite bien entendu. Ça facilitait les choses. Je me sentais à mon aise. Il y avait comme chez Garouste cette ambiance du marché que j'avais toujours connue, où toute la vie se passait au sein du travail, les joies, les rires, les peines, et lui, qu'est-ce qu'il devient? les problèmes de santé, de famille, tu sais pas la dernière ? les nouvelles des autres et du monde, on prévoit des manifestations pour la semaine prochaine, il pourrait y avoir des émeutes. Suarez grommelait, les congés payés ! les congés payés ! où est-ce qu'on va les prendre ? il va se faire comment le boulot ?

Pour le reste, nous travaillions ensemble, tous la même blouse, employés, patrons, enfants du patron, et à ceux-là, pas de privilège ! tous les mains dans le lard du cochon et les tripes pour les saucisses, à l'atelier le père, le fils Suarez, les commis, tous à s'étouffer dans les vapeurs chaudes de la graisse, à s'activer, les bouchées à la reine, les pâtés prêts pour la livraison de huit heures, les bacs, le son, les crochets, de grands coups de rigolade et un verre de rouge ou un café par-dessus pour dénouer les muscles. Et les bruits, les hurlements depuis la caisse, Julio ! elle est prête la commande du *Zaragoza* ?

Maintenant je dansais au *Retiro* avec Marguerite. J'étais moins anxieux pour lui parler. Elles riaient en coin avec Mercé. Moi je faisais le maladroit, pas l'idiot, le maladroit. Elles m'intriguaient ces deux-là, pas à se trémousser comme les autres, aimables mais avec de la distance, de l'humour froid, pas crâneuses non plus. Nous pouvions nous amuser ensemble. Le dimanche au *Retiro,* la semaine au magasin, nous aurions pu nous croire en famille.

Nous déjeunions entassés dans la cuisine derrière l'atelier, de la charcuterie et des pâtes surtout, d'énormes marmites de pâtes. Le père Suarez riait sous la lampe, mange, ça donne des forces ! les Italiens ils adorent ça. On pouvait rire avec lui. Tant qu'on travaillait et qu'on mangeait, ça allait. Mais dans son bureau à l'étage, il ne voulait pas qu'on y aille, qu'on monte, qu'on lui demande, rien ! ça commence par l'heure et ça finit par une augmentation. La vie chez Suarez c'était comme ça, comme il avait dit, pas autrement. On est bien chez moi ! C'était pas la peine qu'on en discute.

Thérèse, travailler à la charrette le matin, ça lui suffisait pas pour joindre les deux bouts. Monsieur Raymond il avait bien vu l'affaire, l'effet aussi qu'il lui faisait à la petite. Je lui trouvais, au chef des écritures, l'air plus déluré, plus jovial quand il descendait prendre son café chez Gégé. Thérèse dans ces cas-là elle baissait les yeux ou quand elle croisait son regard, il y avait un pétillement qui ne laissait aucun doute.

Au début elle avait l'air contente. Je les avais croisés dans l'escalier. Les choses étaient claires. Ils me savaient discret.

Avec ses bonnes manières, sa cinquantaine chauve, ses costumes étriqués, il l'aidait un peu. Exclusif, monsieur Raymond, il désirait l'entretenir. À petite vitesse. Il avait pas trop les moyens mais voulait s'en donner l'air. Thérèse n'était pas dupe.

Le reste de son existence il le passait dans son minuscule appartement entre sa femme qui ne travaillait pas, sa fille avec ses nattes et ses leçons de piano, Doudou le loulou de Poméranie et son odeur qui traînait partout, la mallette de pique-nique en rotin pour les dimanches d'été, le cinéma au *Gallia*, rue Sainte-Catherine, jamais dans le quartier.

Il était aimable les premiers temps. Elle lui trouvait de la distinction, de l'instruction aussi,

Ô temps, suspends ton vol ! et vous, heures propices,

elle était bouche bée, lui les yeux mi-clos,

L'attaque n'a pas traîné, retourne voir ta femme! va voir ton chienchien! va-t'en salaud! qu'est-ce que tu crois? que tu vas jouer les caïds! t'es un minable, ta vie aussi elle est minable! tu parles d'un gentleman! tu veux pas m'envoyer tes gars à moi aussi des fois?

Il était figé Raymond. Moi je me taisais immobile sur le pas de la porte. De me voir là, il supportait pas. Il réalisait tout à coup, sa vérité, son image hideuse qui le dévorait.

Il a tenté une sortie, la voix coinçait, sans moi tu n'es rien, tu comprends ça Thérèse? Il n'en croyait pas un mot, elle non plus, c'est avec toi que je suis rien, cesse tes menaces! va-t'en! tu me dégoûtes. Soudain d'un geste vif elle lui a arraché son chapeau mou, l'a piétiné, balancé dans l'escalier, du bout du pied. Il était paralysé, ne réagissait plus, et reviens plus jamais! jamais! t'entends?

Au bout d'un instant il s'est détourné. Il se voûtait maintenant. Il a ramassé son feutre, cabossé comme lui, au bas des marches. Il sentait tout le poids de la médiocrité qui le rattrapait, l'appartement, le chien, l'épouse. Les bras croisés, adossé à ma porte, je le laissais se noyer. Il aurait voulu se sentir désespéré, il était pas capable, avoir honte au moins, même ça il pouvait pas.

Mais bien vite il s'est montré mesquin, par touches, moins généreux. Elle devinait dans son regard trop de plaisir à la dominer et dans ce plaisir une bassesse que toute la poésie du monde n'effaçait pas. Elle ne pouvait accepter des gestes, des remarques vulgaires. Le masque de monsieur Raymond est tombé, elle en a été amère.

Il criait plus souvent, Thérèse lui disait sa colère, l'humiliait, regarde-toi, t'es trop vieux! Il est devenu brutal. Le ton avait changé, il la traitait de garce à la moindre peccadille. La première fois elle s'est laissé faire, ivre de rage, la peur des vaches maigres était la plus forte.

Les disputes se sont répétées. Je les entendais à travers les cloisons, ça montait sec, explosif, et puis ça retombait. Ils devaient s'arranger, se réconcilier comme tant de couples, moitié rancune, moitié pardon. Mais ça ne pouvait plus continuer. Parfois elle le chassait, claquait la porte, c'est tout ce que tu me donnes? va-t'en! tu te fous de moi! Bien contente tu devrais être et, je te préviens, tu ferais bien de changer d'attitude!

Ça n'arrêtait plus. Un soir ça criait trop fort. J'ai traversé. Il était nu au milieu de la pièce en train de la bousculer, l'air furieux, le crâne rouge. Il ne m'aimait pas. J'étais jeune et avec Thérèse, allez savoir! toi tu t'occupes de tes affaires!

Sur la table traînaient quelques billets qu'il avait jetés. Il avait l'œil injecté, un peu fou. La colère est montée, fous le camp, merdeux! Il en fallait plus pour m'émouvoir, bon, vous la laissez tranquille à présent. Fous le camp je t'ai dit!

Il n'avait pas l'air dans son assiette, monsieur Raymond. Il était envahi de gestes saccadés. Il essayait de me toiser tout nu au milieu de la pièce, trépignait sur place. Fous le camp! il répétait, va t'amuser avec tes copains! Je contemplais la peau très blanche de son sexe, son gland tout rouge, presque honteux, vous n'êtes pas beau comme ça et vous allez prendre froid, allez! rhabillez-vous! je lui ai dit. Là, il aurait voulu me tuer. Il s'est lancé sur moi, mais j'étais plus costaud. Il s'est ravisé, il a battu en retraite. Ses yeux allaient dans tous les sens, il poussait de petits cris aigus. J'ai pas bougé. Il s'est rhabillé et puis il est parti. Sans faire claquer la porte.

Deux jours plus tard je rentrais d'une expédition chez Josette et Ramón. Le ventre creux. Djozetta! laissélévinsourlatabla! Il m'avait dégoûté le cousin. La cuisine dégageait des odeurs de lessive. En bout de table Ramón trempait ses pieds dans une bassine d'eau chaude qui moussait, c'est pour mes oignons, çalésouladje. En même temps il mangeait, du porc avec des lentilles, buvait un coup, indifférent. Fameux mélange de vapeurs de cuisine, de savon. À vous soulever le cœur. Josette, blême, irréelle, contemplait le spectacle. Elle avait l'air de ne plus être là, ailleurs non plus, de ne plus exister, tout simplement. Va-t'en, Josette! il te tue à petit feu, je lui ai soufflé dans le couloir, échappe-toi! elle n'a même pas répondu. Djozetta! entre deux vins, il se méfiait le Ramón, Djozetta! viens ici!

Cette fois j'étais bien décidé à ne plus revenir. J'avais faim, la femme de Gégé m'a préparé un sandwich. Je me sentais nerveux, contrarié. Si Thérèse était seule je m'arrêterais parler un moment. En passant devant le kiosque de Quina, celle qu'on appelait la Chata, je me suis offert *Le Miroir des Sports.*

France-Yougoslavie (1-0) au Parc des Princes, devan
40000 spectateurs; au prix d'un saut athlétique, le pui
sant arrière et capitaine de l'équipe de France, Jul
Vandooren (maillot sombre), repousse le ballon de la tê

L'escalier n'était pas éclairé. Dans la pénomb
aperçu deux silhouettes que je connaissais
manœuvres qu'on employait de temps à autr
Lapeyre. Deux brutes. Ils m'attendaient. Aussitôt
le déluge, coups de pied, coups de poing, une
raclée. Ils pouvaient pas lui refuser à m
Raymond. En plus ils aimaient ça, ils y metta
cœur. Entre deux grognements, on va t'appr
politesse! Ça partait dans tous les sens. Ils
tapaient! Ma tête rebondissait contre le mur. In
de me protéger. Pendant qu'un me tenai
cognait. J'ai cru que ça n'allait jamais s'arrêter
se sont lassés. Il y a eu encore un coup puis
cessé, un dernier ramponneau dans le dos e
abandonné, le visage tuméfié, inerte sur les n
bois. Ils sont repartis d'un pas tranquille.

Le corps entier me faisait mal, la tête tour
le vertige, envie de vomir, je crachais du sa
est accourue, folle de rage. Elle m'a fait des
à l'aide de mouchoirs humides, jamais plu
chera ce salaud! Elle tâchait de me faire boi
bêtises! avec quoi tu vas vivre? tais-toi Emili
plus, plus jamais!

Il est réapparu Raymond le lundi suiva
ron. Il se dandinait sur le palier jouant s
confiant dans son pouvoir. Il pensait m'av
leçon, avoir mis Thérèse au pas. C'était m

Au marché le poids est rarement précis, la balance n'est pas souvent juste. Il y en a qui ont la main lourde. En laissant tomber la poche d'un peu haut, faut voir le fléau !

Le client lui a dit à Simone :

– Vous êtes sûre qu'il y en a un kilo ?

Les tomates avaient atterri d'assez haut sur la balance. Emballé c'est pesé !

L'aiguille s'est affolée. La poche, elle a pas traîné sur le plateau. Hop !

– Aujourd'hui, ça fait un kilo !

– Comment ça aujourd'hui ? Un kilo ça fait un kilo ! Pas autre chose ! C'est tous les jours pareil.

Elle le regardait perplexe, Simone, la poche à la main.

– Oui, eh bien ! ici ça dépend.

– Comment ça dépend ? Il n'en revenait pas le client, ça n'a pas à dépendre, c'est mathématique, MA-THÉ-MA-TI-QUE ! précis, exact, vous comprenez ?

– Oui, mais pas ici.

– Alors ça !

– Non, parce qu'ici, tu vois, on a le kilo inspiré, il marche au sentiment, à l'enthousiasme et ça fait pas toujours mille grammes. Il y a le kilo sympathique le jour où tu me plais, alors je suis de bonne humeur et même si la balance affiche un kilo, eh bien ! je t'en ajoute une ou deux tomates, et puis il y a le kilo du jour où tu m'énerves, où tu me plais pas et là, ton kilo, on lui donne du mouvement, de la vitesse pour que ça fasse un kilo. Tu comprends ?

– Et quand il tombe juste, mon kilo, il est comment à ce compte ?

Indifférente, elle hausse le sourcil.

– Il est sans opinion.

VIII

Décembre 1924

Dieulafait, s'il avait osé, ses médailles il les aurait accrochées à sa blouse tous les matins en levant le rideau. Il dressait le menton, tirait sur son béret, toisait la halle comme un Chemin des Dames qu'il allait prendre à lui seul. *Dieulafait, héros de la Guerre, Épicerie-Comestibles,* voilà ce qu'il aurait aimé inscrire sur la grande marquise bleue du magasin. Quand le commis l'appelait patron, il entendait chef, aurait souhaité mon capitaine. Les brumes de la Marne se levaient encore à l'aube sous sa brave moustache, maintenant faut plus venir m'emmerder, voilà ce que j'en dis! sa phrase favorite, à la moindre contrariété familiale, la moindre difficulté commerciale.

Sortis de la guerre hébétés et glorieux, nombre de poilus s'étaient vite heurtés aux parois du quotidien. Leur exaspération s'écoulait en médailles, défilés, récits ininterrompus des combats, tranchées, blessures, canonnades. Leur vindicte cherchait sa raison et la trouvait dans la nouvelle prospérité des Espagnols. Dans son épicerie du cours d'Espagne, désormais baptisé cours de l'Yser, Dieulafait n'était pas en reste.

Maria s'y servait. Timidement au début. L'accueil était peu affable, mais le prix des fromages lui permettait la revente. Quand une réflexion fusait sans finesse, ici on n'est bien qu'entre nous, la France ça se mérite, elle faisait la sourde oreille, payait, repartait, son paquet sous le bras.

Madame Dieulafait était plus aimable. Maria sur ses gardes échangeait avec elle deux trois mots. Un matin d'hiver où la bise du carrefour s'engouffrait dans la boutique ouverte, elle se glissa près du minuscule brasero qu'abritait la caisse. Louis qu'elle portait dans ses bras n'avait pas deux ans. La conversation tourna autour du veuf d'à côté, de son beau magasin *Torréfaction et Biscuits* à l'abandon depuis que la patronne était morte, il fait que boire, le soir c'est une tempête et le matin il ouvre à n'importe quelle heure.

Dieulafait l'air distrait s'approcha, il paraît qu'il veut vendre. Moqueur il ajouta vous les Espagnols qui achetez tout, vous devriez essayer. Il riait fort, ça sonnait faux, mais attention ! c'est pas la rue Lafontaine ici, ça coûte cher. Vous avez idée du prix ? Faut des sous, beaucoup de sous, plus que vous imaginez vous autres. Il s'amusa de l'air penaud de Maria, s'éloigna ravi de son effet.

Trois mois plus tard Maria et Adriano, peintures refaites, devanture aménagée, ouvraient flambant neuf leur nouveau comestibles. La tête qu'il fit Dieulafait ! Ils n'ont pas le droit ! Maria s'avança avec un aimable sourire, vous m'avez donné des idées, monsieur Dieulafait. Il ne pouvait plus bouger, le capitaine, figé, il n'avait plus l'air martial, plus envie d'attaquer le Chemin des Dames.

Par une habile stratégie, Maria avait lancé sur le flanc droit des alignements de biscuits afin d'éviter un affrontement avec les rares sacs de légumes secs de Dieulafait. Elle avait dressé une pyramide de boîtes métalliques, surmontées de gaufrettes, éventails, tuiles, langues-de-chat, qui empêchait la progression du chaland médusé jusqu'au magasin suivant, celui de Dieulafait, interloqué par ce contournement rapide et efficace de ses propres réserves. Le client retenu dans les mailles de la gourmandise n'avait plus qu'à se retourner. Sur le flanc gauche déferlait une cavalerie de sacs en toile de jute, tendus, impeccables, regorgeant de lingots de Vendée, cocos, gros plats des Pyrénées, flageolets, lentilles vertes, pois chiches.

Au bout de quelques semaines, afin de desserrer l'étau, Dieulafait tenta une contre-attaque à grands frais en disposant sur le trottoir des escouades de haricots secs, des blancs, des rouges. Las, il fut submergé par un deuxième rideau, de riz cette fois, toutes sortes de riz, rond, caroline, long, mat, glacé, surgissant du fond du magasin des Lorca, s'étalant sur la façade plus vaste que la sienne. Le client était happé dans l'allée centrale où une haie de barriques d'olives vertes, noires, sans noyaux, à l'escabèche, dans un mélange de parfums, lui tendait les bras, le dirigeait tout droit vers la caisse où, moyennant un brin de conversation avec la patronne, moins souvent avec le patron, il ne lui restait plus qu'à payer.

Dieulafait fulmina, s'arc-bouta. Il tâcha même de pactiser. Quelle ne fut pas la surprise de Maria de se trouver nez à nez avec lui un jour où il s'était décidé à lui rendre visite ! Monsieur Dieulafait ! quel bon vent ? Elle lui sourit. Elle était jeune, charmante pour une Espagnole reconnut-il. Elle lui fit découvrir les installations, de l'arrière-boutique à l'étage, le nouveau comptoir, les tiroirs en verre, la chambre frigorifique. Tout était calculé, moderne. Il chercha bien des lacunes. En vain. Rien ne manquait. Cette fois il se sentit désarmé. Le combat devenait inégal. Le magasin des Lorca ne désemplissait pas et si toute la rue Lafontaine avait débarqué au début, c'était maintenant le marché entier qui se servait chez eux.

Dieulafait rassembla son courage un soir près de la lampe. Il laissa tomber le journal. Ses troupes étaient décimées, il devait l'admettre. Il dévisagea sa femme assise à ses côtés, l'air soucieux. Financièrement c'était son arrière-garde qui était encerclée. Simone ! un papillon partit en fumée contre l'ampoule de la suspension, Simone ! il se dressa Dieulafait, regarda son épouse intensément, cette fois, ça y est, il faut nous replier.

Gabriel partait tôt à l'école, l'air soucieux toujours. Adriano avec un ton de rancune l'appelait l'étudiant, à douze ans moi je travaillais déjà. Le mercredi et le samedi il mettait en marche le torréfacteur à gaz au fond de la boutique, Gabi, viens m'aider ! Gabi, tiens la poignée ! Gabi ! Gabi ! Maria s'en apercevait, on aurait dit qu'il choisissait le moment où l'enfant commençait ses devoirs, vas-y vite sinon ton père va te gronder ! C'était peu dire. Adriano avait gardé la taloche facile.

Les lattes battaient les grains verts dans tous les sens, faisaient un boucan du diable qui, mêlé à l'odeur du café grillé, ameutait le quartier. Maria conçut vite l'encombrement et le risque que procurait ce genre de cérémonie. Elle trouva un local rue Monthyon.

Fino le visita avec eux, sursauta, vous allez torréfier le café là-dedans ? autant y mettre le feu tout de suite ! y a même pas d'aération. Occupe-toi de ton café au lait ! le rabroua Adriano, va servir tes croissants !

Une odeur de poussière humide s'élevait des pierres, envahissait les narines. L'avantage du local c'était l'espace qu'il dégageait à l'arrière. On pouvait désormais entreposer les barriques d'olives, sacs de légumes, boîtes de piment, va falloir acheter un chat s'esclaffa Fino, sinon les rats vont danser.

Ce qu'aimaient les enfants et Maria, flattée par cette animation autour de son commerce, c'était l'arrivée des chevaux, elle disait voilà les chevaux doubles ! La charrette tournait à l'angle du cours de la Marne, les sabots larges claquaient sur le pavé. L'attelage occupait la moitié de la chaussée. Les hommes, Adriano en tête, déchargeaient d'énormes barriques de deux cent vingt-cinq litres qu'on appelait des bordelaises. Ils les descendaient en cadence. Elles roulaient sur le trottoir ventrues, lourdes. La membrure vigoureuse d'Adriano et des commis, les grosses pattes des chevaux, leur croupe imposante qui luisait au soleil, la taille des barriques arrivées par bateau du Maroc, d'Algérie, tout procurait une impression de puissance, de mystère, dans laquelle Adriano s'épanouissait et Maria se grisait. Qui m'aurait dit il y a quelques années que j'aurais un tel commerce ! confia-t-elle un jour à sa tante. *Procura lo mejor, espera lo peor y toma lo que te viniere*[1], la tempéra Josefa.

Empoigner les bras lisses de la charrette ou les rebords ouvragés de la caisse du magasin, c'était ce qu'il préférait Adriano. Sauf qu'il présentait plus d'aptitude pour l'action que pour les comptes. Malgré les exercices de calcul mental prodigués par Maria, sa présence au tiroir-caisse s'avérait désastreuse. Elle se désolait, on ne peut pas le décramponner de la caisse. Et qu'on ne s'avise pas de me faire une remarque ! surtout pas devant

1. « Cherche le meilleur, attends-toi au pire et prends ce qui vient. »

le monde ! Plus il se perdait dans les pièces et les billets, plus il envoyait paître sa femme.

Les petits malins et ménagères roublardes avaient repéré le manège. On les voyait passer, repasser. Ils attendaient le moment propice pour se précipiter dès qu'Adriano apparaissait. Ils remplissaient le panier, fondaient sur la caisse en présentant tous les articles à la fois, noyaient le malheureux sous un flot de paroles, l'air innocent, agité, parlant fort. Lui, refusant de perdre contenance, désemparé, remettait au jugé et d'un air digne le solde improbable de la course.

Les jours de marché il y avait foule au magasin. Il y a trop de monde, il est perdu ! L'inquiétude montait dans les travées, tant au sein de la famille que parmi les employés, ils vont pas tenir à ce rythme !

Heureusement l'affaire marchait bien, mais il fallait stopper l'hémorragie. Jamasset le nouveau comptable était formel. Il fallut à Maria user de trésors de diplomatie, Adriano, personne ne fait mieux les courses que toi, il faut que tu sois là pour choisir. Mercé du haut de ses onze ans vint en renfort de sa mère, papa ! les fournisseurs te réclament, ils trouvent le commis trop lent quand il y va seul. Adriano n'était pas dupe, mais ça le flattait toujours. Le besoin de se dégourdir les jambes faisait le reste.

Le matin, une fois les barriques roulées, les sacs installés, Adriano partait en tournée vêtu d'un cache-poussière gris, rasé de frais, cravaté. Maria lui rectifiait le col de sa chemise, va-t-en ! tu es superbe ! Il poussait devant lui la charrette comme un engin de guerre qu'il jetait au milieu de la foule du marché. Il lançait quelques *atención* devant ! vite relayés par des *fuera !* plus virils et des bourrades dans les reins de badauds un peu mollassons à ses yeux. Le genre humain, Adriano, au bout d'un moment, c'était pas son genre.

Après avoir franchi la marée humaine de la halle, l'écueil des revendeuses sur la place, il s'arrêtait devant le café au lait de Fino, tiens voilà mon principal client ! L'apprenti attendait dehors, toi, surveille la charrette ! T'as peur qu'elle s'envole ? blagua Fino. Sers-m'en un en vitesse, je vais chez tes voisins !

À côté du débit de Fino se tenait fière et prospère la maison Castagnot. C'étaient des patatiers, grossistes en pommes de terre, aulx, oignons, comme la plupart des commerçants de la petite rue des Pelures.

Les Castagnot père et fils c'étaient des râleurs. Le père opposait un regard trouble derrière des lunettes qu'il rafistolait avec du fil de fer. On l'entendait maugréer dans un coin du matin au soir. Le fils qu'on appelait le Bigleux était un sanguin qui explosait pour des vétilles. Tu te fournis chez eux? c'est pas des commodes. Ça m'est égal, leurs patates sont bonnes soupira Adriano.

Les Castagnot ils ronchonnaient sans cesse après les fournisseurs, les clients, les représentants, le gouvernement, la mairie, le temps qu'il faisait, et Maurice Boissaubre, le commis qui depuis des années travaillait là le matin, supportait leur humeur pour se consacrer à la peinture l'après-midi. Un caractère adapté à celui de ses patrons. Les coups de gueule, les coups de sang ne lui faisaient plus bouger un cil. Il ne les entendait plus. Maigre, austère et doux, il demeurait imperturbable au milieu des pires tempêtes, aimable avec chacun. On lui pardonnait même son accent pointu et un léger manque d'humour. Seul son cousin Gilbert, représentant en œufs et fromages, parvenait à l'irriter, pour ainsi dire à chaque visite.

Il descendait de sa bicyclette Gilbert, ôtait les pinces à vélo, déployait sa pochette, alors, tu peins toujours, con? Eh! oui, tu vois. Une grande tape dans le dos achevait Maurice, qu'est-ce que tu fous là? qu'est-ce que t'attends? Je suis comme l'oiseau sur la branche grimaçait Maurice, j'attends que ça vienne. Ça le décontenançait le cousin, pourquoi t'arrêtes pas un peu? profite de la vie bon sang! promène-toi avec ta femme, tes gosses! va voir les amis! À voix basse il ajoutait et crois-moi, trouve-toi un boulot mieux payé! Maurice, il scrutait le sol, serrait les mâchoires, l'autre relançait et ça marche au moins? t'en vends quelques-unes de tes croûtes? Il était au supplice, il avait hâte qu'il s'en aille, bon, Gilbert, je te laisse, j'ai du travail, merci pour les conseils! Gilbert, il rajustait sa cravate, de rien, c'est pour toi, moi, ce que j'en dis... Il se retournait et lâchait tu devrais laisser tomber, crois-moi! t'es pas bête pourtant! À la fin Maurice ça lui rendait le sourire.

L'après-midi il rôdait à Mériadeck. Il dessinait les étals, la brocante, des parapluies, les platanes de la place. Le père Castagnot il avait vu des toiles de Boissaubre, une exposition que la municipalité avait organisée autour d'une dizaine de peintres. Il l'avait visitée un dimanche en compagnie de son épouse. Il s'était approché, reculé, approché, reculé, vraiment je comprends pas! On ne reconnaissait pas les formes, ça avait l'air mal dessiné, on suivait mal les contours. Madame Castagnot était du même avis, mais des spécialistes avaient à ce qu'il semblait encouragé Maurice, alors...

Tout de même, Maurice, c'est vrai ce qu'il dit votre cousin, pourquoi vous soufflez pas un peu? pourquoi vous vous acharnez? Il lui disait ça d'un ton aimable.

Boissaubre il écartait les bras, impuissant, parce que je ne peux pas faire autrement, voilà pourquoi !

C'était peut-être cette obsession qui le rendait triste, une sorte de vice, pas méchant mais un vice quand même il concluait Castagnot, c'est pas demain qu'il va guérir ! Il rajusta ses lunettes comme pour mieux l'examiner, en attendant, les patates, elles vont pas se transporter toutes seules, emmenez l'apprenti avec vous et commencez par le restaurant de madame Labataille !

Les Lorca eux ils n'avaient pas droit aux livraisons. Trop faibles quantités ! Vous les voulez mes pommes de terre ? aboyait le père, vous avez raison, c'est la qualité supérieure. Sans mentir, vous n'en trouverez pas d'autres aussi fraîches, sucrées presque. Elles poussent sur les meilleurs terrains de Bruges. Maintenant, si vous les voulez, vous prenez votre charrette et vous venez vous les chercher ! Toujours aimable le patatier !

Adriano s'en moquait. Il engageait la charrette dans le couloir sombre de l'entrepôt, laissait le gamin charger les sacs avec Boissaubre, donnez-m'en quatre ! Il signait le registre et sans presque un mot se dirigeait vers la caisse.

Dans la grisaille des bureaux on apercevait les dames Castagnot derrière les vitres poussiéreuses, la mère ratatinée, faisant les comptes, résignée depuis longtemps, la bru qui, ça sautait aux yeux, étouffait dans sa cage de verre, aurait aimé s'amuser de temps à autre. Son mari s'approchait l'air méchant, le regard de travers, et la facture de Lorca, elle est prête ? qu'est-ce que vous foutez ? je te l'avais dit qu'il la voudrait de suite ! On entendait un murmure derrière le guichet parmi les papiers. Pas longtemps. Ça aurait pu passer pour de la révolte.

Pas étonnant dans ces conditions que Fino fût fêté à chacune de ses visites. Par les dames, pas par les messieurs, je viens dire un petit bonjour en voisin ! Les hommes, ils le tenaient à distance, celui-là avec son air con et sa vue basse, je m'en méfie, grognait Castagnot le Jeune, chacun chez soi ! poursuivait l'Ancien.

Le fils détestait qu'on l'appelle le Bigleux, surtout devant sa femme. Or les jours où il s'était montré de mauvais poil avec tout le quartier, depuis le café au lait de Fino son surnom retentissait comme une vengeance et Madeleine Castagnot s'y échappait souvent, un café, une brioche, tout était prétexte. On entendait des éclats de rire. Elle revenait, repartait, maman ! je vais à côté, je fais une pause. La belle-mère désapprouvait, n'y va pas trop Mado ! ça désorganise le travail, ils vont finir par se fâcher.

Aussi, quand Adriano apparaissait, il n'était pas rare de voir Fino faire un tour dans l'entrepôt sous la protection de son ami, tiens, les voisins, plaignez-vous ! je vous amène des clients ! Un rapide clin d'œil à la belle-fille achevait d'électriser l'atmosphère. Adriano s'en amusait, le laissait faire. Malicieux, bourru, donnez-m'en quatre ! l'apprenti va les charger ! il s'absorbait dans sa tâche.

FAITS DE LA SEMAINE

– Le capitaine Ludovic Arrachart et son frère, l'adjudant Paul Arrachart, ont battu le record du monde du vol sans escale en couvrant, de Paris au golfe Persique, une distance de 4 250 kilomètres.

– Le grand prix de l'Automobile-Club de France, couru sur l'autodrome de Miramas, a été gagné par le conducteur Goux pilotant une Bugatti, à la vitesse moyenne de 111 km 922 à l'heure.

– Le maréchal Joffre a remis la croix de guerre à l'École des ponts et chaussées.

– Mlle Suzanne Lenglen, malade, abandonne au cours du tournoi de Winbledon.

L'Illustration, 3 juillet 1926

C'était un jour de mauvais temps où la pluie pénétrait en froides diagonales sous les bâches.

Gabriel, le petit Gabriel, relisait des volumes anciens de *L'Illustration.*

Maria avait acquis la collection de 1905 à 1908 dans une brocante sur les Fossés. Des exemplaires luxueux, reliés cuir que Gabriel savourait par morceaux, la confiscation des biens du clergé, la guerre du Maroc, une agression au bois de Boulogne, comme un dessert qu'on fait durer.

Parfois il sortait de son absence pour distraire sa sœur en ânonnant la lecture des réclames, *Vous ne vieillirez jamais si, pour votre chevelure, vous utilisez la* PÉTROLÉINE *du docteur Jammes.* Mercé riait, Maria aussi le soir dans la cuisine, *Grossir avec les* TABLETTES VITAMINOGÈNES, *Pour maigrir sûrement et sans danger, les* PILULES GALTON. Il leur disait aussi le nom des rois et des pays d'Europe. Le monde lui paraissait si lointain !

Adriano, lui, avait tonné, tempêté. Adriano, c'est l'instruction qui entre à la maison, c'est important pour les enfants, pour nous ! De quelle instruction tu me parles ? celle que je connais c'est celle qui donne à manger ! Il avait tapé du poing sur la table comme il savait si bien le faire, toi et ton fils vous avez la manie des livres ! Et alors ? c'est pas une maladie quand même ! Il n'aimait pas quand elle lui tenait tête, je ne veux pas qu'on dépense de la lumière pour ça. Il n'y avait pas à y revenir. Gabriel lisait le soir dans sa chambre, à la lueur de la bougie. Maria venait le voir, ne dis rien à Papa surtout ! Elle avait enfin un geste aimable, elle l'embrassait, ne lis pas trop tard !

Ce matin-là Gabriel n'avait pas classe et les bourrasques jetaient des poignées de pluie contre les vitres. Gabriel, son visage sage, les cernes sous les yeux, les sourcils allongés des hommes de la famille, Gabriel s'était penché sur ses lectures, une inauguration, un président de la République, Gabriel enfant et martyr, toujours raisonnable, qui ne pleurait jamais, qui prenait des coups pour un oui pour un non, rien que parce que ça l'énervait Adriano ce fils qui n'était pas un homme, toujours plongé dans ses livres, que pouvait-il bien leur trouver à ces livres? lui qui n'en lirait jamais, est-ce que j'en lis moi des livres? à lui gaspiller l'électricité, le pain, à rien faire, à pas travailler comme les autres, qu'est-ce qu'il espérait? Il faudrait qu'il se mette au travail et dès ce matin! Il n'était pas là pour le nourrir à lire des âneries. Gabriel reçut un coup de plus sur la tête, celui-là un peu plus fort peut-être que d'habitude, pour que ça lui rentre bien dans le crâne, pour qu'il comprenne! Il vociférait Adriano, t'as compris?

Pour comprendre, il comprenait Gabriel. Tous les jours il partait à l'école avec un mal de tête qui ne le quittait que le soir quand il s'endormait. Il comprit si bien ce jour-là que la douleur surgit dès les premiers pas, qu'au bout de quelques mètres il dut s'accrocher aux ridelles de la charrette qu'il poussait avec son père. Il fut pris de vomissements violents et d'un malaise qui obligea Adriano à le ramener allongé cette fois entre les brancards.

Les femmes le couchèrent, les maux de tête empirèrent, les vomissements aussi. Le docteur Bréchet était absent, on appela le jeune Badigeol qui venait de s'installer près de la gare. On disait qu'il ne connaissait que les saignées et les cataplasmes à la farine de lin mais l'état de Gabriel s'aggravait. Quand il arriva Badigeol, qu'il découvrit le petit malade, on vit de l'affolement dans son regard, de l'impuissance aussi. Gabriel avait les yeux vitreux, il marmottait encore, plusieurs fois il vomit en fusée un liquide blanchâtre. Ensuite il s'enfonça doucement dans un pays sans coups, un pays tendre où les enfants sont protégés. Gabriel s'éloignait avec le sourire libre d'une extrême félicité. Les livres pour les bons à rien ! voilà ce que j'en dis !

Ses lèvres bleuirent vers le soir. Le docteur parla de coma, pour être plus précis de syndrome méningé un peu bizarre, sans fièvre, sans raideur du cou, méningé malgré tout, Maria avait compris que Gabriel, le petit Gabriel, bon élève, si raisonnable, Gabriel ne lirait plus *L'Illustration* ni les réclames, *Vous ne vieillirez jamais si, pour maigrir les pilules, pour grossir les tablettes,* ne ferait plus jamais rire sa sœur. Gabriel s'en allait. Sa vie, si douce maintenant, s'échappait.

La révolte comme une lame de fond, comme un cri que Maria étouffa, monta du plus profond d'elle. Elle connut, brutalement surgi dans son intimité, tout contre elle, le visage incendié de la haine. Une haine coupable qui ne savait elle-même où sa violence s'arrêterait.

Adriano se tint en retrait. Dans le silence et les regards évités il devinait le reproche ardent de sa femme. Perdre un fils était le pire des outrages que la vie pouvait leur infliger, *qué desgracia!* glissait-il à chacun. Même si trop souvent il avait maltraité ce garçon jeune encore, ce fils aîné malgré tout, il ne laissa pas s'insinuer en lui de voix accusatrice. Dans cette situation terrible, il sentait son cœur mettre à distance ce fils qui ne lui avait ressemblé en rien, si délicat, fragile, sans cesse alerté par des préoccupations qui à lui, son père, étaient apparues étrangères.

Afin de s'absoudre une bonne fois, il s'entendit penser, conscient de sa lâcheté, qu'après tout ce gamin l'avait agacé souvent, bien des pères auraient administré d'autres corrections, et des plus sévères, que les quelques claques qu'il avait pu donner. *Una desgracia !*

Adriano se tint en retrait. Les femmes survinrent, celles de la famille et celles du quartier, les amies et les moins proches. Fino le tenait par l'épaule, à intervalles réguliers lui secouait le dos de tapes amicales. Il savait pour les coups, il savait pour le malaise, il savait aussi le mal profond de son ami, qui jamais ne viendrait à la surface, à hauteur de parole. Fino avait commenté, acquiescé. Assis à côté d'Adriano il s'aidait de *refranes* lui aussi, *Dios lo dio*, Adriano, *Dios lo quitó*[1], pour venir à bout du mal, au moins dans les premiers instants.

Les femmes avaient envahi la chambre plongée dans la pénombre. Les volets tirés, deux chandelles de part et d'autre du petit corps qui se racornissait déjà. On avait apporté des chaises pour la veillée. Le visage enfantin se bistrait dans le reflet des flammes.

Les voix des femmes, celles qui comptaient dans le quartier à la tête des commerces, des maisonnées, celles qui feraient l'opinion, résonnaient graves et obscures entourant Maria, n'évoquant délibérément que des aspects familiers, pratiques du malheur. Josefa qu'on avait installée dans un fauteuil au fond de la pièce gémissait. On ne distinguait pas son visage mais sa voix fine, coupante, un enfant si mignon ! *tan guapo !* la maladie l'a emporté.

Maria ne disait rien. Le ton était donné.

1. «Dieu l'a donné, Dieu l'a repris.»

On l'a raconté pendant longtemps, le petit cercueil blanc fut escorté jusqu'à l'église par une foule venue des quatre coins du quartier, de bien plus loin même, sur les trottoirs du cours de l'Yser, de la rue Lafontaine jusqu'au parvis de Saint-Nicolas. Les femmes se signaient au passage du cortège, envoyaient un signe de la main à Maria, à la famille, les hommes, poings serrés, saluaient Adriano du menton.

Maria avait mis les choses au point, je ne veux pas de ragots, pas d'histoires au marché, Adriano, alors tu me donneras le bras jusqu'au cimetière !

Adriano la sentait si violente au-delà de son malheur qu'il ne répondit pas. Il laissa la journée le porter au milieu des parents, des amis, certains gênés quand ils lui adressaient la parole, lui calme, impressionné cependant par la foule, étranger à la fin à toute cette agitation, ces cérémonies interminables où il tenait un rôle qui n'était pas le sien.

Le tête-à-tête fut insupportable à Maria les premiers jours. Sa famille d'Aragon lui avait écrit et l'avait invitée. Elle partit sur-le-champ. Violette la remplacerait à la maison, au magasin. Adriano n'aurait rien à dire, tu auras ta soupe, tes pois chiches, ton linge propre.

Au terme de deux jours de voyage dans des trains chaotiques, à bord d'un autobus asthmatique qui crachait l'enfer pour se hisser dans les montagnes, elle fut accueillie par la famille qu'elle n'avait jamais vue. Les cousins l'entourèrent, attentifs et bourrus, qui firent de leur mieux pour la réconforter. Mais ils durent retourner à leurs occupations, la laissant seule la journée ou en compagnie d'une vieille tante sourde comme un pot. Ils ne la retrouvaient que le soir.

Elle s'efforça de découvrir pics et vallées de sa région. Les premiers jours elle parcourut les sentiers autour du village. Au bout d'une semaine elle trouva moins de charme aux pentes escarpées du pays. Elle songea à Adriano, aux enfants, à Gabriel, était-ce possible? Sa gorge se nouait, elle ne pouvait l'admettre. Quand elle reviendrait à Bordeaux, Gabriel serait là, vivant, on oublierait tout, c'était ça qu'elle voulait. Elle s'ennuya.

Le dimanche suivant, le bus, pas plus à son aise avec les freins dans les descentes qu'avec le moteur dans les montées, la ramena jusqu'à Irún. Puis elle prit le train jusqu'à Bordeaux. À la gare du Midi, Adriano était là sur le quai. Il se chargea des bagages.

Pendant plusieurs semaines elle lui parla peu, se refusa à lui. Et puis la promiscuité, tant de vie partagée, son air de chien battu qui n'était pas feint, la vie reprit son cours, barrée d'une incurable blessure.

Ils vinrent le dimanche, à la Toussaint et les jours fériés, retrouver sur le caveau dans l'allée B, pas loin de la tombe de Goya, la photographie de Gabriel qui observait ses parents sous l'arcade allongée de ses sourcils, Gabriel dont le souvenir s'était patiné dans un mélange céleste de gloire et d'innocence, Gabriel si résigné qui demandait pourquoi de son regard en coin, Gabriel sans cesse évoqué par les tantes, cousines, les femmes de la maison, il est monté au paradis le petit ange, Gabriel si raisonnable, éternellement enfant, intelligent, beau, si sage, si pur, Gabriel parfait.

Il pousse son chagrin comme il pousse sa charrette. Sans rien dire.

Au marché, on se méfie de lui. On les connaît ces hommes qui ne savent pas dire les choses, bourrus pour un rien, violents parfois, mal à leur aise dans la vie comme dans un costume mal coupé. Mais ils font partie de la famille, du travail et de la Halle même quand elle traîne sa misère.

Quelques-unes se sont approchées, leur ont dit un mot, à lui, à sa femme aussi. Avec elle c'est plus facile. Pas de longues tirades, non, juste un signe pour dire qu'on ne s'éloigne pas, qu'on est encore là dans la peine.

Ensuite nous sommes tous retournés à nos étals, à nos charrettes. Au marché, il y en a toujours un à qui causer, un autre qu'on peut critiquer et un troisième pour nous faire rire.

Le cri des uns, la plainte des autres, et puis la vie et le vent qui s'engouffrent sous la Halle un matin viennent tout balayer.

IX

Mars 1937

Moi ce que je préférais c'était les américaines ou la vitesse. Il y avait des types formidables, Toto Gérardin surtout, des secondes de surplace en équilibre sur le vélo, grosses cuisses, patience et équilibre en haut du virage et hop ! l'artiste, tout d'un coup la gomme ! Une rumeur montait, ça y est c'est parti ! Ça moulinait sec, de plus en plus vite, de plus en plus fort. Les deux corps se déhanchaient sur le vélo, à bout de muscles, à bout de souffle, ils filaient sur la ligne, côte à côte, coude à coude, l'un à la corde, l'autre dans la roue, qui se laissait aspirer, prêt à sauter. La foule criait, se levait, se penchait. Elle supputait dans les hurlements, allez ! allez ! encourageait, c'est Toto qui gagne ! Non, c'est le Belge ! Il y avait toujours des Belges dans les réunions au Vélodrome. Les deux corps s'arc-boutaient au guidon. On ne voyait plus les visages, deux casques de cuir fondus dans la masse bandée des épaules, la dernière ligne droite, encore ! encore ! mon voisin serrait les dents, allez Toto ! les deux corps se cambraient, un dernier rugissement de la foule, un dernier tour de roue, le vainqueur, le vaincu se dressaient sur leurs machines, tendaient leurs bras, leur visage émergeait, écarlate, illuminé par l'effort, ça y est ! c'est Toto ! il a gagné ! Un soupir satisfait, la foule s'asseyait. Les champions relâchés filaient dans le virage, la main sur la roue pour freiner. Mon voisin reprenait place. Un sourire en coin, il rajustait son béret, j'aime bien le vélo le dimanche, ça délasse !

Marguerite aussi elle aimait ça les critériums. Trois dimanches d'affilée qu'elle venait. La première fois, c'est moi qui lui avais proposé. Les deux fois suivantes, j'ai pas eu besoin de la supplier. Faucheux, Michard, Toto Gérardin, elle les connaissait tous à force. Je lui avais offert un programme. Elle parcourait les pages, les photos, les champions, les bouquets de fleurs, elle en avait les yeux qui brillaient, les dents aussi. Un sourire étincelant, rare mais étincelant. Aussitôt, dès que je l'ai pensé, je lui ai dit Marguerite tu as un sourire étincelant. Elle s'est arrêtée. Nous nous sommes regardés. Elle ne suivait plus les coureurs sur la piste, c'est la première fois que tu me dis une chose gentille, Emilio. Son regard, sa bouche, je voulais l'embrasser mais mes copains derrière nous, son frère un peu plus loin dans les tribunes, valait mieux pas, des mots gentils je t'en ai déjà dit plein, Marguerite. J'exagérais, mais j'y croyais sur le moment. Je lui ai pris la main, ça c'était discret, t'as pas su entendre, c'est tout. Elle a ri de nouveau. Son rire devenait moins rare. Toujours étincelant.

Justement la demi-finale d'une américaine débutait. Les américaines c'est comme dans la vie, il survient toujours des incidents, des défis, des trahisons, des ralentissements, de brutales accélérations, certains qui s'aident, d'autres qui s'affrontent. Au coup de pistolet nous avons sursauté. Nous nous sommes dévisagés. Ça flottait un peu dans nos yeux. C'est elle qui a pris ma main cette fois.

Au moment de l'arrivée quand ils ont tous bondi, nous sommes restés assis. Les pardessus des types devant nous formaient un rideau. Nous nous sommes embrassés. Doucement. C'était chaud. Ça faisait rudement du bien ! Elle m'a serré le bras, je suis contente, Emilio. Moi aussi, Marguerite, ça trépignait autour de nous, personne ne faisait attention, ça hurlait vas-y Toto ! vas-y Machin ! moi aussi, Marguerite, je suis content. Je me sentais comme après une course, comme si j'avais sprinté avec les autres en bas sur leur vélo et depuis des années.

À la sortie je lui ai offert une pomme d'amour. Elle brillait rouge dans sa main. Mangin qui nous avait rejoints et moi, nous avons pris des chichis, bien sucrés bien huileux, avec ça, Emilio, t'auras pas faim ce soir ! Faut jamais jurer ! j'ai dit. Même ça, ça l'a fait rire Marguerite. On a tous ri à la fin. C'était nerveux.

Et puis le froid tombait, donnait des frissons. On a relevé le col de nos vestes. Nous partions quand le señor Córdoba est passé avec son épouse, gentille, discrète, alors Emilio ? il m'a lancé, tu as disparu ces temps-ci, tu ne passes plus au café, il me donnait une tape amicale, sa main était maigre, les muscles s'en allaient entre les doigts, tu as raison, tu as mieux à faire que d'écouter un vieux radoteur comme moi. Mais non, mais non, j'ai protesté. Pourtant, depuis que j'étais chez Suarez, c'était vrai, je le délaissais le père Córdoba. C'était sans rancune, pas de soucis de ce côté-là. Ils nous ont salués avec de petits gestes fins et lents, des gestes qui prenaient le temps et puis ils se sont éloignés en se donnant le bras, appuyés l'un contre l'autre pour se retenir encore un peu.

Depuis le Parc des Sports nous avons pris la longue rue Mouneyra, des échoppes bordelaises toutes les mêmes à perte de vue, puis nous avons coupé par un bref passage derrière la place Mériadeck. Rien n'avait changé depuis deux ans sur la façade des *Fauvettes*, la salle de bal du centre-ville, la même peinture écaillée, les mêmes portiers déguisés en messieurs, au regard abruti, aux plastrons ridicules. Sauf que cette fois on m'a laissé entrer avec le complet retaillé que m'avait donné Garouste, mes centimètres en plus, Marguerite à mon bras. J'étais si fier que je décomposais les pas et dressais le menton comme un torero.

Une chaleur enfumée s'échappait de la salle en même temps que le roulement de l'orchestre, *tout ça vaut mieux que d'attraper la scarlatine*... Elle trépignait Marguerite, Ray Ventura ! formidable ! Elle riait, son rire venait de loin, de très loin. J'avais le sentiment de l'attirer dans la vie, de l'extraire de sa torpeur, du monde glacé de sa tristesse. Nous avons dansé en sautillant comme des moineaux et puis doucement, joue contre joue, *vous qui passez sans me voir*...

Mangin il avait rencontré une grande rousse qui travaillait aux *Nouvelles Galeries*, je crois que je vais vous laisser il m'a glissé, elle a pas l'air de vouloir rester catherinette, ma copine ! Ils se sont éloignés dans la foule, l'orchestre attaquait *qu'est-c'qu'on attend qu'est-c'qu'on attend qu'est-c' qu'on attend pour être heureux ?*

L'heure avançait, la salle se vidait. Les musiciens jouaient pour les derniers couples, j'ai pas envie de rentrer, Emilio ! Je l'ai pourtant raccompagnée. Nous avons emprunté des rues étroites sans lumière pour nous bécoter encore un peu. Je la serrais contre moi, je sentais ses seins sous sa robe. Elle a pris peur tout à coup, la tête que va faire mon père ! Dis-lui que tu t'es retardée au *Retiro* avec les copines. Non, la vérité ce sera plus simple. Tu vas quand même pas lui raconter ! Mais si Emilio ! à quoi bon mentir ? il sait toujours quand on lui ment. Cette fille était dangereuse, trop franche, je le savais. J'ai pâli dans l'obscurité. J'imaginais la figure de Suarez, son crâne écarlate avec une veine qui gonfle quand il est en colère, je l'imaginais, viens par ici, petit, j'ai deux mots à te dire ! J'ai toussé, c'était nerveux, demain, Marguerite, ton père, il me tue !

Au *Retiro* le dimanche suivant, ils jouaient *Nobleza baturra* avec Imperio Argentina. Mercé et Marguerite s'accordaient à dire que c'était une chanteuse de goût, *una cantante de gusto*. Antoine Suarez, le frangin, en connaissait un rayon en danse et musique, Imperio elle sait interpréter un large répertoire, *coplas*, *milongas*, *sevillanas*, sans jamais une vulgarité. Il s'enflammait, en fait elle peut tout chanter !

La salle était pleine, bruyante, plus impatiente qu'à l'habitude. Toute la semaine nous en avions parlé avec des rires et des confidences qui n'avaient pas échappé aux parents Suarez. Je me tenais à carreau. Des voisins, des amis, les informations avaient dû remonter jusqu'au magasin. J'en avais parlé à Rafa l'autre soir quand nous jouions au foot sous la halle, tu sais, Emilio, quand on est amoureux, on croit que ça se voit pas, que les autres n'y prennent pas garde, les autres au contraire, ils sont à l'affût, ils voient que ça, il me désigna le bout de son pif, comme le nez au milieu de la figure, Emilio, pas moins !

le devuelve
el suave viento la ilusión
de sentir el tierno yugo
de un amor…

le vent paisible
lui ramène l'illusion
de sentir le tendre joug
d'un amour…

Je trouvais la musique du film sirupeuse. Imperio Argentina, à mon goût, elle en rajoutait. Le public était silencieux, attentif. Je les observais tous avec leurs regards fixes, leurs mâchoires décrochées. Marguerite c'est pas qu'elle était contre, mais elle ne me laissait pas lui prendre la main, coller ma cuisse contre la sienne, un peu de chaleur, c'est trop dangereux, Emilio, arrête ! mon frère va s'en apercevoir, ça va faire des histoires.

Ne rien brusquer, c'était la consigne. Je sentais qu'il fallait s'y tenir, sinon tu vas tout gâcher m'avait conseillé la veille Rafa, mon confident, mon manager dans cette affaire, la fille Suarez, ça se bouscule pas comme une moitié vieille en fin de bal, tu comprends ? sinon tu vas passer pour un sauvage…

Lui c'était de Mercé Lorca dont il s'occupait. Sérieusement même. Je voyais les jeux de mains à la lueur pâle de l'écran, je croyais que vous étiez cousins je me suis renseigné à la sortie. Oui mais très éloignés il m'a répondu en faisant des moulinets de la main, en regardant loin, très loin devant lui. Tant que ça ? je l'ai charrié. Encore plus ! il m'a pincé le cou en rigolant. Sacré Rafa ! en somme vous n'êtes pas parents ? Pour ainsi dire, Emilio, t'as tout compris ! Il se marrait Rafa, cette histoire ça lui donnait des ailes.

Mercé c'était comme Marguerite, elle était prudente. Il faut dire que leurs paternels, c'était pas du genre à plaisanter avec l'honneur de la famille. Nous on s'emballait avec Rafa mais les filles, même si elles avaient l'air contentes, elles mesuraient l'ampleur de la tâche, du temps et de la persévérance. Courage ! elles se disaient. Après seulement elles nous souriaient. T'as raison, Rafa, faut rien précipiter, il haussait les sourcils en vieux sage, on court au drame sinon.

Les commerçants ici ils aimaient l'excitation du travail, ça y est ! le coup de feu ! Brutalement tout s'accélérait, la parole, les gestes, les commandes, les ordres, vite ! vite ! Roger attrape-moi la charrette ! Aline va me chercher la caisse ! La dame qui attend son merlu ! dépêche-toi ! Avec des rires, de la familiarité, si tu l'attends trop ton merlu, tu vas finir par lui ressembler ! qui s'envolaient dans le tourbillon, hop ! la balance, au suivant !

Marguerite elle partait pour une livraison de l'autre côté du marché, au bar *Rodolfo*, laisse, c'est lourd ! J'ai pas hésité, patron, j'aide Marguerite pour la commande, ça sera pas long. Il a pas répondu. La mère Suarez, elle, elle avait le regard perplexe sous l'arc de ses sourcils qu'elle dessinait au crayon.

Le soleil tombait des voûtes en rayons interminables, rebondissait sur les épaules des chalands. Une cathédrale remplie de poissons, de viandes, de cris. Nous étions contents, nous frottions nos tabliers l'un contre l'autre au milieu des gens dans les allées. Elles n'ont pas attendu les marchandes, et où ils vont les amoureux ? et vous avez besoin d'être deux pour porter un steak ? Nous nous sommes échappés avec des sourires. Valait mieux pas engager un débat.

Ce qui frappait chez Rodolfo c'était la minuscule vitrine de bijoutier que le père avait taillée dans la pierre épaisse de la façade. Il avait placé son fils quelques années chez Tréchout le bijoutier-horloger du cours de la Marne, une formation solide, il ne s'est pas amusé tous les jours, mais il a appris un métier. Depuis il l'avait rivé à ce cagibi qu'il appelait fièrement le magasin de mon fils.

Chez Rodolfo l'ambiance était au sérieux. Le patron tirait sa mine des mauvais jours. Deux garçons bouchers cassaient la croûte. Des pieds de porc aux lentilles, une chopine. Les plats fumaient devant eux. Celui qu'on appelait Cliquette m'a fait signe que ça rigolait pas. Il a pris à témoin Raoul, le fils dans sa cage de verre. Raoul, je le connaissais. Avant de se marier il venait faire un tour le soir sous la halle. Il faisait partie des aînés, des grands qui nous causaient un peu, nous offraient des cigarettes. Moi il m'avait à la bonne, rien à dire. Les premières fois que j'avais pu entrer au bal c'était grâce à lui, c'est mon neveu, il est avec moi ! Le portier le croyait ou pas.

Alors l'artiste, t'as quitté la triperie ? il m'a demandé, te voilà chez les Suarez ? Il achevait de sertir une bague, Cliquette a raison, c'est pas l'ambiance aujourd'hui. Il avait rechaussé son espèce de monocle grossissant, on aurait dit un cyclope, nos cousines de Bilbao viennent d'arriver, la mère et la fille. Elles sont épuisées les pauvres. Leur immeuble a été bombardé, elles ont tout perdu. Et le mari ? Il est resté là-bas, son bataillon est parti pour Gijón se battre avec les anarchistes. Lui, je ne le connais pas, paraît que c'est un dur. Sans doute gêné j'ai posé une question idiote, et vous, comment vous allez faire ? Nous, comment on va faire ? on va se serrer pardi !

Marguerite elle prenait dans ses doigts de fines chaînes en or sur l'établi, j'aimerais bien t'en acheter une un jour, Raoul. Dans ce cas passe de l'autre côté ! si tu l'achètes depuis la rue c'est pour ma poche, sinon tous les clients du café qui s'adressent à moi c'est pour mon père. Ici c'est comme ça, il veut rien savoir. Il nous loge, nous nourrit, ma mère fait le marché pour tout le monde et je dois rapporter la recette, il a levé le doigt en riant, excepté pour les clients de la rue qui frappent à la vitre !

Dans un coin de la salle s'était avancé le regard noir d'une fillette de huit ou neuf ans, c'est Ana, la petite cousine, dit Raoul, *ven Ana! pasa!* Nous lui avons parlé en espagnol, elle a répondu du bout des lèvres, intimidée, a glissé le long du mur vers l'ombre de la cuisine. Le tiquitic de fourchettes battant une omelette s'en échappait, Ana! une voix de femme l'a appelée.

Nous ne pouvions nous éterniser Marguerite et moi. Nous avons quitté Cliquette et son collègue, Raoul, enfermé dans son demi-aquarium. Rodolfo en passant nous a fait signe de la tête.

Afin d'être discrets, de nous quitter avec quelques amabilités, nous avons emprunté un couloir qui longeait la triperie des Garouste et débouchait sur l'arrière de la charcuterie. Un couloir sombre, humide. Un cadre de lumière inondait la porte. Nous étions au cœur du marché et de partout fusaient des rires. De la gaieté flottait parmi les senteurs fortes de graisses crues, de sanquettes[1], de légumes et fruits écrasés. Les oranges éventrées surtout exhalaient leur sève dans les filets d'eau tout le long des charrettes jusqu'au bout de la rue Élie-Gintrac.

Sûrement nous nous étions attardés. Au magasin ce n'était que regards en coin, messes basses derrière les comptoirs. Les Suarez ils n'étaient pas en reste, la mère furieuse, le père plus interrogateur. J'en menais pas large. Je les voyais s'affoler. En vérité je gloussais de tout ce ramdam.

Du fond de l'atelier, Tonio m'a lancé tu fais parler de

1. Sang de la volaille tuée que l'on recueille et cuisine avec un mélange d'ail et de persil.

toi ce matin, Emilio! Marguerite elle s'était refermée comme un drôle de coquillage. À l'autre bout du magasin elle rangeait des sacs de papier, l'air ailleurs. Ses parents, eux, je les voyais se concerter. Au travail j'ai mis les bouchées doubles jusqu'à midi. Allez! on ferme! Le patron, le samedi, nous offrait l'apéritif. Quand je suis passé devant la caisse, madame Suarez m'a appelé, Emilio, si tu ne fais rien demain, viens déjeuner à la maison. Oui patronne, avec plaisir. Ses yeux étaient fixes, oubliaient de sourire en même temps que la bouche. C'était pas une invitation, ça ressemblait plutôt à une convocation.

Le dimanche matin nous nous retrouvions sous les bâches du marché, Rafa, Mangin, d'autres encore. En face s'installaient le vendeur de journaux, sa visière en cuir bouilli, le borgne avec ses cages aux oiseaux. Ils avaient droit à nos piques. Nous attaquions par salves, en meute, refluions sur nos bases, lâches et insouciants. Il y avait en nous une gaieté brutale qui nous libérait des habits trop grands de l'âge adulte, une cruauté dont la joie explosive nous protégeait du jeu austère, complexe qui s'approchait. Valait mieux pas que je parle de mon déjeuner chez les Suarez, je me serais fait chambrer, je vais voir mon cousin Ramón, on se retrouve cet après-midi au *Retiro*! Rafa, il me connaissait trop bien. J'ai vu dans ses yeux qu'il me croyait pas une seconde. Hâbleur d'habitude, là il n'a pas posé de question, on allait du côté des Fossés, il a dit la mine amusée, faire le tour des camelots, aux *Arts* voir passer les filles, tant pis pour toi!

C'est Marguerite qui m'a ouvert. Elle était vêtue d'une robe blanche avec des galons sur les manches et la poitrine. Je lui ai souri. Elle était droite comme un *i*, t'as l'air d'une jeune mariée ou d'une communiante, j'sais pas, je lui ai dit pour l'asticoter. Son fond sévère l'envahissait de nouveau. Ça m'a pas plu.

Elle avait le trac. Moi aussi peut-être j'aurais dû avoir le trac. Ça devenait sérieux cette histoire. Et si on me demandait quelles étaient mes intentions avec Marguerite, comment je voyais mon avenir ? Faudrait pas se tromper dans les réponses.

Au bas des marches j'ai ressenti un vide. Un avertissement clignotait dans ma tête. J'aurais peut-être dû m'échapper à cet instant, m'en retourner, bousculer Marguerite qui était derrière moi, partir, jaillir dans la rue, prendre mes jambes à mon cou, courir, retrouver les copains, la rigolade, sans regarder par-dessus mon épaule, courir, courir, libre ! libre ! Bonjour, Emilio. C'était trop tard ! Madame Suarez m'attendait en haut de l'escalier. Les premières marches ont été les plus difficiles. Après c'est venu tout seul.

Arrivé à l'étage j'étais même tout sourire. Une lumière blanche illuminait la salle à manger du dimanche. Les murs clairs, des meubles comme j'en avais jamais vus ici dans le quartier, style Art déco, flamboyants de vernis, aérodynamiques dans leurs formes, les poignées, les moulures. Dans un miroir à trois faces ma nuque se reflétait à l'infini. C'est l'expression terrible de l'albatros sur la cheminée qui m'a le plus étonné, bec ouvert, yeux féroces, planant sur une vague de bronze.

Le père Suarez, quand je suis entré, était assis l'oreille collée à un gigantesque poste de radio. D'une main il tournait un bouton, de l'autre il manœuvrait le rhéostat. Ça crachouillait, ça couinait. Tout à coup une voix d'homme à l'accent pointu nous a expliqué que nous étions à l'écoute de Radio Lafayette. Le patron s'est tourné vers nous la mine réjouie, épaté, incroyable, t'entends, Emilio? on dirait qu'il est dans la pièce à côté. Il hochait la tête, dix ans que j'ai la radio, j'en reviens pas encore.

L'émission évoquait la vie de Napoléon. Le patron ça l'intéressait pas trop. Pour changer de station il a fait courir l'aiguille dans le cadran, il y a eu de la friture et une voix, *aquí Radio Madrid!* s'est élevée claire, dans un espagnol distingué. D'abord satisfait, il a souri monsieur Suarez. Pas longtemps, car en ce mois de juin 37 ça n'était pas que réjouissances sur les ondes. Le 19, Bilbao était tombée aux mains des nationalistes, des rebelles disait la radio. Les combats, les bombardements, Guernica tremblaient encore dans la voix du journaliste. Des centaines de morts.

À Bordeaux, et dans le quartier surtout, on les voyait affluer les réfugiés, par petites troupes, des mères avec leurs enfants, accueillies dans les familles. L'entraide ça marchait. Beaucoup se trouvaient des parents dans le flot des émigrés. Y avait que moi pour en pareille circonstance ne pas dénicher un cousin, même éloigné. J'en aurais bien logé un ou deux, moi, dans ma chambre, pour que ça me fasse de la famille, que je sois comme les autres pour une fois.

Marguerite m'a dit qu'ils attendaient pour le lendemain une cousine basque de sa mère. Elle était arrivée à Pauillac avec ses deux fils à bord du vapeur *Marrakech*. Ça m'a rendu jaloux, t'as des cousins à Bilbao, toi? dernière nouvelle!

Il a soupiré Suarez, c'est un désastre, ce pays est devenu fou! allez, à table! a chanté sa femme.

Bien manger, bien boire, c'était essentiel au marché, un signe de virilité. Pour les hommes ici, le vin, la viande ça se transformait en muscles. Julio Suarez, charcutier au cou de taureau, son sang bouillonnant sous sa peau rose et tendue, il pensait pas autrement, tu vois, Emilio, ici ceux qui reculent devant une entrecôte et un coup de rouge, c'est des jean-foutre, ils n'ont rien à faire au marché, ils sont pas bons pour le travail, on peut me dire ce qu'on voudra, je l'ai toujours constaté.

Nous en étions aux œufs mimosa, une spécialité de ma femme, elle y ajoute du crabe, reprends-en Emilio ! Sans être un ogre, je me tenais bien à table et c'était une chance. Fallait pas déplaire, allez Emilio, un peu plus de poulet ! il avançait le plat sous mon nez, allez, allez, encore une cuisse ! Julio, laisse-le par pitié, il se servira s'il a encore faim. Elle intervenait peu, elle me faisait des sourires madame Suarez. Mais à sa manière de se dandiner sur sa chaise, à l'air peu enjoué de Marguerite, je sentais que quelque chose la tracassait.

À la deuxième ration de *flan con nata*[1], au détour d'une plaisanterie, dans un tintement de verres, l'air de rien, le fils Lapeyre, un garçon bien, des parents cultivés, courtois, travailleurs, une grosse affaire, tout ! le fils Lapeyre est arrivé sur le tapis. Je l'attendais pas celui-là. C'est qu'ils avaient de l'ambition pour leur fille. Que je ne le prenne pas mal, Emilio, tu es un garçon sérieux et tu réussiras, mais comme tous les parents nous nous préoccupons, c'est naturel, de l'avenir de nos enfants. Nicolas Lapeyre a quelques années de plus qu'elle mais ils se connaissent depuis longtemps et bien qu'il soit timide je sais que ce garçon s'intéresse beaucoup à Marguerite.

1. Flan à la crème.

Pour faire passer ça elle a englouti une pleine cuillerée de crème chantilly, flac ! d'une lampée, madame Suarez. Il lui en restait de la mousse blanche plein les babines et sur le coin des lèvres.

J'ai regardé Marguerite, pâle comme sa robe. Elle contemplait, furieuse, son assiette, prête à la jeter sur le mur, j'aurais juré.

Le père Suarez, lui, il savait pas quoi dire, reprends du flan, va, Emilio ! Pour la première fois du repas j'ai repoussé mon plat, j'ai dit que j'avais plus faim.

Il n'a pas insisté le patron, il comprenait, Marguerite comprenait, madame Suarez sans doute aussi comprenait. Elle a repris du flan, une dernière fois, sinon je vais grossir.

L'albatros sur la cheminée, il se marrait. Je l'entendais hurler comme un malade, allez, allez garçon ! t'as rien à faire ici, le luxe, le confort, la fille Suarez, les affaires de famille, c'est pas pour toi ! Qu'est-ce que tu croyais ? Allez ! mange, bois ton café, tiens regarde, on te l'apporte, mets-y un sucre et file, va !

J'ai enfin croisé le regard de Marguerite. Elle se taisait pour le moment mais semblait pas disposée à s'en laisser conter. Elle me dévisageait d'un air grave, intense. Une vraie tragédie cette famille !

Madame Suarez aussi me jetait un regard fixe, où se jouaient plusieurs scènes. Ça pétillait dans la prunelle, de la fausse convenance assortie de satisfaction, plus en profondeur de l'amusement, du défi aussi. Fallait voir comme ! J'ai pas insisté, j'ai tourné la tête. Le vieux, lui, il touillait son café, le front tout rouge, penché dessus. À première vue il était mûr pour la sieste. Ces histoires de bonnes femmes, ces arrangements, ça devait l'agacer. Juste quand Mercé Lorca nous a rejoints au dessert pour aller au *Retiro* il a ouvert un œil bleu sur moi et sur sa fille, allez les enfants! oubliez tout ça! amusez-vous bien!

Le fils Lapeyre, quand je réfléchissais bien, c'était pas son genre. Ça m'a ragaillardi cette idée. J'ai jeté un coup d'œil à l'albatros pour qu'il se tienne peinard. De là où j'étais assis je l'entendais plus l'albatros. Fixé dans le bronze, inanimé tout à coup.

Autour de la mère Suarez gravitait un cénacle de vieilles tantes et voisines. On les surprenait près de la cuisinière à charbon ou contre la fenêtre, selon la saison, en train d'évoquer la lune ou des sorts jetés depuis leurs montagnes aragonaises. Morts bizarres, infirmités méritées, châtiments, c'était leur litanie. Toute manifestation d'allégresse éveillait leur méfiance, pouvait passer pour du péché.

Un châle mauve jeté sur les épaules, la grand-mère de Marguerite n'était pas la dernière. Avec son nez busqué, sa peau cuivrée, on aurait dit un vieux Sioux. Fallait pas jouer au malin avec celle-là! Marguerite m'avait prévenu, mais c'était pas la peine.

Je commençais à prendre goût aux dimanches chez Suarez, aux bons repas, aux œufs mimosa, au *cochinillo*[1], aux fauteuils profonds, où j'étais invité à m'asseoir après le déjeuner. Nous nous échappions ensuite avec Marguerite. Sa mère essayait d'exprimer quelque réticence en phrases courtes qu'elle ne finissait jamais. Le patron la faisait taire, les Lapeyre c'est des sucrés! coupa-t-il un jour en finissant

1. Cochon de lait.

une bouchée, tu sais ce qu'il lui apprend à son fils? le violoncelle! Ça aide beaucoup pour vendre des primeurs!

J'étais pas candidat au mariage, mais j'avais pas envie qu'on me pousse vers la sortie, qu'une histoire de fils à papa me renvoie à la solitude de ma chambre. De ce côté-là l'opposition était en train de fondre. Sans que j'aie trop à forcer, mes intérêts avançaient. Suffisait de pas faire de gaffe, suffisait de laisser faire. Allez Emilio! goûte cet anis! attention, c'est du fort mais il est meilleur! À la vôtre monsieur Suarez!

Un seul inconvénient s'interposait, et de taille. J'étais pas amoureux de Marguerite. De l'affection certes, mais pas un gramme de passion pour elle. J'aimais bien nos connivences et les surprises que me réservait son intelligence tapie dans les recoins de sa bizarrerie. Ça surgissait comme ça, trac! lucide et coupant, revenu du fin fond de ses ténèbres. Ça pouvait être ironique et détaché, plein d'humour, bien noir quand même. C'est cette étrangeté qui m'avait attiré dans un premier temps, qui avait retenu ma complicité dans un deuxième. Une complicité amie, rien de plus, mêlée à une tendresse qu'elle m'offrait, elle, sans réserve. Mais tout de même, elle se tenait un bon grain, Marguerite, y avait pas à tortiller. De temps en temps je voyais le regard qui s'enfuyait, elle ne répondait plus, l'esprit décampait allez savoir où! dans des lieux à elle, sa jungle. Son corps restait là à mes côtés, elle me laissait l'enveloppe mais elle, ses rêves, ses images, ils étaient partis bien loin.

Ça cavalait fort dans sa tête à ces instants-là, je voyais bien. C'était pas la peine qu'on me fasse un dessin ou que sa mère, mais qu'as-tu Marguerite? que tu es distraite! fasse l'étonnée. Si y en avait une qui devait en savoir tout un volume sur les jobardises de sa fille, c'était elle. Du plomb dans la tête, voilà ce qu'il faut que vous lui mettiez, Emilio ! Elle prenait l'air léger en repartant, ses sourcils crayonnés, ses paupières peintes, toutes écarquillées, une vraie Riviera !

Et puis question physique une ombre venait planer sur mon désir. Des moustaches dans la famille, bien drues chez la mère, portées sans fard ni gêne particulière, naissantes chez la fille mais chargées de promesses. Un vrai cauchemar ! Je me disais que j'exagérais, juste un duvet chez Marguerite tout au plus ! Parfois j'élucubrais, j'observais son visage à jour frisant, j'y guettais le moindre poil. Ça paraissait blond, soyeux et l'éclat de son teint éclipsait tout, mais la mère, on pouvait appeler ça de la pilosité ! Et cependant de la grâce dans les formes, les hanches, la poitrine. Replète mais rien à voir avec les grosses en tablier du marché. Encore féminine à ses heures. Et garce sans doute, madame Suarez ! Compliquée, à multiples facettes. Je me méfiais, fallait que j'explore.

Marguerite c'était pas la même chose. C'était de la pensée et du sentiment bruts, sans fausseté, quand elle partait pas dans son jardin peuplé de drôles de rêves. Y avait qu'à voir sa figure, ce qu'elle avait dû avaler jusque-là ! Ça ressemblait pas à du gâteau.

En attendant, bien des exilés rejoignaient le quartier. On découvrait de nouvelles têtes. On essayait de leur trouver une chambre, un travail en dépannage, quand on pouvait. Certaines familles repartaient aussitôt, espérant retrouver un mari, des frères. Le gouvernement, les journaux semblaient défendre les Républicains. Mollement. Dans le quartier le soutien était plus vif, renforcé par de terribles récits.

L'autre matin j'avais retrouvé le vieux Córdoba dans son coin au fond du café. Je voulais savoir ce qu'il en pensait de cette guerre, oh ! moi, Emilio, tu connais mes idées, la République ça aurait pu marcher mais ils sont là à se chamailler, à se diviser, ils n'admettront pas leurs torts et ils vont se faire battre par une clique de brutes et puis des deux côtés ils sont devenus fous, de haine, de sang. Il sourit tristement, et là-dessus ils poussent le ridicule jusqu'à signer hier matin un décret pour interdire les corridas. Il hocha la tête, il y a bien longtemps que le *toro* est sorti de l'arène, Emilio, qu'il a pris la clé des champs, qu'il est dans les rues, les escaliers, au milieu des amis, des familles, à étriper tout ce qui bouge, tout ce qui ressemble à de la vie.

Il eut un geste de lassitude le père Córdoba, moi qui suis un vieil aficionado, je sais qu'il y a un mystère dans la corrida, une part d'ombre de chacun qui vient au grand jour, il balaya cette idée de la main, mais ça vaut qu'en temps de paix. Alors ils peuvent bien la supprimer, quand la violence se déchaîne comme maintenant, qu'elle est partout, on n'a plus besoin des *toros,* ils ne servent plus à rien.

Je l'observais, vieil homme paisible devant son verre de *tinto.* Il souriait aux amis dans la rue, au café, les saluait d'une exclamation joyeuse mais il maniait des idées que je n'entendais chez personne d'autre, qui clarifiaient les miennes. C'était aussi pour cette raison que je l'aimais. Córdoba, c'était un solitaire.

Au mois de juillet 37 deux événements occupaient les conversations et les esprits, la guerre sur le front du Nord en Espagne et la rivalité franco-belge dans le Tour de France. Moi j'achetais *Le Miroir des Sports.*

Ce qui me tracassait c'était les incidents pendant ce fichu Tour. Nous espérions tous la victoire de Roger

Lapébie. C'était un Bordelais, Lapébie. Je peux même dire que je le connaissais personnellement. Depuis le jour où il avait présidé la course cycliste à la Fête du marché. Nous avions causé vélo lui et moi, braquets, dérailleurs, boyaux. J'arrêtais pas de lui poser des questions. Il s'était relevé, c'est un interrogatoire ou quoi? allez! tiens, en souvenir! Il m'avait signé un programme juste sur la photo de la Reine des Fêtes, en plein sur les fesses, *À Emilio, un sacré connaisseur! Roger Lapébie.*

Maintenant Roger il bataillait pour la victoire au classement général. Avec Rafa on suivait ça de près, la pénalité dans les Pyrénées, la rivalité avec Sylvère Maes, la suppression du contre la montre par équipes, le public qui conspuait les Belges, ça fait beaucoup, tu crois pas? Moi, j'ai dit, ce que je veux c'est que Lapébie gagne le Tour et, pourquoi pas, l'arrivée à Bordeaux. Il y a deux ans, il en a remporté cinq étapes!

Les photos du *Miroir des Sports* je les examinais sous tous les angles, les spectateurs, le paysage, les coureurs surtout, la tête du peloton, les équipiers, ceux qu'on voyait le plus souvent à l'attaque. Question dossards, j'étais imbattable. Les équipes nationales, les individuels, même Rafa il rivalisait pas.

On peut dire qu'il m'a fait plaisir le patron l'autre matin, Emilio, on va aller voir passer le Tour chez mon cousin à Marcheprime, ça te dirait? Si ça me disait!

Depuis le matin madame Suarez et Marguerite avaient préparé les paniers, le poulet, les fruits, les bouteilles de limonade gardées au frais jusqu'au dernier moment. Le patron a eu l'air étonné quand on a chargé le tout à midi dans la Peugeot 301, où tu nous emmènes,

Concha ? tu pars pour le Tonkin ? Ça lui plaisait le mot Tonkin, c'était loin, il l'a répété trois fois.

De l'intérieur, on avait l'impression qu'elle penchait du côté du père Suarez la nouvelle auto. On est serrés comme des sardines ! Nous avons ri, c'était la fête sur la route. À cinq dedans elle nous a conduits vaillamment à travers Pessac l'Alouette et Pierroton. Le temps était superbe. La lumière fusait en traits par les feuillages. La nature éclatait dans les buissons. Ça nous a fait un effet incroyable la campagne.

C'est Antoine qui a chanté le premier,

Monsieur, monsieur
Vous oubliez votre cheval

Son père était d'humeur. Alors on a tous repris,

Ne laissez pas ici cet animal
Il y serait vraiment trop mal.

Quand nous sommes arrivés à Marcheprime, Maurice, le cousin, il en était pas à son premier verre de blanc. Il y avait un passage à niveau avant d'entrer dans le bourg et la maison du garde-barrière dans le virage. C'était chez lui.

L'étape Pau-Bordeaux qui défilait devant sa maison et son passage à niveau, ça l'avait mis dans tous ses états, allez, un blanc limé après tout ce voyage ! Son bâton de signalisation à la main, il sortait, rentrait, ressortait de son pavillon, bondissait sur les rails, mettait la main en visière, scrutait l'horizon aux confins d'Arcachon, ça y est, le 12 h 38 est en retard ! c'est vraiment pas le jour ! Il prenait son cousin Julio à témoin, le tout c'est que le

14h07 de Morcenx soit à l'heure, lui, sinon ça va être un sacré tintouin, et pour qui? je te le demande, il s'est envoyé un verre de blanc, pour le responsable! et le responsable c'est le garde, et le garde c'est qui? c'est moi, c'est bibi! Tous les jours au travail! tous les jours les soucis! ah, je suis doué moi, pour le pétrin je suis doué! on dirait que je le cherche!

Nous on restait plantés là en plein soleil autour de la voiture à le regarder s'agiter, à l'écouter maudire toutes les voies ferrées de France, et l'autre matin, il se retournait vers son cousin, le poussait à l'épaule comme pour le réveiller, il détestait ça le patron, voilà pas que le 10h27 de Mimizan passe avec deux minutes d'avance! moi qui avais pas fini de baisser la barrière! éberlué j'étais, un véritable assassinat! c'est monté jusqu'à Bordeaux l'histoire, il y a eu du grabuge, je peux te dire!

À côté de la maison, il y avait un pré. Le fossé surélevé, en plein dans le virage, une vue imprenable sur la ligne droite par où *Ils* arriveraient. Par précaution Maurice avait accroché un écriteau à une chaise depuis le matin, *Réservé au Chemin de Fer Français,* comme ça on sera tranquilles pour casser la croûte, il a jeté un coup d'œil à l'horloge au-dessus de la porte, enfin, au moins jusqu'à 13h52, parce que là, c'est pas rien, il s'est tourné vers nous, l'air solennel, s'est servi un coup de blanc, c'est le Paris-Bordeaux-Bayonne qui passe. Il s'est essuyé la moustache, a contemplé la voie ferrée, là, attention! Une loco! Des wagons! S'agit pas de pas être à l'heure! La classe. Vous allez voir ça!

Ses yeux s'embuaient dans la chaleur, le vin et les rails, le Dax-Bordeaux de 10h26 on peut dire que c'est du train mais le Paris-Bayonne de 13h52 ou celui de 19h34, alors là!

À l'intérieur de la maison la cousine Jeanine elle se taisait, prostrée. Affalée sur une chaise, elle regardait son mari gesticuler dans sa mélancolie, on aurait dit depuis des années. Il me fatigue quand il est comme ça, elle nous a lâché en guise de bonjour, mais lui n'entendait rien, et je vous dis pas quand l'autorail de La Teste croise l'express de Biscarosse à 11 h 13, on n'en pouvait plus, le boucan que ça fait ! Il déployait ses bras, était monté sur la chaise, en équilibre instable, la bouteille à la main, les murs tremblent, je te jure, on dirait que la maison explose.

Nous, nous sommes partis nous allonger dans l'herbe. L'air était doux et frais. On a laissé Suarez avec sa famille. Marguerite et sa mère avaient disposé les assiettes, les gobelets sur une nappe sous un arbre. Des exclamations jaillissaient par les fenêtres, calme-toi, Momo ! calme-toi ! C'était la voix du patron.

Le temps du repas des express sont passés à toute allure. Maurice avait revêtu une drôle de tenue, un béret rond enfoncé sur le crâne, des espadrilles à lacets, une vareuse bleu marine des Chemins de Fer trop étroite pour lui, comment t'es attifé ? T'inquiète pas ! il a répondu, aujourd'hui c'est gala !

Il surgissait pour abaisser la barre rouge et blanche du passage. On le voyait courir le long de la route en pleine lumière. Sa longue carcasse se désarticulait sur le bord du fossé, devant la porte, sous la barrière.

Nous en étions au dessert quand les premiers klaxons ont retenti, ça y est, voilà la caravane ! Muni de son panneau à main, Momo il a commencé à régler la circulation sur la route et puis il est revenu près de nous, il a sifflé un verre d'un trait, dépêchez-vous ! il nous a dit, si vous voulez bien voir, faut vous installer maintenant !

Seule sa femme restait dans la chaumière, immobile contre la fenêtre, tais-toi ! elle lui disait quand il entrait en tornade dans la pièce, tais-toi Maurice, tu me soûles ! Elle en pouvait plus Jeanine. Ça se voyait. Elle hésitait entre son mari et le train depuis longtemps. Elle allait choisir le train un jour. Sous les roues elle partirait, c'était sûr, tais-toi Maurice, tu me soûles ! À tous les coups le 15 h 18 de Biscarosse il va passer en même temps que les coureurs il assurait Maurice, à moins qu'ils ne se croisent avec l'autorail de Gazinet, il nous observait, tâchait de soupirer dans sa veste étriquée par tous les bouts, ça serait ma veine, manquerait plus que ça !

Choucroute-OLIDA-Saucisse – SINGER, cousez trois fois plus vite – DUBO-DUBON-DUBONNET, vin tonique au quinquina – BANANIA, médicalement contrôlé – Bas, chaussettes, une seule marque DD, la plus ancienne, la meilleure – CAFÉ DU BRÉSIL, délicieux, stimulant, digestif – LOTERIE NATIONALE, prenez votre chance !

À larges renforts de sirènes elle défilait la caravane, multicolore, éclatante, en lançant des calicots, des chapeaux en papier, des jeux. Momo et Antoine ils en ont attrapé plein. Moi ça m'intéressait pas. Je préférais tenir la taille de Marguerite, à l'ombre, en douce. Pour me détendre et faire l'amoureux.

À la fin nous nous sommes approchés. Momo il s'était mis à raconter des blagues à un journaliste à casquette blanche, assis dans une auto décapotable, c'est vous Georges Briquet ? il s'en tapait sur les cuisses Momo, vous auriez pas du feu ? Elle est bien bonne ! il a soupiré le reporter. Antoine m'a appelé, c'est bien lui en plus ! Il souriait, buvait notre limonade avec plaisir, c'est vous Georges

Briquet, l'homme qu'on entend à la radio? a questionné madame Suarez épatée, je vous voyais pas du tout comme ça. À la radio c'est normal, il a rigolé avec son accent parigot. Piquée, elle a quitté son air un peu cruche la patronne, allez! reprenez à boire! vous voulez un fruit?

Le patron pendant ce temps il a demandé à Maurice où étaient les vécés. L'autre il l'a emmené au fond du jardin dans une mince baraque en bois qui penchait dans l'herbe. Il nous a fait des signes et des clins d'œil par-dessus le grillage, je l'ai fermé de l'extérieur, il va clumer[1] cinq minutes le cousin!

C'est là que tout s'est enchaîné de façon catastrophique. À peine Momo s'était-il dirigé vers la barrière pour le rapide de 15h18 que les voitures ont surgi dans la poussière, les voilà! On a vu passer plusieurs coureurs avec le maillot bleu de l'équipe de France, y avait Lapébie au milieu, je l'ai reconnu en un éclair, visage carré, volontaire, la casquette en arrière, ses boyaux repliés sur le dos. Il y a eu des cris, des coups de klaxon. Momo il a pas hésité. On voyait dans un nuage débouler un autre groupe de coureurs, té, voilà les Belges! Il a baissé la barrière à toute berzingue, levé son panneau de signalisation, on passe pas! il a hurlé. Les champions, le maillot jaune, on les a entendus gueuler. Il y en a eu de tous les noms d'oiseaux pour le garde-barrière. Par des trous de souris, par le portillon, dessus, dessous la barre et le rideau métallique ils se sont faufilés. Halte! on passe pas! il a crié Momo. Trop tard, ils avaient filé. Finalement, dans un fracas de fin du monde, la masse noire sifflante du train a surgi, warf! warf! huit, neuf wagons dans un souffle. Ça rigolait pas. Maurice il est enfin allé relever la

1. Au jeu de cache-cache, celui qui s'isole.

barrière, au comble de l'excitation, il a traversé la route, manqué se faire renverser par une voiture de suiveurs.

Nous, on regardait partout, on respirait plus, on attendait qu'il se passe quelque chose et puis plus rien. On a vu une troupe au loin. C'était le peloton qui détalait vers le village et sous les pins. Il est passé encore deux motocyclistes, un coureur suisse, vas-y ! rattrape-les ! il a lancé Maurice mais le cœur n'y était plus tout d'un coup. La fièvre l'avait quitté, pas le vin blanc. Il titubait à présent. Il s'est rafraîchi le gosier en s'asseyant sur le bord du talus. Une grande fatigue l'envahissait, c'est fou ce que ça va vite, on attend ça toute l'année et puis hop ! voilà, ils sont déjà partis !

De l'intérieur de la maison un gémissement est sorti, Momo, tu me la rends ma veste ? C'était Jeanine, Momo, tu m'entends ? Sa veste ? j'ai demandé. Il nous a regardés par en dessous Maurice, il était plus du tout excité, ouais, sa veste, son uniforme si tu préfères. Il tremblait, se contorsionnait. Il avait du mal à l'enlever tellement elle était étroite, tellement il était énervé, c'est elle la garde-barrière si tu veux savoir, moi je suis rien ici, il a avoué dans un soupir, rien du tout !

Il y avait comme une gêne brusquement quand on a entendu Julio ! Julio ! C'était la voix de la patronne sur la route, Julio, tu es là ? réponds ! Merde ! il a dit Momo, son visage est devenu blême, il s'est frappé le front, je l'avais oublié celui-là ! Ses yeux n'étaient plus vitreux d'un coup, il était bien dégrisé.

Quand on l'a délivré Suarez, il a rien dit. J'ai cru qu'il allait tuer Maurice avec le panneau de signalisation ou partir en courant raser la gare de Marcheprime. Non, au retour il a regardé fixement la route en conduisant. Nous, on n'a pas chanté *Monsieur, monsieur, vous oubliez votre cheval*, on a juste contemplé le paysage. Il y avait moins de lumière dans les arbres.

Pendant huit jours le patron il n'a pas adressé la parole à sa femme. Antoine et moi, le lendemain, il a fallu qu'on nettoie les bassines, qu'on dégraisse les chaudrons.

À l'arrivée à Bordeaux, c'est Chocque, un équipier de Lapébie, qui a gagné l'étape. Les coureurs belges, eux, ils ont décidé de pas repartir, à cause de l'attitude d'une certaine partie du public ils ont expliqué.

Une photo que nous aurions bien voulu, pour l'amour du sport et du Tour de France, pouvoir prendre de nouveau, comme tous les ans, durant l'avant-dernière ou la dernière étape du Tour: le premier et le deuxième du classement général se serrant la main en loyaux adversaires sportifs, qui luttent l'un contre l'autre, mais qui se respectent et s'estiment, et qui savent accepter modestement la victoire, courageusement la défaite. Hélas! si Sylvère Maes et Lapébie ont fraternisé de Pau à Bordeaux, les manifestations de quelques énergumènes et la pénalisation de 15'' infligée au porteur du maillot jaune ont coupé les ponts et provoqué l'abandon, à tout jamais regrettable, de l'équipe entière de Belgique.

Le Miroir des Sports – samedi 24 Juillet 1937

X

Janvier 1934

Le malheur vint de Renato. On peut dire ce qu'on voudra, ce fut lui, les premières calomnies, les ragots.

Demi de mêlée au Stade Bordelais le dimanche, il traînait d'un banc à l'autre la semaine, gagnant une pièce par-ci par-là pour une livraison, une décharge. Assis sur un sac il causait avec les marchandes, les manutentionnaires, s'informait, connaissait le marché comme sa poche.

Il passait le plus clair de son temps chez Georgette, celle qu'on appelait Jambanbois depuis qu'elle était passée sous un tramway. Le mari était parti. Renato était arrivé. Nourri, couvé, au chaud l'hiver, la jambe en moins c'est rien !

Jeune espoir du rugby, fils d'Italiens installés en Dordogne, il était venu jouer à Bordeaux, avait enchanté les spécialistes, le roi du crochet, l'anguille du Périgord l'avait appelé le chroniqueur de *La Petite Gascogne.*

Mais il avait patiné dans sa carrière, l'amertume l'avait gagné. Sous la mèche blonde qui faisait une virgule sur son front, le regard traînait l'ombre de jalousies inavouées.

Le malheur vint de Renato. Pourquoi se mêla-t-il des soucis conjugaux de Castagnot? Pourquoi ne laissa-t-il pas ce sacré Fino et la femme du patatier vivre tranquillement leur idylle à trois sous ?

Ils se retrouvaient au fond de la boutique, à l'heure de la sieste du patron. Ils riaient beaucoup, chahutaient, se caressaient sur le divan derrière le rideau de perles. Si personne n'en avait rien su, à qui auraient-ils fait du mal ?

Mais Renato à la langue trop bien pendue, Renato n'aimait pas Fino et l'air léger de sa vie, il n'aimait pas Castagnot et les autres commerçants, leur prospérité récente, leur pignon sur rue. Un croche-patte dans la vie des autres c'était sa manie, son vice.

Ses petits yeux vifs traînaient dans les sourires. Et bavard, trop bavard avec ça. Au travail, au comptoir, on riait à propos de détails, mais on taisait pudique les petits malheurs de chacun. Pas Renato. Lui fallait qu'il raconte et quand il ne savait pas, fallait qu'il brode. Les journées les pieds dans l'eau froide du marché ou la sciure du plancher au café, les nuits contre le papier décollé des murs de sa chambre, la frustration, l'envie avaient fermenté dans son cœur insatisfait.

Tiens ta langue, Renato, ça nous intéresse pas tes histoires ! Tiens ta langue, Renato, ça vaudra mieux ! Mais fallait qu'il cause et des oreilles qui traînaient y en avait toujours.

Alors Castagnot il l'avait appris bien sûr, et pas le dernier, et amplifié. Des jours il avait ruminé, livide, avant que monte la colère. Au début il avait paru assommé, traversant comme un automate ses journées de travail, Castagnot ! eh patron ! tu te réveilles ?

Il avait brutalement regardé son épouse comme une étrangère et puis la réalité. Ses parents, les amis, le commerce même, à leur tour lui étaient devenus étrangers.

Les clients s'étaient fait la réflexion, le fils il est pas dans son assiette. Des oublis dans les commandes, on lui parlait, il était ailleurs. Boissaubre suppléait en silence, parait au plus pressé. Castagnot, le sol s'était dérobé sous ses pieds. La pire chose après la faillite, voilà ce qui lui était arrivé !

Attention, c'est pas une fille qu'on épouse ! Ses parents l'avaient prévenu avant le mariage. Il l'observait, elle était là devant lui, affairée comme si de rien n'était, comme tous les jours. Que le Fino le voisin soit un saligaud, ça faisait plus l'ombre d'un doute, on l'avait assez averti, mais elle ! la seule en qui il avait confiance, avec qui il partageait tout ! Et les autres, tout le quartier, qui devaient rire dans son dos, un peu plus fort que d'habitude, de ses yeux louches, le Bigleux, t'as vu ses cornes ? Ça, il pouvait pas supporter. Il aurait voulu se les arracher les yeux, la peau aussi, anéantir cette réalité, changer de vie, ne plus être là.

Il fit chambre à part, ne lui adressa plus la parole. Elle prit soin de faire moins de sauts chez Fino mais des colères, des bouderies elle en avait tant connues !

Castagnot ! eh patron ! tu te réveilles ? Il avançait hébété au magasin, au café. Les amis s'inquiétaient. Certains regrettèrent plus tard de ne pas l'avoir plus apaisé. Il retrouvait souvent Lascot le bonnetier, un gars de la Dordogne comme lui, qu'est-ce que tu ferais à ma place ? Il le considérait comme son meilleur ami, le seul ami à qui il pût se livrer, à ma place qu'est-ce que tu ferais ? L'autre incertain, j'sais pas, parle-lui à ta femme. Il ne voulait pas, il avait de la révolte, de l'humiliation en lui. Il rêvait de tout détruire.

Une semaine plus tard il tomba malade, resta alité, refusa le docteur Bréchet, refusa de voir quiconque, cette fois ça y est, accusa la mère, il fait de la neurasthénie. Au bout de deux jours il se leva pourtant, l'air détaché, toujours silencieux, il retourna au commerce. Le voile maussade qui avait assombri son visage avait disparu. Il était à nouveau léger, rapide au travail. Au premier regard on aurait pu croire que les nuages s'étaient dissipés.

Le malheur vint de Renato. Il savait ce qu'il faisait avec ses allusions aux cornes du patatier glissées à l'apéro, tranquillement, dans l'oreille du meilleur ami, t'es sûr au moins de ce que t'avances ? Moi ce que j'en dis... mais Fino, biaisait-il, il en est pas à son coup d'essai. Il s'excitait dans le plaisir du propos, renchérissait pour mieux confirmer, et cet inspecteur du fisc, cette descente qu'il a reçue Castagnot, tu crois qu'elle est tombée des nues ?

Les autres, dégoûtés, écoutaient quand même, t'es vraiment mauvaise langue, Renato, et comment tu sais tout ça ? Ce que je sais c'est que Fino, quand il veut une femme, il est prêt à tout, c'est un vicieux j'te dis, il prenait un air détaché, faut pas se fier aux apparences.

Il pourra dire qu'il savait pas Renato, qu'il avait pas réfléchi aux conséquences. Une fois que Castagnot avait été informé, qu'il avait pris sa décision, c'était trop tard.

Fino son erreur ce fut de se méfier d'abord, de faire confiance ensuite. D'oublier dans les vapeurs de l'apéro que Castagnot c'était rien qu'une teigne, un mauvais coucheur, le mari de sa maîtresse. Il était là qui riait pour une fois Castagnot fils. Il en avait les yeux qui biglaient encore plus tellement il se marrait. Ça faisait plaisir de le voir de bonne humeur. Soit il n'était pas au courant pour sa femme, soit il avait décidé de rien savoir, mais c'était pas son style.

En tout cas ils étaient tous là au *Débit Bleu* à se servir des tournées et dans les élans du comptoir il lui trouvait même des côtés sympathiques au patatier. Ils étaient là cinq compères, un commis de chez Lapeyre qui les quitta bien vite et deux amis de Castagnot, deux amis des confidences de Renato, qui riaient eux aussi, mais pas des yeux, juste avec les dents et les mâchoires serrées s'il avait bien regardé Fino. Eux aussi prirent congé à la quatrième tournée.

Il finissait jamais son verre Castagnot, c'était pas un grand buveur. L'euphorie s'arrêta, il y eut un vide comme si la fête allait retomber. Il loucha un peu plus le marchand de patates. Fino sentit une gêne l'espace d'un regard et puis il rit de nouveau, relança la machine, alors, voisin, on va pas s'arrêter comme ça ! c'est trop bien parti ce soir !

Pour la tournée des grands-ducs improvisée, il craignait personne. Ça lui plaisait même. Castagnot le savait bien. Pourquoi du côté de la gare, des estaminets où l'on ne connaissait personne ? Il ne fit pas attention Fino, non, non, écoute-moi, allons plutôt à celui-là ! Viens je te dis !

Fino, il laissait flotter. Depuis déjà de nombreux Pernod, il avait perdu le gouvernail. La patronne du bar sur les quais, il la voyait double, voisin, eh voisin ! j'en vois deux des blondes au comptoir ! c'est normal, tu crois ? Il disait rien l'autre, il marchait droit encore. Pour un qu'était pas fêtard, il tenait bien l'alcool le salaud !

Bras dessus, bras dessous ils sortirent du bar. C'était marrant, si on lui avait dit qu'il irait copain comme cochon faire la nouba avec le mari de sa maîtresse, Castagnot en plus ! si grincheux d'habitude ! Il n'y pensait pas. Tout naviguait dans une douce étuve.

Au pied de la passerelle il y avait des gabares amarrées dans l'ombre, personne sur les ponts. On entendait le murmure de l'eau contre les pilastres. C'était pas gai comme endroit, on n'y voit goutte ! Ça le fit ricaner de dire on n'y voit goutte. L'autre le tenait ferme sous le bras. Fino, il ricanait de plus belle, je sais pas comment je vais retrouver le chemin du magasin. T'inquiète pas, suis-moi ! Il avait le hoquet maintenant, il s'esclaffa Castagnot, eh Castagnot ! on n'y voit goutte ! Il y eut un silence pour réponse, on n'y voit goutte ! il rabâcha.

La première pierre il la reçut en plein visage. Ce fut chaud, piquant aussitôt, une brûlure soudaine qui envahit toute la tête, déclencha une sirène dans ses oreilles. Il n'avait pas réagi que le second coup le frappa derrière le crâne, le fracassa. Il se retrouva à genoux dans la vase, sentit l'os qui explosait, le sang qui giclait de son cerveau. La tête pesa tout à coup des tonnes, entraîna son corps en avant. Fino se dressait sur ses bras quand il entendit tiens fumier ! la voix de l'autre qui rugissait. Avant qu'il ait pu esquisser un geste, un coup de pied dans les côtes lui coupa le souffle. Une intense chaleur broyait sa tête. L'esprit s'engourdissait. Puis il fut pris dans un roulis de coups. La conscience s'échappait. Il y eut encore deux pierres qui s'abattirent sur son crâne, le firent s'ouvrir comme une pastèque mûre. Mais il n'était plus là Fino, il était parti la tête éclatée et l'autre, le Castagnot dont on s'était trop moqué, fou de rage, Castagnot qu'on avait trop bien renseigné, il s'acharnait. Il tapait, tapait sur le corps sans vie, sur un pantin désarticulé qui n'avait plus que l'apparence de Fino, qui n'était plus Fino l'amuseur, l'ami d'Adriano, le compagnon de tous au marché, mais Fino dans sa mort boueuse, stupide, Fino qu'emportait le souffle léger du vent, la nuit sur les berges de la Garonne. Et dans le même souffle l'autre malheureux, l'autre qui cognait de toutes ses forces, qu'on avait aveuglé avec du désespoir et de la honte.

Des mariniers découvrirent au petit matin le corps couvert de sang collé, à demi enfoui dans les vases du fleuve.

Castagnot, on le trouva vers midi sur un ponton de pêcheurs, en amont, du côté de Bègles. Hébété, les yeux ravinés, il tenait des propos incompréhensibles. On l'amena au commissariat.

Sous la halle ce fut une traînée de poudre.

Adriano se sentit perdu, à mi-chemin de la colère et de l'effondrement, c'était mon frère, mon vrai frère répétait-il. Maria se montra plus tendre, le consola comme elle put.

Le café au lait ne rouvrit plus. Camille dès le premier jour avait fui les apitoiements et s'était éclipsée. On ne la revit jamais au marché. Un jour sa mère raconta qu'elle avait trouvé du travail en ville.

Les parents Castagnot continuèrent le commerce, le père un peu plus courbé, le crayon sur l'oreille, la mère dans son bocal qui s'éteignait comme une bougie. Boissaubre recevait les clients, s'occupait des livraisons. Son cousin le représentant lui rendait visite, alors tu peins toujours, con ?

On ne sut rien de la belle-fille. De bonnes langues racontèrent que les beaux-parents l'avaient empoisonnée, assassinée, fait disparaître, que sais-je encore ! D'autres l'imaginèrent remariée à un riche industriel de la région, incognito, tu vois le genre ! Les plus nombreux l'annoncèrent de retour dans son village de l'Entre-deux-Mers cachée chez ses parents d'où elle ne sortait jamais.

Renato, lui, se fit discret pendant des semaines. Il ne trouva pas grand monde pour lui payer un coup à boire. Quand il croisait les regards, il lisait t'as la langue trop bien pendue, Renato ! Fallait qu'il joue l'esquive. Adriano notamment ne l'aurait pas raté, celui-là si je le trouve ! Mais Renato sut s'effacer les premiers temps et Maria poussa son mari à rejoindre d'autres Espagnols l'après-midi, chez Martinez pour une partie de cartes. Il n'oubliait pas Fino, sentait une brûlure dans la poitrine chaque fois qu'on l'évoquait. Mais le travail était là le matin. Le soir, à la belote, il se fit de nouveaux amis.

Tango

Aunque te quiebra la vida,
aunque te muerda un dolor,
no esperes nunca una ayuda,
ni una mano, ni un favor

Si la vie te brise,
si la douleur te déchire,
n'attends jamais une aide,
ni une main, ni une faveur.

Discépolo

Quand il levait le rideau à cinq heures, la halle marchait à plein régime, dépêche-toi de me servir, Adriano, j'ai bientôt fini ma journée. La grosse Carmen, celle du poisson, le tutoyait, se gênait pas, alors ? t'as fait la grasse matinée ? Ils se connaissaient depuis son arrivée en France, autrefois ils la retrouvaient avec Fino au *Débit Bleu,* elle pouvait se le permettre, *cállate* Carmen ! me parle pas comme ça devant les commis !

Une veste de laine, la longue blouse grise par-dessus, quand Maria descendait à son tour, il se rendait à l'entrepôt et filait avec la charrette pour sa tournée des fournisseurs. Parfois il poussait jusqu'à la rue de La Rousselle chez Bonadieu le marchand de morue. Dans les chais, les murs, les visages étaient imprégnés de l'atmosphère humide, froide, des larges de Terre-Neuve, de l'odeur aiguë de la morue. Les piliers suintaient le sel qui les rongeait dans une ultime vengeance des poissons décapités par milliers, empilés sous les voûtes. Feuilles grises, ventres blancs, senteur intolérable dans l'espace clos.

Bonadieu, tout en rondeurs, le crâne chauve, s'épongeait le front, ah ! vous savez monsieur Lorca, même de mouchoir je suis contraint de changer quand je repars ! ce costume-ci il est empesé de sel, interdit de séjour à la maison, je le laisse à midi, je l'enfile à nouveau à deux heures. Il souriait fataliste, c'est ma combinaison de travail. Ici, le sel, la morue bouffent tout, jusqu'aux poils de ma barbe qui sentent ! même le dimanche, des litres d'eau de Cologne j'y passe, rien à faire !

Adriano l'écoutait, attentif, flatté par l'amabilité que lui prodiguait chaque fois le vieux Bonadieu. C'était pas mielleux comme d'autres, sympathique, juste sympathique. Avec lui il se sentait à son aise, passait un bon moment, apprenait des rouages du commerce, quand vous souhaitez grouper une commande, vous me laissez un bon joint la fois d'avant, d'accord ?

Il souriait bonhomme Bonadieu. Il avançait dans la puanteur du poisson séché, la brûlure du sel, comme épanoui. Là où d'autres travaillaient à la peine, le visage fermé, lui se sentait dans son élément. Sa vie vouée à la morue, sa pêche, son commerce, à changer de costume plusieurs fois par jour, entendre sa femme, ses filles maugréer que tu sens mauvais aujourd'hui ! Il prenait le rejet avec philosophie, mon mari est un désastre ! faisait la part de la tendresse dans la pique, concevait les efforts imposés à son épouse qui s'imagina longtemps avoir conçu ses enfants avec un terre-neuvas, en pleine noyade, au creux d'océans déchaînés. Même à la messe le dimanche, même à la Noël, à Pâques, la nuit, le jour, elle était là, immense, la morue, par milliers, par tonnes. Il en secouait la tête Bonadieu entre fierté et désolation, c'est ainsi mon cher Lorca, chacun sa vie. Nous n'allons rien changer, n'est-ce pas ?

Adriano repartait en se faufilant par les ruelles. Jusqu'au fleuve. Là il longeait la berge, marchant droit devant la charrette que poussait le commis, tu vois les deux goélettes là ? Avant, le port en était couvert, elles arrivaient directement de Terre-Neuve, jetaient l'ancre ici au niveau du pont. Ses yeux brillaient. Il contemplait la Garonne qui courait vers l'estuaire, les gars ils débarquaient, soulagés, déchargeaient le poisson dans les gabares que tu vois là. Le commis l'écoutait en soufflant sur les brancards. Adriano indiquait la passerelle, après, la morue juste salée dans les cales partait direct sur les wagons pour les sécheries de Bègles. La charrette sautait sur les rails du quai de la Douane. Le commis ne quittait pas des yeux son chargement en équilibre. Le patron, il le connaissait, jamais aussi loquace que quand on passait par les quais, et puis tu vois, maintenant ce sont les chalutiers à vapeur qui ont pris le relais, il hochait la tête, c'est moins beau que les voiles, mais quand même ! Il suivait la ligne des arbres qui filait sur la rive opposée. Les roues bondissaient sur chaque trou, patron ! Adriano ne répondait pas, le regard penché vers les bateaux sur le fleuve, peut-être que j'aurais dû partir moi aussi quand j'étais jeune. Patron ! eh patron ! J'étais costaud j'avais pas peur, tu sais. Eh patron ! la voix du commis s'aiguisait dans l'effort, patron ! un coup de main, vite ! ça va tomber !

Dès qu'ils bifurquaient vers la flèche Saint-Michel, qu'ils s'éloignaient à regret du fleuve, Adriano s'assombrissait, dépêche-toi, qu'est-ce que tu fabriques ! Il fallait qu'il exprime sa mauvaise humeur. Ça tombait sur Robert, c'était invariable. Le commis, il en souriait à force. La mère Henrouille, celle qui gardait le caveau des momies au pied de la flèche, elle dévisageait Adriano depuis des années. Leurs regards se croisaient, jamais ils se saluaient, plus revêches l'un que l'autre.

Après la place Maucaillou, ils traversaient la halle en pleine bousculade. C'était le milieu de la matinée, l'heure de la vente au détail autour des charrettes. Adriano marchait en tête, se frayait un chemin sans peine dans la foule. L'équipée s'arrêtait devant le magasin.

Il y avait la queue devant les sacs de pois chiches, les barriques d'olives. Au fond, un attroupement s'était formé, la grosse Carmen encore ! Une voix stridente s'élevait, un toupet de mèches blondes attachées à la diable dansait, tu sais la dernière? mon mari! En cercle autour d'elle, sur la pointe des pieds, juchés sur des caisses, un tabouret, commis, clients, mêlés, tous au spectacle et elle au milieu déchaînée! Mon mari oui! cette vedette! bourré il rentre tous les soirs, depuis un mois! sans allumer la lumière et braoum sur le lit! Les rires éclataient, elle en rajoutait, tu me crois pas? je te jure! vram! une godasse d'un côté, vram! l'autre de l'autre! dans le noir! cent dix kilos en plongeon, le sommier, je me demande comment il résiste et moi, hein! et moi! j'ai failli monter au plafond quand il est tombé, t'as qu'à voir! Ils étaient là des dizaines autour d'elle, impatients, et alors? Elle roulait de larges prunelles, alors l'autre soir j'en ai eu marre, ce bon à rien! tu sais ce que j'ai fait? elle laisse un silence, soupire, j'ai changé le lit de place, et, l'autre, il rentre dans un état! pire que les autres soirs! et vas-y et une chaussure et puis l'autre, attention le grand saut! dans le noir! braoum! le bruit que ça a fait! un tremblement de terre! Le public s'esclaffait, elle les tenait en haleine, la médaille ballottait sur sa poitrine, les mèches sautaient sur sa tête, huit jours qu'il me parle plus! remarque, avec la bouche comme il se l'est mise, il peut plus rien dire, il peut plus manger solide, rien que de la purée! Profitant des derniers rires, elle coupa son effet, se retourna vers la caisse, allez Maria, sers-moi une livre de beurre et du fromage, j'ose pas le dire, mais je suis pressée!

Elle repartait la Carmen, d'autres arrivaient, laisse, ça fait venir les clients! Quand Adriano s'impatientait, Maria le tempérait, et puis ça dure jamais longtemps.

Au marché, au magasin, dans la maison même, il y avait du monde, de l'agitation partout. Depuis qu'il était arrivé à Bordeaux, qu'il était passé par l'Argentine, jamais un lieu, jamais un moment pour la tranquillité, le silence. *Silencio!* de temps à autre il gueulait un bon coup, le calme, au moins dans la salle à manger, revenait un instant, j'en ai assez des gens, assez vu, assez entendu, tous des braillards !

Tout plutôt que ses colères ! Elle en savait quelque chose Maria, isole-toi pour la sieste, Adriano ! on ne fera pas de bruit, après tu iras à ta belote.

Chez Martinez, trois marches à descendre, des tables de bois, le bar au fond surmonté d'une machine à café, Adriano causait peu, prenait son tour aux cartes. Il retrouvait des Espagnols de son âge comme lui venus dans leur jeunesse, Rodrigo le cordonnier, Julián le maçon qui avait monté son entreprise, Córdoba, à quelques mois de la retraite, toujours paisible, si paisible qu'il l'agaçait par ses airs de sagesse exhibée, son aura auprès des hommes du quartier, des fois tu m'énerves, Córdoba, t'es comme les autres, n'oublie pas, tu as tes défauts toi aussi ! J'ai jamais dit le contraire ! souriait Córdoba, allez Lorca, laisse-moi t'inviter, je te paye un cognac !

L'ombre passait. Les cartes. Ils étaient entre eux, mêmes soucis, mêmes habitudes, à toi de jouer ! Peu de paroles. Cinq heures venaient. Adriano consultait sa montre à gousset, la remontait, *qué te debo*[1], Martinez ? Il laissait cinq francs sur la table, *hasta mañana!* et descendait le cours de l'Yser où flottait encore la fièvre du matin.

1. « Combien je te dois ? »

Au poisson il y en avait une qu'on appelait Gracie
tellement elle était revêche. Elle interpellait les ch
lands, comme la dame flanquée de ses deux filles e
robes à plis et nœuds dans les cheveux, eh ma jolie, tu
leur dis de pas toucher la marchandise à tes guenons ou
je m'en charge ! Laisse, c'est une acariâtre ! disait Gigi
celle du banc voisin. Elles étaient fâchées depuis des
années et pour que ça se sache avaient d'un commun
accord installé un grillage entre leurs tréteaux.

Quand la religieuse de Notre-Dame-des-Aloses s'ap-
prochait, dis donc ma sœur, c'est pas ce que tu crois, ça
reste frais et ça grossit pas dans la main !

Gracieuse, elle avait des yeux verts au-dessus de
rosses joues cabossées. La naïveté n'était pas son fort.
a bonté non plus. Selon ce qu'elle en avait dit à Coco
cousine, une des dernières qui lui adressaient la
ole, le fils Lapeyre, que tout le monde appelait Lord
lré, avec ses airs anglais et ses voyages à Londres, le
Lapeyre, avec ses airs compassés de gentleman, ses
ères de joueur de golf, il n'aimait pas les femmes.
puis que son père l'avait envoyé deux mois dans
llège britannique, il en faisait des mines ! Lord
les marchandes trouvaient que ça lui allait mieux
nom, il arborait un costume à gros chevrons
knickerbockers qui faisaient rire tout le mar-
ontés trop haut, dévoilant ses jambes maigres
es tuyaux, il lui manque plus que le chapeau !
se contorsionnait pour parler français avec
voilà Chamberlain ! elle s'écriait Gracieuse,
l Anglais qu'elle connaissait.
le père, il aurait souhaité de hautes études
mais au lycée Montaigne il n'avait pas trop
notes, au collège technique non plus. Il

Le magasin était déjà ouvert. Maria et Mercé se tenaient à la caisse. Le commis avait rangé les grilles. Un tramway réveillait la rue, résonnait dans le magasin, seul éclairé entre les façades désertes à cette heure. Une brume enveloppait les lampes. Des clients devisaient, achetaient des biscuits pour le café au lait du soir. Maria parlait, écoutait, t'inquiète pas pour ton fils, Elena ! tu verras qu'il reviendra, à une autre, si tu manques de laine pour ta veste, viens m'en demander ! La soirée s'étirait dans la torpeur. Deux cheminots, la cigarette au coin des lèvres, le col relevé, s'arrêtaient pour de la saucisse sèche, une poche de piment. Les lumières tombaient obliques, sur la silhouette grise des morues, des jambons pendus.

Le commerce, les conversations, tout marchait au ralenti. L'heure hésitait. Un camion passait sur le cours. C'était un temps de répit parmi les bruits atténués. Ceux qui étaient là, à contre-jour de l'éclairage blafard, ne savaient plus à quoi ressembler, ne savaient plus à quel monde sans cris, sans éclats, ils appartenaient.

La nuit tombante rendait Adriano impatient, bon ! Robert, rentre les sacs ! Il débouchait du couloir le crochet à la main. Malheur à qui venait trop tard pour un litre d'huile, un kilo de sucre, on gagne rien là-dessus ! il recevait le rideau de fer sur la tête, attention Adriano ! L'heure c'est l'heure, ils n'avaient qu'à venir avant ! Ainsi s'excusait Adriano, fallait pas trop lui en demander.

Le magasin fermé, Maria comptait une première fois, notait la recette sur un carnet puis elle montait, vérifie, Adriano, pendant que je prépare le dîner. Lui, solennel, recomptait les billets, se trompait, recommençait devant les enfants, les commis, bon, le compte y est! Rien n'était moins sûr.

Chaque jour un peu plus Adriano aspirait à une vie tranquille, je veux qu'on me laisse en paix. Quand le moment était propice Maria faisait son œil moqueur, tu t'embourgeoises, monsieur Lorca, méfie-toi, un de ces jours tu vas m'annoncer que tu ne veux même plus descendre travailler!

Après sa soupe de *garbanzos,* il s'enfermait dans la salle à manger, allumait la TSF. Les enfants, pas près d'obtenir le phonographe, les disques tant convoités, montaient dans leurs chambres, couchez-vous tôt! n'usez pas la lumière! La bonne achevait de nettoyer la cuisine. Assis près du poste, Adriano tournait le bouton, faisait voyager l'aiguille à travers des noms, Londres, Ankara, Le Caire, Milan. Le poste crachouillait des voix nasillardes, incompréhensibles. Il penchait son oreille contre le haut-parleur, souriait, t'entends Maria? tu les entends? ce sont les Italiens!

L'écran témoigne sur le 6 février 1934

Paris, le 7 février

Malgré la censure imposée par la préfecture et le ministère de l'Intérieur, la salle Cinéac de Reginald Ford passe les bandes d'actualité concernant les émeutes d'hier. Exploitant le discrédit qui frappe la classe politique depuis le scandale de l'affaire Stavisky, l'Action française, les Camelots du roi et des anciens combattants avaient appelé à manifester contre le gouvernement Daladier. Comme o
pouvait s'y attendre, la manifestation s'est transformée
émeute, faisant 17 morts et 116 blessés parmi les mar
tants et les policiers qui les ont chargés. Les événe
ont été filmés par les camions des différents jo
d'actualités cinématographiques français et
Leurs caméras ont ainsi filmé des militants
droite, en «béret français», brisant les grilles
pied des arbres du boulevard Saint-Germain
qu'ils jetaient sur les agents stationnés dev
nationale et menaçant les députés de les

avait son certificat d'études, c'était pas si mal, et sa vie tracée désormais auprès de ses parents. À la tête de cinq commerces mitoyens, la moitié d'un îlot du marché, il aurait du travail.

Mais la nuit certains l'avaient croisé du côté de la rue de Bègles. Coco et Juju, averties par Gracieuse, ça leur avait pas échappé, voisines qu'elles étaient du bar *Chez Jean.* C'était là que les messieurs se retrouvaient. Elles en roulaient des orbites pour le raconter le matin à l'épicerie, l'autre soir y en avait plusieurs qui sortaient en riant, et j'ai bien vu sa silhouette au grand échalas ! Maria n'aimait pas trop leurs histoires, c'est toujours médisances et compagnie ces deux, et elle redoutait leur mauvaise langue. Elle les laissait bavasser cinq minutes. Ensuite Adriano intervenait, ça suffit vos histoires de *maricones* !

D'habitude elles se taisaient mais là, devant un tel événement, rien ne pouvait les arrêter, elles étaient sur le pas de leur porte quand on avait découvert Jeannot assassiné, un couteau à jambon planté entre les deux omoplates, du sang partout, le bar dévasté.

L'établissement ouvrait le soir. La porte était encadrée de deux loupiotes rouges. Des hommes défilaient jusqu'au matin. Ils y dansaient, chantaient et tout le reste, elle ajoutait Coco d'un clin d'œil. Jeannot c'était une figure. Il aimait se déguiser, le Mexique, le Brésil, l'espagnolade surtout. Avec l'aide de Carlito il montait des spectacles, *Folies des Caraïbes, Nuits Andalouses, Les Belles de Grenade.* Carlito aimait coudre, broder. Il confectionnait des tenues resplendissantes que l'autre arborait sur la scène minuscule ou en dansant entre les tables. Des clients voulaient l'encourager, allez Jeannot ! vas-y ma vieille ! Ils le désespéraient, tant de vulgarité ! Il prenait sa voix haut perchée, le meilleur spectacle de cabaret en

France après le Casino de Paris! Carlito le savait bien, son patron n'avait jamais eu le sens de la mesure. Jeannot il lançait son gramophone, chantait si fort pour l'accompagner que le pavillon repeint d'un rouge vif en tremblait.

Carlito c'était sa petite main. Déjà la quarantaine, il venait d'Andalousie. Il avait loué une vaste chambre donnant sur un patio rue Lafontaine. Un lit, une psyché pour seuls meubles, il se maquillait le jour, s'habillait en gitane, en duègne, en señora, châles et mantilles. Il racontait le soir au bar ses fêtes à Carmona dans des bordels pleins de picadors, d'hommes rudes qui montaient avec lui en fin de nuit dans le bruit des guitares, du *taconeo*[1], des cris des putes, des rires des clients. Il ne rentrait pas de trois jours, partait se réfugier ensuite chez sa mère, à Santo Calvario où elle le bichonnait, où étais-tu mon chéri? Tant qu'elle a vécu elle m'a appelé mon petit ange, j'étais demoiselle la nuit, ange le jour. Il soupirait en servant un verre, malheureusement même les anges vieillissent. Et puis il faut vivre, hein! Sur scène Jeannot se démenait, paupières peintes en mauve, robe en lamé, sombrero sur l'œil, *España mi amor, Esperanza*, tout le répertoire.

La douzaine de clients applaudissait, une ou deux tournées et ça repartait. Des habitués de chez Jeannot, au marché, ça manquait pas. On aurait été surpris d'y voir, bras dessus bras dessous, Lord André, le précieux fils Lapeyre à qui on prêtait des tas de fiancées mais toujours dans le cadre d'histoires impossibles, et Lolo, un géant qui avait fait les beaux jours de la boxe régionale, homme mûr maintenant, les cheveux gris tirés en arrière dans une espèce de chignon. Ça mettait en joie les vendeuses, c'est quoi cette biscouette? elles lui

1. Rythme qu'imprime le danseur avec les talons.

demandaient. Quand il traversait la halle en portant son panier d'osier le bras plié, la paume de la main tournée vers le ciel, il secouait sa stature d'hercule de glapissements qu'on reconnaissait de loin. Il les ponctuait d'un accent local qui donnait des intonations métalliques à tous ses éclats. Ficelé dans son tablier bleu de marchande, une large rosette derrière son cou de taureau, il trottinait avec ses sabots entre les allées, interpellait les copines, rendait service aux unes, aux autres, s'inquiétait de chacun, planait sur le marché, devenait le préféré des vendeuses, le protégé des employés. Personne n'aurait songé à ricaner, Lolo c'est le plus brave, il a sa vie c'est tout! ça ne nous regarde pas.

L'assassinat de Jeannot ça avait déclenché un sacré raffut. Même si Coco et Juju s'étaient trouvées aux premières, elles eurent du mal à se faire entendre dans ce tohu-bohu. Elles n'étaient pas seules sur l'affaire. Pas un habitant du quartier qui n'avait recueilli un indice supplémentaire ou rendu ses conclusions sur l'enquête. Pas un bistrot, un coin de halle où les détails de l'affaire n'étaient décortiqués.

Carlito d'abord inquiété fut rapidement mis hors de cause par les inspecteurs de la police judiciaire. Le commissaire du quartier se contentait d'entériner leurs conclusions, Paupiette on l'appelait, son plat préféré d'après sa femme. Ils venaient tous les deux au marché. Panier garni, viande gratuite. Il fermait souvent les yeux en échange.

Ce fut une sacrée histoire qui en éclaboussa plus d'un, les Lapeyre en tête avec leur fils comme témoin principal. Les révélations de Coco galopèrent, relayées par Gracieuse la cousine, même par Gigi la rivale puis par les autres poissonnières et toutes les marchandes du carreau, t'as vu ça? Lord André! de la jaquette! Et qu'est-ce que tu veux que ça me foute? Seule Rolande, tenace, grondait sous les voûtes, ici chacun ses fesses et c'est très bien comme ça! Elle leur claquait le bec aux copines. Elles bronchaient pas. Rolande c'était l'autorité naturelle. Elle n'avait pas besoin d'exploser, je veux pas entendre ce genre de saloperie, ça m'intéresse pas.

N'empêche, des éclaboussures il y en eut pour tout le monde. La police, les voisins dont Coco et Juju, des commerçants et même Lolo Ortega qu'on avait remis sur la sellette.

Tout ça entraîna un sentiment de frustration quand les policiers conclurent dans la hâte à la culpabilité de Serrano, un petit Espagnol d'une vingtaine d'années, employé depuis deux mois chez monsieur Jean. On racontait qu'il avait fui en Espagne au lendemain du crime. Un accusé impalpable, presque irréel, tu l'as connu toi? Non, on le voyait jamais. Il y eut de l'amertume dans les travées, parmi les rangées de légumes et les étals de gibiers, c'est Paupiette qui a dû inventer ça, pour pas se casser la tête comme d'habitude! Cette histoire de Serrano coupable et inconnu, ça faisait pas le compte.

Grande vente réclame – Profitez des trois jours réclame!

Marre! y en a marre! moi aussi je brade! Elle gueulait bien fort Fernande, qu'on l'entende rue Élie-Gintrac, que ça n'échappe à personne, surtout pas à Lapeyre, conseiller municipal chez Braquet. Elle le désignait du menton à ses copines, il serre les fesses, son fils, la politique, ça chauffe pour lui.

En cet hiver 34 le scandale tout proche de chez Jeannot avait vite été éclipsé. Le fils Lapeyre on l'avait promené au marché, une jeune fille à son bras. Au bénéfice du doute et du temps qui passe on n'en avait plus parlé. Beaucoup avaient fait mine d'oublier.

L'affaire Stavisky, ça c'était du sérieux, des députés, des ministres qui allaient dîner chez l'escroc pendant que le chômage montait, que le commerce allait mal, cinq francs les sardines, cinq! les trois boîtes au lieu d'une! elle hurlait Fernande et sa voisine qui reprenait le thon en boîte, pareil! allez! on se dépêche! Convoqués, aux ordres, ils étaient les chalands. Clients il fallait qu'ils soient et de suite, sans discuter! Et toi la miss avec ton manteau, c'est Stavisky qui te l'a payé? t'échappe pas comme ça, trois boîtes cinq francs je te dis! Elle hésitait la dame, allez! grouille! en plus t'en as besoin, la sardine ça donne le sourire.

Le maire venait souvent au marché. Il arrivait en fin de matinée, traversait la halle, distingué, le sourire en coin, et partait déjeuner chez Labataille au fond de l'îlot des fleurs. Lapeyre, depuis qu'il s'était lancé dans la politique, l'escortait souvent, avec componction lui présentait des maraîchers. Les commerçants, ils râlaient après coup, c'est un curé ce Lapeyre! mais sur le moment ils avaient serré la main de Braquet, ça les flattait, quelque part ils s'estimaient protégés.

Un jour de mi-carême et de vente réclame ils avaient parcouru les étals des bouchers. Veaux et moutons étaient enguirlandés de papier crépon comme des arbres de Noël, pendus en rangées, festifs, prêts à être dévorés. Plus loin Adriano déchargeait des sacs de pois chiches. Il les arrachait du diable, rac! d'un coup d'épaule et les portait à la cave. Lapeyre fit signe à Maria de s'approcher, de bons et fidèles serviteurs du marché, monsieur le maire! Elle s'appliqua, courtoise, intimidée, méfiante, à demi chaleureuse, tout ça à la fois dans un sourire tarabiscoté où le grand Alphonse était libre de trouver ce qu'il voulait, ni un rejet ni une adhésion catégorique, plutôt une sympathie sous caution cachée au creux d'un rictus difficile, c'est bien, continuez ! vous êtes installés depuis longtemps ? De nombreuses années que nous sommes bordelais, monsieur le maire. Et donc déjà français ! ajouta Lapeyre pour mettre un peu de baume. Maria ne commenta pas. Allez ! au revoir ! Le maire avec son chapeau mou se dirigeait vers une autre devanture, vers d'autres palabres.

Adriano émergea de la cave, ils sont partis? Ça y est! tu aurais pu dire bonjour. Pas envie et puis, le maire je sais pas, mais l'autre, le Lapeyre, je le sens pas trop à l'aise avec les Espagnols. Mais c'est un monsieur ! dit Maria et un ami de Dulos le boucher. Celui-là, elle soupira, toujours prêt à défiler, Croix-de-Feu et la France aux Français, chaque fois que je lui achète un rôti. Louis, du haut de ses douze ans, se balançait assis sur le comptoir, pourquoi tu continues d'y aller maman ? n'y vas plus chez ce type ! Il faut bien faire travailler les voisins, garder les bonnes relations. Avec ceux-là, pas la peine ! Il sauta de son perchoir Louis, s'en fut dans la rue jouer aux bertoles.

Grande vente réclame ! Fernande elle se démenait devant son étal, et chez moi c'est pas du papier, je fais pas de politique moi, vous en aurez pour votre argent ! cinq francs les sardines, cinq ! les trois boîtes au lieu d'une !

Des ménagères s'arrêtaient, une bise hivernale glaçait le nez et les mains rougis des marchandes, trois boîtes au lieu d'une ! le thon c'est pareil ! Dans la matinée une neige fine tomba sur les toits, pénétrant jusqu'aux os.

Nous quand on fait un cadeau on veut qu'il soit immense, dix douzaines de roses, un plein plateau de fruits de mer avec plusieurs langoustes, pas une! dans le plateau, des bocaux de cèpes, les plus gros, des dindes magnifiques pour la Noël.
Gisèle, l'autre samedi, elle a acheté une médaille pour la femme du docteur qui soigne sa mère, elle en a choisi une de cinq centimètres, ça ne va pas faire un peu large? il s'est inquiété le bijoutier, non, non, il faut ça! elle a protesté, que ç'ait pas l'air radin, pas comme Yvonne, quand elle achète des bijoux on dirait des pois cassés!
Ici, au marché, on n'a pas l'habitude de dire merci, on préfère rire ou bien se houspiller, surtout on préfère avoir un geste, ça remplace les longues phrases. Mimi, dès que son fils a eu le certificat d'études, elle a fait livrer à l'institutrice des fauteuils de jardin dans son petit appartement, la table et une balancelle aussi et les chaises longues en beau tissu. Elle avait l'air effarée l'institutrice, et qu'est-ce que je vais faire de tout ça? elle murmurait.
Nous, quand on fait un cadeau, on veut qu'il soit immense, que les gens comprennent qu'on les aime avant même de leur dire et sans avoir besoin de le répéter.

XI

Automne 1937 - Printemps 1939

Pour les fiançailles ça n'a pas traîné. Lapeyre avait bien rendu une visite inopinée un matin où madame Suarez plumait les poulets avec la bonne. À peine le cou tordu, elles leur grillaient le bec, les pattes, le bout des ailes, au feu de la cuisinière. Ça sentait l'étoupe et la corne brûlée. Elle avait sursauté, monsieur Lapeyre ! si j'avais su ! Paniquée, elle avait rajusté le tablier, recoiffé le chignon, dans quel état vous nous trouvez !

Précédé du patron il était entré dans le salon, je ne veux rien déranger, poursuivez ! poursuivez ! Toujours élégant celui-là ! il doit aller à un mariage par jour, avait lancé une fois Lolotte, celle du poisson, il est sur son trente et un du lundi au dimanche.

La mère Suarez, après avoir discrètement changé de chemisier, avait sorti le service à café en fine porcelaine. Officiellement, Lapeyre venait s'entretenir avec Suarez, vice-président des commerçants du quartier, au sujet du Bal des Bouchers. La conversation avait traîné, c'est pour le mois d'octobre, nous avons le temps, mais je dois rencontrer jeudi le directeur du Grand-Théâtre. On en était venus à parler des enfants. Il désirait savoir Lapeyre si des fois Marguerite n'en aurait pas voulu de son grand dadais de fils comme il disait, un garçon intelligent, brillant même, mais que voulez-vous, c'est un rêveur.

Hypnotisée par le diamant sur l'épingle à cravate, madame Suarez, elle, tanguait, ahurie. Bien sûr il y avait ces histoires qui avaient couru au sujet du garçon mais c'était des racontars, jalousie et pure calomnie. Elle sentait s'ouvrir un abîme à ses pieds, une montagne d'espérances accumulées qui allait se perdre dans un torrent de déception. Son cœur en avait battu la breloque, son ventre s'était noué, et dire qu'ils allaient devoir refuser ! que Marguerite ne voulait entendre parler de rien, qu'elle avait déclaré se moquer du quart comme du tiers des Lapeyre et de leur violoncelliste de fils ! Et tout ça parce qu'elle avait cet Emilio en tête dont on ne pouvait pas affirmer que c'était un garçon pour elle, dont on ne connaissait pas les intentions, les connaissait-il lui-même ? et qui n'avait pas un sou !

Mon meilleur avocat avait été Suarez. Lui n'éprouvait aucune frustration. À peine, dans un effort de sensibilité, avait-il regretté celle de sa femme. Sur le ton cordial, léger, de la causette, il était resté évasif avec insistance, non, Marguerite n'avait parlé de rien si ce n'était d'indépendance, elle tenait pour l'heure des propos peu favorables au mariage, bien sûr on verrait plus tard.

Lapeyre était trop fin pour persévérer. On avait reparlé du Bal des Bouchers et des invitations. Il en avait été pour ses frais, Lapeyre. Son grand dadais de fils dont lui avait compris le peu d'empressement auprès des dames, qu'il aurait tant souhaité avec une épouse à ses côtés et des marmots dans les jambes, son rêveur de fils, intelligent, brillant même, une fois de plus il allait se le garder sur les bras.

Ça n'a pas traîné pour les fiançailles.

Marguerite elle en avait parlé à sa mère qui avait rendu les armes, si c'est ta volonté ma fille... Moi, prudent, avant d'aller au casse-pipe, j'ai attendu que Suarez vienne m'en causer. Employé chez lui, pas un sou en poche, j'optais pour le profil bas.

Je l'ai senti mûr quand Marguerite, les yeux illuminés, est venue me prévenir, je crois que tu peux aller parler à mon père. Autrement dit faire ma demande. Il avait envie de ce protocole le patron, tu comprends, je n'ai qu'une fille.

Il a pris un air solennel pour me dire qu'il m'appréciait, me faisait confiance pour rendre sa fille heureuse, qu'il y aurait de la place pour nous dans l'affaire et pour finir sur une note affectueuse, il m'a donné l'accolade, ici tu trouveras une famille.

Madame Suarez nous avait rejoints. Un problème se posait qui la tracassait, et pour la bague comment va-t-on faire ? Il y avait ça aussi, la bague ! Avec mes maigres économies il était sûr que nous n'irions pas loin. J'ai pris l'air embarrassé, plus que je ne l'étais vraiment. S'ils me voulaient, si Marguerite me voulait, c'était comme ça qu'ils devaient me prendre, comme j'étais, tout nu, les poches vides ! Le patron s'est avancé d'un air paternel vers son désormais futur gendre, te bile pas ! je vais financer l'opération, tu rembourseras quand tu pourras, ça te va ? Ça m'allait.

Ils ont organisé les fiançailles à Noël. Marguerite a eu sa bague, une émeraude, superbe. Elle était aux anges. Tréchout, le bijoutier, aussi. Tout le monde était content en somme. Moi-même je me laissais porter par la vague. Pas malheureux après tout.

Pour les fêtes de fin d'année nous nous étions démenés comme des fous au boulot, des kilomètres de saucisses, des tonnes de crépinettes, de gratton, du foie gras, un monde pas possible, la queue à la caisse, l'agitation, la rigolade, la grosse Carmen plantée au milieu du magasin de sa voix de stentor qui racontait ses soucis, sa vie, son mari, comment elle avait mouché une pimbêche, l'autre elle m'avait prise de haut, t'aurais vu son air, ce que je lui ai mis ! Et là Marguerite avec sa bague, moi avec une chemise neuve, un pantalon neuf, dans le fauteuil, le patron qui essayait d'attraper Radio España, la patronne qui s'améliorait, j'ai préparé des œufs mimosa exprès pour toi, Emilio ! Je n'avais pas envie de bouder mon plaisir, la détente que je ressentais dans tout le corps, mon esprit embrumé par le valdepeñas, l'anis *del mono* au dessert, tu veux du touron, Emilio ? tiens, goûte mes cigarillos. Oui patron, monsieur Suarez je veux dire. Il a levé son verre, à la tienne Emilio ! À la vôtre monsieur Suarez ! à votre santé ! à la santé de tout le monde ! J'étais vraiment dans de bonnes dispositions.

Le mariage ils ont décidé que ça serait en juin. J'ai pas eu mon mot à dire. Ils ont refusé d'en démordre, de changer d'un iota, ils l'ont organisé le 17 juin 1938, le jour de l'inauguration du Stade municipal. Il y avait un match de la Coupe du monde de football à l'affiche, Brésil-Tchécoslovaquie ! J'ai eu beau parlementer, discuter sous les regards apeurés de Marguerite, la vieille elle a rien voulu savoir, c'est le seul jour où l'on peut fermer le commerce, elle ne changerait en aucun cas la date. Elle en avait le menton tremblant, Brésil-Tchécoslovaquie, madame Suarez ! vous vous rendez pas compte ! Elle se rendait pas compte, y a rien eu à faire.

C'est depuis le jour de mon mariage que j'ai moins joué franc jeu. Déjà à la mairie, à l'église, j'ai juré fidélité deux fois à Marguerite. Là, passe encore, dans l'enthousiasme j'y croyais peut-être un peu quand j'ai dit oui. Mais l'après-midi, à la fin du repas, au milieu des cigares, les choses se sont gâtées.

Avec Rafa et Mangin notre plan était au point. Nous avions mis de côté quatre caisses de champagne dont deux pour notre usage personnel, du brut et du demi-sec comme l'aimait la patronne. J'ai déclaré que nous allions en manquer, que Rafa et moi nous allions illico nous ravitailler chez Politena Fénol, la grossiste en vins-alcools-spiritueux, à cette heure-ci il faudra courir à son entrepôt, au fin fond de Bègles, ça sera pas long ! J'ai embrassé Marguerite désolée devant sa mère perplexe. Elle était toujours perplexe madame Suarez, elle pouvait pas faire confiance.

Dare-dare ! Il restait une demi-heure avant le coup d'envoi. On a laissé les invités avec leur anisette sous les palmiers du jardin. On a filé avec la Citroën du patron de Rafa. Mangin, lui, nous attendait à l'entrée avec un de ses amis placier. Le stade ! en ondulations élégantes, modernes, une merveille. L'ambiance ! J'aurais raté ça pour rien au monde ! Le match, formidable ! Deux buts de Leonidas ! De temps en temps, nerveux, je consultais ma montre, le cadeau de mariage de Marguerite. Mon voisin, un rigolard, m'a charrié un moment sur ma tenue, comment t'es fringué toi pour venir au foot ? tu te maries pas aujourd'hui au moins ? 3-2 à la fin du temps réglementaire, c'est le Brésil qui a gagné. À la sortie, le maire, le grand Alphonse, il est passé devant nous avec son air guindé. Sa petite moustache frétillait, satisfaite.

Celle de la belle-mère beaucoup moins quand nous sommes revenus. Un peu défaits, transpirants. Suarez il m'a demandé comme ça, l'air calme, si j'étais allé l'acheter à Paris le champagne, vous plaignez pas, j'ai rétorqué, je vous en ramène du frais ! Il m'a regardé de ses yeux bleu acier, c'est toi qu'es frais, tiens !

Marguerite c'est peu dire qu'elle était contrariée. Pas décidée à se laisser faire au début. Elle voulait pas danser même quand les trois gars de l'orchestre ont attaqué

Y a d'la joie bonjour bonjour les hirondelles
Y a d'la joie dans le ciel par-dessus le toit

il a fallu que je la fasse rire un peu à propos de sa grand-mère, la vieille Sioux, qu'on avait traînée là au fond de la grande salle des *Combattants* sous les lustres, il a fallu que je la déride,

Y a d'la joie et du soleil dans les ruelles
Y a d'la joie partout y a d'la joie

Au bout d'un moment on s'est mis à danser, les gens ont applaudi, ses yeux enfin se sont radoucis.

Au début nous nous sommes découverts Marguerite et moi. C'était pas une sensuelle mais elle m'aimait tant ! Nous avons su trouver le chemin de nos petits plaisirs à nous.

Le soir en hiver nous allions au cinéma, à celui des *Capucins* ou à l'*Eldorado,* Jules Berry, Jean Gabin, Arletty, Raimu, Rellys, Fernandel. Une fois j'ai emmené la belle-mère, elle voulait revoir Tino Rossi. Ça m'énervait un peu le sirop, mais elle aimait ça les intonations dégoulinantes, la pommade. Quinze jours elle a chanté *Marinella* en prenant une voix de tête le matin au petit déjeuner. Ça montait dans le puits de jour, arrête Concha ! même le patron il a craqué, Concha par pitié !

Leurs conversations s'élevaient distinctes jusqu'à notre chambre au dernier étage. Ils parlaient à voix basse quand ils avaient des secrets. Les élans amoureux par contre étaient moins discrets et m'ont fait sursauter la première fois, Julio ! Julio ! des couinements de chat et puis ça montait. Toute la maison devait être sur le pont, Antoine, la commise, les deux bonnes, nous ! Ils avaient laissé la fenêtre ouverte en plus, Julio ! Julio ! Une vraie folie au bout d'un moment. Ça avait pris de la puissance. Marguerite elle me tournait le dos, elle faisait semblant de dormir. Autant dormir dans une gare de triage ! Aux gémissements de la patronne s'ajoutaient les ahans de son mari maintenant. Un soufflet de forge celui-là, Julio ! Julio ! Les hurlements n'épargnaient plus personne. Suarez c'était une locomotive en pleine accélération. Le lit s'y mettait lui aussi. Chaque ressort jouait sa partition. Marguerite ne bougeait pas et le sommier qui grinçait, Juliooo ! et puis Julio ! Lio ! Lio ! Lio ! de plus en plus vite. Il grondait, une vraie bête lui. Les murs, les chaises, les vitres, le broc d'eau sur la table de toilette, tout tremblait. Deux pigeons sur le rebord du toit s'étaient envolés. Julio ! Juliooo ! On se demandait comment elle avait tant d'air dans les poumons madame Suarez, si ça allait finir par s'arrêter. Des couinements encore, le lit a craqué, une dernière fois, un dernier cri, enfin tout s'est effondré. Le silence, des secondes de sidération, un tramway, les appels d'une marchande, seule filtrait la vie de l'extérieur. La maison entière était groggy.

Tendu, électrique j'étais, des pieds à la tête. Tétanisé ! Alors, brusquement, Marguerite s'est retournée. Elle n'a rien dit. Elle est venue dans mes bras.

Quand je suis descendu le lendemain matin au café, madame Suarez elle était en peignoir. Le patron était déjà au magasin. On entendait le bruit des couteaux, des présentoirs, les premiers coups de gueule. Madame Suarez elle beurrait ses tartines, que fait ma fille ? Sa toilette, elle va pas tarder ! Elle faisait comme si de rien n'était, elle beurrait ses tartines, madame Suarez, et me regardait avec un drôle d'air.

Rafa frimeur, moi tricheur, Mangin voleur, nous avancions tous les trois dans la vie.

Rafa multipliait les élégances. Il passait tous les jours me voir au magasin. Suarez plaisantait avec lui, alors t'as pas mis le smoking aujourd'hui ? Il l'amusait, alors le tchatcheur ? Depuis qu'il fréquentait Mercé, le père Lorca riait moins. L'exubérance, il aimait pas ça.

Mangin, lui, il provoquait plus de réticences, Emilio, je ne me mêle pas de tes affaires il me glissait le patron, mais ton ami, le grand, tu devrais t'en éloigner, c'est un gars à histoires, il a pas de bonnes fréquentations, tout se sait ici. Mangin, c'était vrai, ne vivait plus comme nous. Il était dehors toute la nuit, accompagné de drôles de types, des gars plus âgés, l'air pas commode, il faisait des affaires, tu parles, des affaires quand les bureaux et les magasins étaient fermés ! Toute la nuit dehors, de drôles de types, de drôles de femmes aussi, dans les bars jusqu'à l'aube. Il travaillait pas, voulait pas travailler.

Quand il nous rejoignait, il était plus distant, il parlait de moins en moins, que veux-tu que je te dise? il était content de nous voir mais il pouvait plus rien raconter, pas ses combines en tout cas, je me débrouille, c'est le principal, pas vrai?

Antoine nous accompagnait plus souvent. Nous allions au *Cardinal*, au *Montaigne* prendre l'apéritif. Le long des Fossés on s'en prenait aux camelots, aux joueurs de cartes truquées.

Les dimanches après-midi nous partions avec les filles au dancing ou au *Retiro*, nous voulions surtout nous amuser, *qu'est-ce qu'on attend pour être heureux*, chanter, danser. En avant les microsillons, les phonographes! l'Anschluss, Blum, Daladier, Franco, les Sudètes, Hitler avec sa mèche, de sombres nuages avaient beau s'accumuler sur l'Europe, la France, nous on répondait Pills et Tabet, Charles Trénet, Ray Ventura, Fred Adison et leur orchestre.

Dans le quartier nous ne pouvions pas nous leurrer plus longtemps. Une nouvelle vague de réfugiés a déferlé en 1938. À peine si j'ai eu le temps de m'intéresser à la victoire de Bartali dans le Tour. Échappé dans l'Izoard, dix-sept minutes d'avance au général!

Cette fois des familles entières débarquaient. Il fallait les loger. Les gens s'entassaient à plusieurs dans une ou deux pièces. Les hommes, c'était pas des faciles. Ils sortaient de deux années de guerre chargés comme des fusils, certains droits, austères, repliés dans leur silence, d'autres fallait pas trop leur demander du respect, des bonnes manières.

Il en est arrivé encore plus à partir de la débâcle, début 39. Dès qu'une famille les réclamait, ils essayaient de s'extirper des camps où on les avait parqués, si on s'était attendu à pareil accueil ! Ça facilitait pas les rapports avec la France et la population quand ils sortaient de là.

Chez Rodolfo ils étaient revenus depuis plusieurs semaines. L'enfant brune, la petite Anita, dormait dans le lit de la fille aînée, les parents sur un matelas dans la chambre voisine.

Je suis entré avec Rafa et Cliquette prendre un verre, saluer Raoul le fils. La famille était à table, un inconnu assis en bout. Regarde-le, le cousin ! a marmonné Raoul, on l'appelle le Président, si c'était pas pour sa femme et sa fille ! Il se sert le premier, ne remercie jamais, ça lui coûte rien et il râle tout le temps.

Rodolfo, le père, on sentait qu'il rongeait son frein dans son coin, qu'il ne se sentait plus le chef, que ç'allait pas durer longtemps. Le cousin était parti dans des imprécations, vous ici, en France, vous allez en baver aussi, faut pas croire ! la Révolution elle viendra un de ces jours. L'épouse elle bougeait plus, lançait des regards effrayés, ceux de la famille restaient figés, il a enfourné un morceau de pain, et vous les riches, ça va vous faire drôle quand vos maisons seront bombardées, quand on viendra vous prendre votre argent, qu'on vous dira il est plus à vous, faut partager ! Il parlait d'une voix forte, amère mais sans s'échauffer. Il a replongé le nez dans la soupe, calme-toi Alvaro ! a murmuré sa femme, mais je suis calme, très calme même il a répondu d'un air de savourer.

Pour elle Rodolfo avait trouvé un travail de couturière en chambre. Lui, le mari, il avait décliné toute offre le concernant, je vais pas non plus travailler pour ces putains de Français qui nous ont enfermés comme des chiens à peine la frontière passée, il le répétait ce soir encore, sauf que toi, lui a renvoyé Rodolfo, t'y es pas allé dans les camps, t'as la famille qui t'a acueilli, hein Alvaro ! Il a repoussé son assiette le patron, on sentait qu'il allait exploser, nous sommes là nous qui t'aidons toi, ta femme, ta fille qui sont bien gentilles d'ailleurs. C'est le cousin qui s'est emporté le premier, oui mais moi j'ai pas l'habitude de vivre de la charité des autres ! tu comprends ça toi ? tu crois que c'est une situation ?

Il y a eu un malaise, un lourd silence, beaucoup de défi entre les deux hommes. Rodolfo s'était redressé face à lui, il le dévisageait, tu sais Alvaro, cher cousin, regarde-moi dans les yeux ! Il était calme Rodolfo, il avait repris les commandes, j'aimerais une fois, une seule fois, t'entendre dire que dans le lot de tous les réfugiés, malgré tous vos malheurs, vous n'êtes pas les plus à plaindre, il a insisté, Alvaro ! une seule fois ! En bout de table on n'entendait plus que le bruit de la cuillère sur l'assiette. Le patron a coupé du pain.

Chacun se taisait quand on a entendu le loquet de la porte. Le fils Lapeyre est apparu, superbe, accoutré dans une veste à larges carreaux verts et jaunes. Il venait proposer une chambre juste en face du bar, je pourrais la louer à vos cousins, pour le prix nous nous arrangerons.

En guise de remerciement, je l'ai entendu grogner le Alvaro, tout bas à sa femme, que tous ces señoritos ça lui portait sur le système, qu'il fallait se méfier du petit Espagnol, c'était moi, que j'avais une gueule de nationaliste avec mon air bien mis et mes yeux fourbes.

Ça faisait deux fois que j'entendais dans le quartier des bruits comme ça, pour rien, les Suarez, le gendre Suarez, avec l'argent qu'ils ont, ils peuvent pas être républicains, des bourgeois, c'est sûr, ça peut pas souhaiter notre victoire.

Une drôle d'impression ça me causait de me trouver tout d'un coup du côté des riches. J'avais jamais lu ça dans le regard des autres, tout au plus quelques mimiques amusées quand je m'étais marié mais bon! Tandis que là j'étais désigné. J'avais du mal à croire qu'il parlait de moi le Alvaro avec sa rancœur. J'aurais presque eu envie de lui causer, de me justifier, de lui dire d'où je venais, la jeunesse dorée que j'avais eue, qu'il sache un peu si ç'avait toujours été un lit de roses pour moi, qu'il parle pas à tort et à travers. Mais c'était pas la peine, valait mieux tout ravaler. Je me suis rapproché de Raoul, j'ai fraternisé un peu comme ça, qu'ils voient que j'étais toujours des leurs, j'ai fait un large sourire, au revoir la compagnie! Le cousin, le Alvaro, avec sa vindicte, ses menaces, je l'ai juste salué de loin en partant. Planté là, debout près de la porte, le fils Lapeyre, Lord André comme on l'appelait, il dansait d'un pied sur l'autre, alors pour la chambre, que fait-on? ça vous intéresse?

Antoine, mon beau-frère, m'avait déjà alerté, la situation difficile, les jalousies inévitables, pour beaucoup nous sommes des privilégiés, un logement, de l'alimentation, des colis, rien n'y fait. Le père Suarez s'était joint à nous, pourtant je me garde bien de parler politique avec qui que ce soit et, même si j'essaie de les aider, il y aura toujours un mauvais coucheur pour me chercher noise.

Il avait perdu de son entrain le beau-père. Il regardait par la fenêtre, l'air préoccupé, Maria Lorca, elle est passée ce matin, y en a un qui est venu les traiter de phalangistes en plein magasin, elle a eu beau lui dire qu'elle ne se mêlait pas de ça, il en a pas démordu, elle a proposé que nous nous cotisions pour faire un don de médicaments, pour leur centre d'accueil, qu'ils sachent que nous les soutenons. Il tourna vers nous son regard bleu, celui des jours où il ne plaisantait pas, c'est une bonne idée et puis ça en fera peut-être taire quelques-uns.

Certains avaient trouvé de l'aide auprès des curés du *Retiro*, des familles égarées sur les routes qui ne connaissaient personne à Bordeaux, démunies, à bout de force.

Ils avaient fait de leur mieux les prêtres, on pouvait pas dire, refusé de parler politique, essayé d'oublier que certains réfugiés avaient chassé le curé en Espagne. Ils distribuaient couvertures, vivres aux arrivants, escortés souvent par des Espagnols du quartier.

D'autres se méfiaient trop des abbés pour s'approcher, plutôt crever ! des agents de Franco, tous ! Le père Córdoba le déplorait un soir à sa table chez José, la colère est partout, Emilio !

Vieux sage du quartier il avait été sollicité à maintes reprises. La détresse des réfugiés était telle qu'il avait organisé un vrai bureau dans son recoin au fond du café. Il écoutait, inscrivait les vivres, vêtements, emplois de dépannage.

Il s'était octroyé deux adjoints, avait oublié la fatigue, Córdoba. Du matin au soir il donnait des ordres, va voir à la mairie si on peut obtenir un logement pour ceux-là, tu leur dis, une mère seule, six enfants, le père a été tué.

Quand j'ai proposé un coup de main ses yeux ont souri, j'allais te le demander. Il m'a envoyé chercher des papiers à la préfecture en compagnie d'un représentant des réfugiés, un dénommé Rodriguez.

Il venait de sortir du camp d'Argelès, Rodriguez, il en avait gros sur la patate, il me l'a dit illico, comment ils nous ont traités les gendarmes ! comme des bandits, comme si on leur avait fait la guerre à eux, ces cons! Avec mon bataillon on a marché trois jours, trois nuits, dans le froid, sans manger. J'en avais les os qui tremblaient à la fin. Y en a qui sont tombés, et les civils avant nous, avec les paquets, le linge, les enfants. Des centaines de kilomètres à pied, à peine si on leur a servi une soupe à l'arrivée. Ils étaient abandonnés, certains avaient perdu leur famille, ils marchaient dans le noir, dans l'inconnu et au bout tu parles d'un réconfort!

Rodriguez, les atrocités il en avait trop vu dans cette guerre, ça brillait dans son regard comme une lame, des voisins dans mon village, ils les ont brûlés vifs pour se venger, le curé avait été tué par des gens qui n'étaient pas de chez nous, une famille, les vieux, les enfants, ils leur ont crevé les yeux à coups de baïonnette parce qu'ils cherchaient le père qui était des nôtres. Comme ça tous les jours, pendant des mois.

Je l'écoutais. Il essayait de reprendre pied en évoquant des soucis matériels. Nous marchions sous le crachin. J'ai voulu lui montrer la ville mais il était encore loin là-bas, halluciné, sur sa terre que la haine avait calcinée.

Nous avons réglé des situations, obtenu les papiers de plusieurs familles. Sur le chemin du retour la conversation a repris. Lui il était communiste, il était à Barcelone quand ils s'étaient battus, ça chauffait je peux te dire! Il en avait encore après les anarchistes, Rodriguez, et pas qu'un peu! Tout le trajet des reproches, des insultes à leur encontre, au point d'en oublier les nationalistes, toute sa hargne réservée à ceux-là comme il disait. Moi j'ai écouté, j'ai rien dit, je savais que le discours de l'autre bord était le même. Ceux-là ils étaient pas près de faire la paix! J'en ai parlé le soir à Córdoba mais cette fois il a écarté les bras, impuissant. Il avait pas la solution.

Solidarité avec les victimes du fascisme. De part et d'autre des tribunes ils avaient installé deux pancartes, les dirigeants du Deportivo Español. Des gars du club munis d'un brassard rouge passaient parmi les spectateurs, après le match tirage d'une bourriche pour les réfugiés !

Dans le tramway qui nous conduisait au stade de Suzon il y avait de la nervosité. Plus éparpillés la semaine, ils se retrouvaient le dimanche pour défendre leurs couleurs. Les esprits s'échauffaient. Ça leur réussissait pas d'être en groupe.

Malgré mes missions aux côtés de Córdoba, on sentait la méfiance, des dos qui se tournaient. Certains, butés, retrouvaient l'esprit de corps à nos dépens, toujours la même histoire. D'autres nous saluaient mais de loin.

Il y avait un petit brun sec qui ressemblait à un corbeau miniature. Il avait un visage charbonneux, hostile, il se privait pas. Dès que j'ai ouvert la bouche, qu'est-ce que t'en sais toi ? t'y étais sur l'Èbre ? Non, non, j'y étais pas. Il a renchéri, tous les mêmes, ça pète dans de la soie et ça vous donne des leçons ! Il s'en est trouvé pour ricaner lâchement. D'autres étaient plus gênés.

Avec Rafa et Antoine on a préféré descendre Barrière de Toulouse, finir le trajet à pied jusqu'au stade. Le corbeau, la cigarette au bec, il croassait encore, taisez-vous, on nous écoute ! Nous on a fait ceux qui n'entendaient pas. Nous sommes partis en sifflotant après avoir échangé deux mots avec ceux que nous connaissions. Même si, à ce moment-là, devant les copains, ça leur plaisait pas qu'on leur cause.

Nous sommes restés tout sourire pendant la partie. Nous avons applaudi, encouragé. Passionnés nous étions. À la fin nous avons fraternisé contre ceux de Mérignac, c'est toujours pareil, l'arbitre avantage les Français ! Il en fallait pas plus. On est tombés d'accord.

Le gars de la bourriche on lui a acheté trois billets chacun, pas de munificence ! Nous nous sommes intéressés à tout pendant cette formidable soirée, rendez-vous au siège ! À quelle heure ? Tous au siège !

Le Deportivo en plus il a eu la bonne idée de gagner malgré un penalty un peu injuste sifflé contre lui. Dans le tramway au retour l'ambiance était euphorique, ça riait dans tous les coins. C'est le wattman, un Français, qui en a pris pour son grade.

À l'apéritif chacun a payé son écot. Nous, nous avons remis la deuxième tournée. J'ai bavardé avec Ignacio, un ami de Tonio l'ouvrier du magasin. Ils charriaient un nouveau, Pablo, un communiste de Valencia qui n'adressait plus la parole à sa femme depuis qu'elle était allée à la messe avec une voisine.

Il y en avait des réticents encore à nous causer mais là est survenu un événement qui a dissipé les derniers doutes, entériné notre adoption. Parmi les éclats de voix on a entendu tout à coup annoncer le 178, numéro gagnant de la bourriche ! un jambon entier, des fruits, des conserves, et le numéro 178 c'est Antoine, Antoine Suarez qui l'avait.

Aussitôt il y a eu un vide dans les yeux, sur les visages, mais Antoine, lui, il s'est pas démonté, il a gardé son air réjoui, il a grimpé sur une chaise, chers amis, il n'a pas dit camarades, chers amis, le jambon ça me connaît un peu, alors si vous voulez bien, je vais remettre le panier à une famille des nôtres et il s'est dirigé vers une jeune mère, des réfugiés de Bilbao, il lui a donné la bourriche, il a aussitôt serré la main du mari, caressé la tête des enfants. Ils ont tous applaudi les gars du Deportivo. Antoine, il était fait pour la politique, voilà ce que j'en pensais ! Je lui ai dit et nous avons trinqué encore un bon moment avec les joueurs, les supporters, Rafa et moi et tout le monde au siège du club. Tard dans la nuit on s'est tous quittés amis, on se savait différents, différents mais amis. Qu'on parle plus de rien ! señoritos peut-être, tant qu'ils voulaient et encore ! mais pas franquistes ! pas de confusion !

Roger on l'appelait la Berlue, j'ai pas la berlue quand même! Ça nous mettait en joie chez Gégé. Son copain René lui c'était Vitesse, bon! j'y vais en vitesse, Gégé! sers moi un café en vitesse!
Presque tous avaient un sobriquet, un chaffre on disait. Ça pouvait être l'origine, le grand qu'on appelait Toulouse qui entretenait le culte des derbys sportifs, dimanche, la raclée! et des rivalités en tous genres Ville Grise-Ville Rose, ça c'est bien un truc de Girondin! l'autre, le petit râblé qu'on appelait Agen-même puisque, quand on le lui demandait, c'était de là qu'il venait.
Pour des raisons culinaires ou imprécises, on trouvait Compote, Banane ou Béchamel le marchand de choux-fleurs. Selon les intérêts sportifs il y avait aussi Pétanque ou Bicyclette, qui pouvait plus monter sur son vélo quand il avait un coup dans l'aile.
Bouillotte c'était autre chose. Elle travaillait au poisson et avait toujours chaud, hiver comme été! Elle embauchait des jeunes pour décharger les caisses la nuit, regarde-le, il est blanc comme une endive! Après le marché, elle le ramenait à la maison, toi t'as besoin d'un bon steak! Le lendemain, de son rire de diablesse, sacrée Bouillotte! elle lançait aux copines je les nourris et en plus je les réchauffe!
Pêche-Melba, les copains l'interpellaient le lundi matin, Michel! eh! Michel! où t'es allé hier? au restaurant, eh! Michel! t'as pris un dessert? oui, une pêche-melba. C'était invariable, le bar s'esclaffait, des années que ça durait.
Il y avait aussi les champions, Julot comme Ladoumègue qui faisait ses livraisons en courant ou Carpentier qui voulait toujours se battre et puis il y avait les vedettes, Mistinguett qui dansait sur ses légumes, sans compter Fernandel qui riait à grandes dents pour un rien, chantait Ignace *au deuxième Pernod.*
La tradition des chaffres, elle est pas près de s'éteindre au Marché. C'est Musique, en sifflant, qui me l'a dit.

XII

Le Bal des Pâtissiers. Au Grand-Théâtre. Pendant deux mois Maria n'avait pensé qu'à ça, comment s'habiller, se tenir, parler. Enfin, on serait entre commerçants. Adriano, lui, n'était pas enthousiaste, j'irai pas à votre singerie, n'insistez pas ! Il n'en démordit pas jusqu'à ce que Lataste, le pâtissier du cours de la Marne, le fasse fléchir. C'était un gars costaud, sans manières, avec qui Adriano se sentait en confiance, allez viens Lorca ! c'est moi qui t'emmène, tu connais tout le monde.

Adriano s'arrêtait dans son atelier au retour des livraisons. La première fois, ses façons rudes avec son monde lui avaient plu, à coups de pied au cul je leur apprends les gâteaux ! Il désignait un apprenti plein de farine dans un coin, regarde-le ! une heure de retard ce matin, il veut être pâtissier, il est pas capable de se réveiller ! Le gamin prit une taloche sur le crâne, et les chaussons aux pommes pas comme ça ! roule ta pâte d'abord ! Ça l'attendrissait Adriano toute cette brutalité. Pour un peu il en aurait bien donné une lui aussi à l'apprenti. Par solidarité. Au dîner, lui qui parlait peu, il lâcha c'est un type bien ce Lataste, il est simple. Tu vois ! dit Maria.

Lataste, c'est Lapeyre qui l'avait promu responsable du comité des fêtes. Avec son franc-parler, son aspect bourru, il avait un talent pour le contact avec les commerçants que lui, Lapeyre, n'aurait jamais et ne souhaitait pas avoir. Son style à lui c'était les arts et belles-lettres. Par le biais de la chambre de commerce il rencontrait des personnalités bordelaises au cours d'assemblées, de déjeuners, parmi elles des hommes, des femmes, cultivés, raffinés. Il ne se leurrait pas, son plaisir était là, pas ailleurs.

S'il feignait d'ignorer le genre précieux de son fils, il avait consenti lui-même beaucoup d'efforts pour estomper le sien. Dans son allure distinguée il puisait une assurance capable de cacher ses émotions. Il se rappelait l'attirance qu'il avait connue lui aussi autrefois pour les garçons, ses camarades de lycée, un notamment, Patinel, avec qui il avait partagé une de ces amitiés masculines trop liées à la jeunesse pour qu'on les oublie jamais. Raide et feutré son style désormais, celui qu'il avait adopté pour cacher tout ça, Lapeyre. Raide et feutré, pas familier, jamais !

Aussi pour les tutoiements, les tapes sur le ventre, des relations comme les exigeait le marché, il valait mieux avoir un Lataste et l'envoyer en première ligne. Lui se contentait des manifestations officielles, une fête, une inauguration qu'il ornait d'un discours finement ciselé, le Bal des Bouchers, celui des Pâtissiers où au pied du majestueux escalier c'était lui qui recevait.

Comantalévou ? Il avait répété Adriano, il connaissait par cœur, comantalévou ? à droite, à gauche. Le hall du Grand-Théâtre était transformé en volière, ça piaillait, caquetait, devant, derrière, comantalévou ? comme un bouclier dès qu'une face réjouie s'approchait. Une bijouterie ambulante ce bal ! heureusement quelques visages connus. Ils parlaient tous d'abondance, il suffisait de sourire, d'acquiescer, ça roulait tout seul avec ceux-là. Ah! monsieur Lorca! dès qu'un danger menaçait, comantalévou? paf! la parade! Et vous monsieur Lorca? Là, Adriano, il souriait d'un air gêné impénétrable. L'autre essayait une nouvelle question, et les enfants? même sourire, quelle ambiance n'est-ce pas! le sourire encore. Fallait tenir. En général l'adversaire abandonnait, bon, à plus tard!

Il ne s'en sortait pas mal finalement. Il serait bien allé rejoindre Lataste pour éviter ces casse-pieds. Mais le président du comité était perdu là-bas du côté de l'escalier avec les huiles, Lapeyre, Alphonse Braquet le maire en personne, d'autres emplumés. Il l'apercevait, la face rouge, Lataste. Il brillait comme une lanterne. À la bonne sienne! Il devait pas rire pourtant de tant rire avec tous ces sucrés.

Maria, elle, était venue à ce bal comme à une remise des prix, toilette élégante, sobre, ne pas faire parler de soi. Elle savourait le plaisir d'être accueillie par des attentions, des marques d'amitié. La soirée était pour elle comme une récompense, les portes d'une communauté s'entrouvraient. Certaines du marché l'amusaient qui avaient perdu leur accent naturel pour l'occasion, celle-là qui parlait pointu tout à coup, pas de chichis Marinette, on est entre nous! était rappelée à l'ordre par les copines. Maria souriait, mesurait ses paroles, vigilante aux va-et-vient d'Adriano. Pour l'instant la soirée se déroulait sans encombre. Lapeyre lui proposa même une valse et Suarez un fox-trot qu'elle ne savait pas danser.

Adriano, lui, restait planté près du buffet à côté de deux gars qui parlaient sans se soucier de lui, comme s'il participait à la causerie, et puis survint Dulos, le boucher Croix-de-Feu, un peu éméché, Dulos qui parlait mal à Maria les autres jours de la semaine. Il s'approcha, rigolard, alors Lorca, on n'a pas apporté les castagnettes ce soir ? Adriano ne répondit pas, on n'a pas mis le sombrero ? Adriano le regarda dans les yeux. Maria s'était avancée, il frétillait le boucher face à son mari, il poussait des olé ! olé ! aigus, ridicules, le dos tourné à un énorme savarin gorgé de crème. Adriano fit un pas et d'une tape à l'épaule qui parut cordiale le déséquilibra, l'envoya s'asseoir dans le gâteau, plaf ! le costume, les fesses en pleine chantilly, sacré Dulos ! toujours marrant ! Il lui tapota la joue, de sa main large comme deux battoirs. La crème coulait sur la veste, le pantalon. Il en bégayait Dulos. Au désespoir succéda un éclat de meurtre dans son regard. Adriano ne bougeait pas. Ils se dévisagèrent. La fête tournait mal. Il fallait partir. Sans paniquer, d'un geste rapide, Maria entraîna son mari par un bras. Ils s'éclipsèrent, le grand escalier, le tapis rouge, les lustres, qu'est-ce qui t'a pris ? Adriano serrait les mâchoires, pas encore calmé, je t'avais dit de ne pas répondre ou de l'éviter celui-là, qu'est-ce qui t'a pris de le pousser dans le gâteau ? Il eut un vague sourire, c'était ça ou mon poing dans la figure.

Dehors un vent froid passait sous les colonnes du péristyle. C'était l'époque des premières tractions avant. On en voyait qui démarraient devant le *Grand Hôtel* en face. Il appela un taxi. Maria avait la tête qui dansait encore dans le vacarme de la fête. Enfin ! le pire avait été évité. Des lumières virevoltaient derrière les portes du théâtre. Lui, satisfait, marmonnait dans un demi-sourire que l'autre, le Dulos, il l'avait échappé belle. Elle l'arrêta net, nous aussi on l'a échappé belle, tu as failli tout gâcher !

Le duc d'York est le frère du roi Édouard VIII. Sa fille, la princesse Élisabeth, vient de célébrer son dixième anniversaire. C'est une enfant charmante à qui la couronne d'Angleterre pourrait échoir si le roi disparaissait sans laisser de postérité. Elle semble déjà connaître les charges… et les agréments de la carrière royale, notamment le sport hippique, toujours à l'honneur en Angleterre. Voici la princesse Élisabeth avec son père dans le parc de Windsor.
Ève – Revue illustrée du dimanche
La plus vivante – la plus élégante – la moins chère
10 mai 1936

Maria examinait la photographie, l'enfant au regard impénétrable sur son poney blanc. Adriano repoussa la porte d'un coup d'épaule. Lui, blouse grise, béret sur la tête, on ne pouvait le confondre avec un duc anglais, Maria, je fais ma sieste ! Un moment elle pouvait lire ses revues, *Ève* ou *L'Illustration*. Elle s'amusait de la vie des princes, mais les articles sur la guerre en Espagne l'agaçaient, ils déforment tout !

À trois heures le crâne chauve de Jamasset montait dans la pénombre de l'escalier. Quand le comptable venait, elle n'enlevait plus son tablier blanc comme au début, elle en mettait un propre voilà tout ! Alors, madame Lorca, je peux dire cette fois que j'apporte de bonnes nouvelles ! Il était enjoué, Jamasset. Lui c'était dans les Dardanelles qu'il avait combattu. Pas d'évocation claironnante, pas d'attitude martiale. Un simple ruban au revers d'un costume fatigué. Discret, Jamasset, et courtois, jamais cauteleux avec les Lorca.

Hormis des commerçants du quartier comme les tripiers Garouste ou les Moillanpleur, les bouchers, Jamasset et son épouse étaient les premiers amis français de la famille. Il avait commencé à aider Maria pour les comptes peu de temps après la mort de Gabriel en 26. Plus de dix ans qu'il venait deux mardis par mois, j'apporte même de très bonnes nouvelles! Maria, les bonnes nouvelles, ça la mettait sur ses gardes, les mauvaises on peut s'y attendre mais les bonnes... Vous ne changerez donc pas! Vous savez, monsieur Jamasset, le pire n'est jamais loin, faut pas l'oublier!

En général il était d'humeur égale le comptable, sans amertume, mais dans le feu de la conversation la machine s'emballait parfois. Il devenait nerveux, au bout de quelques multiplications, le cou se tendait, le front se congestionnait. On le sentait à la peine, la guerre, l'éclat d'un obus, on avait manqué le trépaner, alors forcément! Ses oreilles bourdonnaient dans le supplément d'effort, tout ce travail en extra pour améliorer le maigre salaire de la Générale de Comptabilité. Il en avait la tête vide au bout d'un moment, il poussait des qu'est-ce que je disais? où en étais-je? qui ne rassuraient pas Maria, vous êtes sûr monsieur Jamasset? Oui, oui, croyez-moi! inutile de se saigner la ceinture, vous avez une avance confortable, pas besoin de se serrer aux quatre veines, loin de là! Elle s'y perdait Maria, comment dites-vous? Rien, une expression! Lui, Jamasset, quand le système avait des ratés, qu'il avait la tête un peu confuse, il pensait par intervalles, il s'enfonçait, plissait le front. Maria se taisait et puis il émergeait, avant de changer de fournisseur de café, faut réfléchir, je serais vous, je freinerais des quatre affaires. Maria elle le dévisageait perplexe, bon, on reprendra ça plus tard, achevez les comptes de novembre et téléphonez-moi!

Pourtant elle aimait ces instants, elle appréciait les manières raffinées du comptable. Ça la changeait de son rustaud aragonais. Jamasset avait de l'élégance, l'œil qui pétillait quand il était en forme, elle lui trouvait de l'humour. Il se permettait de la taquiner quant à ses inquiétudes, si tout le monde courait à la ruine comme vous ! Il s'amusait de ses frayeurs, Maria le laissait faire. Elle se surprit même à attendre sa venue le mardi et, tout en gardant le tablier, à rajuster son chignon, enfiler un chemisier neuf à broderies.

Un jour qu'ils plaisantaient, elle découvrit son œil fixe qui l'examinait. Ils rougirent tous les deux. Un silence s'installa. Elle le rompit, il était sur le point d'avancer sa main jusqu'à la sienne, allez monsieur Jamasset, regardons les dépenses de janvier ! Ainsi plusieurs mardis de suite flotta un certain trouble. Quand cette fièvre retombait, la réalité leur semblait étrange. La lumière, les objets avaient perdu leur familiarité. Elle s'y précipitait à nouveau. Lui avait du mal à revenir parmi les chiffres, brusquement il se sentait las, la tête, cette sacrée blessure, lancinante. Il lui fallait composer avec des passages à vide, la fatigue, il ne pouvait faire autrement. Un jour où s'étaient mêlées émotion et comptabilité plus qu'à l'ordinaire, il lança à Maria allez, croyez-moi ! pas de quoi se mettre Marcel en tête ! Elle en resta pensive.

1936-1938

Où vas-tu ? Au *Retiro.* Au début Louis il s'échappait le dimanche pour jouer dans la cour du patro. Maintenant il préférait s'accrocher à la plateforme des tramways pour rejoindre le stade de Suzon. Derrière, dans le terrain vague avec les copains du quartier, ils organisaient des parties contre ceux de Talence ou de Bègles. Les souliers ! dans quel état il les ramenait ! À bien les graisser, les lacer, ça ne se voyait pas trop au premier coup d'œil, mais la semelle se détachait, par les coutures, malgré le carton, ils prenaient l'eau.

Des crampons ! pourquoi faire des crampons ? jamais ! t'entends ! l'avait remballé Adriano, va pas te prendre un coup ! avait renchéri Maria, on a besoin de toi au magasin. C'était ça qui la tracassait, que le commerce marche, tout le monde sur le pont. Quand ça se présentait comme ça les refus, fallait pas discuter. Ses parents, trop occupés à la tâche, ne le surveillaient guère, fallait attendre que la défense de sa mère retombe, que la colère de son père s'affaiblisse. Il les voyait surtout au moment des repas. Il ne s'agissait pas d'être en retard. On mangeait à l'heure décidée par Adriano. Si personne ne sifflait ou chantait, ça allait. Sinon, au moindre trille, à la moindre chansonnette, c'était la tempête sur la maison. Chacun le savait, se tenait à carreau.

Ensuite le père et le fils se levaient. Adriano pétait un coup sec, signe de bonne santé, de virilité, en se dirigeant vers la TSF, je suis chez moi après tout. Louis rejoignait ses amis sous la halle. Pour marcher sur les mains il était le meilleur. Le tour du marché, il le faisait d'une traite, sans ville-étape blaguait Rafa. Au foot aussi il se distinguait, tu devrais jouer dans une équipe ! Antoine,

Emilio, d'autres, des aînés, avaient vu l'adresse, la rapidité. Son père ne voudra jamais disait Mercé.

Jouer, mais où? Les Espagnols du Deportivo étaient de plus en plus nombreux avec les vagues de réfugiés. Depuis la fin 36, ceux d'avant, à la situation déjà établie, y étaient plus ou moins bien accueillis, au magasin on essuie des réflexions, si c'est pour les entendre à nouveau le dimanche! En plus, mon père saura que je joue, je serai à la fête!

Un camarade de l'École Pratique l'avait bien emmené dans son club, viens à Mérignac, tu seras tranquille loin de tes bases! mais l'ambiance lui avait déplu, entre eux les jeunes gens de bonne famille! Il les entendait qui parlaient hockey, qui s'invitaient. Avec Louis une tape sur l'épaule après le match, au revoir et chacun chez soi. Il ne se sentait pas à son aise, ça ne pouvait pas durer. Même si son père, peu curieux, ne s'avisait guère quand il rentrait boitant bas ou se tenant le dos, où t'es allé traîner encore?

Un jour de l'été 37 pourtant, un jour de chaleur ruisselante et de volets fermés, Maria l'avait envoyé livrer une charrette entière de ravitaillement au Centre de secours des réfugiés espagnols, Louis passe chez les Suarez, ils ont un chargement prêt eux aussi, Antoine et Emilio viendront avec toi. En chemin ils eurent le temps d'évoquer les matchs de la Coupe du monde de football prévus à Bordeaux l'année suivante. Ils analysaient, argumentaient. Après avoir pénétré dans un hangar ombragé, ils déposèrent le stock que Maria avait assorti de vêtements neufs, cette fois qu'on ne dise pas que j'ai regardé à la dépense!

À la sortie un groupe s'était formé autour d'un grand type frisé, c'était Goïcoechea, le joueur des Girondins.

Un dirigeant de l'équipe l'accompagnait. Ils étaient de San Sebastián tous les deux, venus visiter les réfugiés, nous aussi on perd des parties des fois, allez! vous verrez, le championnat n'est pas fini. Ils avaient porté du vin que les gars buvaient par *tragos*[1] et distribuaient des cigarettes américaines, des vraies! il certifiait Goïco. Il aperçut Louis qui se tenait en retrait, je te connais toi, t'es pas le fils Lorca? on m'a dit que tu te débrouilles. Ils causèrent un moment, Louis voyait que l'autre l'examinait. À la fin Goïco lui proposa pourquoi tu viendrais pas faire un essai chez nous?

Louis donna satisfaction au sorcier Benito Diaz, l'entraîneur des professionnels. À l'automne il débuta en équipe réserve et joua un match amical avec la première en décembre. On en parla dans le quartier. Adriano, lui, ignorait toujours que son fils s'était acheté des crampons.

Ici on travaille en famille, tous solidaires! Des commerçants s'étaient étonnés à voix haute pendant les grèves de 36, ils sont bien traités ici les employés, c'est vrai ou c'est pas vrai? Comme nos enfants, mieux même des fois. Alors le chômage, le Front populaire, pas au marché! N'empêche, les congés payés on en avait profité ici aussi, les premiers bains de mer, le train jusqu'à Arcachon et les pieds dans l'eau! Le gouvernement qui parlait au nom des ouvriers, ça non plus c'était pas passé inaperçu. On en avait entendu à l'heure du casse-croûte! Tout on va partager, tu crois ça toi? On sera tous patrons. Lapeyre il va en faire une tête! Un magasin on

1. Gorgées.

lui laissera, les quatre autres pour le personnel. Ça avait rigolé une minute et puis bon, faut que j'y aille !

Le travail au marché n'avait jamais ralenti. Quand les usines avaient fermé, que les tramways s'étaient arrêtés, la halle avait continué, ceux qui sont pas contents, on les retient pas ! Au travail, Noël et premier de l'an tous ensemble ! et le porte-monnaie ? tous ensemble ? ça fusait impertinent. Mais y avait pas à discuter, couillons pas couillons, le marché faisait bloc, c'était à prendre ou à laisser.

Et puis Blum, son gouvernement, avec le problème espagnol ils s'étaient pris les pieds dans le tapis, c'est ce qu'il en disait Suarez quand il en causait à Maria. Elle l'écoutait, lui trouvait les idées claires, proches des siennes, les impôts, la valse des ministres, la guerre qui approchait ! Depuis un an des réflexions circulaient entre les allées, le long des comptoirs, et ici, comment ils ont traité le problème des réfugiés !

Des réfugiés justement il y en avait partout. Les aider tous c'était impossible. Maria avait trouvé du travail chez une blanchisseuse pour deux sœurs d'Oviedo qu'avait recueillies Violette, pas de papiers, on se débrouillera plus tard ! Elle avait prêté une chambre rue Bergeon à une famille, le père était rentré tuberculeux de la guerre. Ma Caille le soignait chaque semaine, des potions, des badigeons. Il se faisait payer en épicerie par Maria et encore pas toujours, vous êtes un brave homme elle lui avait dit au médecin avec une autorité qui l'avait surprise.

Elle guettait les tensions, la guerre d'Espagne, le nazisme, la chute de Blum. Quand Chamberlain et Daladier avaient reculé à Munich elle avait soufflé à Adriano on y va tout droit à ce rythme, mais lui jouait avec la radio plus qu'il ne l'écoutait.

Y a d'la joie bonjour bonjour les hirondelles
Y a d'la joie dans le ciel par-dessus le toit

Mercé aimait danser au *Retiro* le dimanche. On voyait souvent Rafa qui venait la chercher. Adriano pour l'instant n'avait pas réagi.

Y a d'la joie et du soleil dans les ruelles
Y a d'la joie partout y a d'la joie

Louis jouait en secret au football. Sa mère avait trouvé des chaussures derrière le meuble de la salle à manger, celui où l'ébéniste avait sculpté saint Georges terrassant le dragon sur une porte, saint Martin coupant son manteau sur l'autre. Des clientes dévouées s'étaient chargées de l'informer. Tu sais quoi, Louis? interrogea Maria, on t'a vu dimanche prendre le train avec des amis pour aller jouer à la campagne, qu'est-ce que t'en dis? La première fois il s'esquiva, la seconde il fut sommé de répondre, d'accord mais ne dis rien à papa!

Mercé ce dimanche-là était rentrée tôt du bal. Elle allait voir *Quai des brumes* à l'*Eldorado* avec sa mère et sa tante. Avant le cinéma elles soupèrent d'un café au lait et se mirent en chemin. Violette avançait tout essoufflée sur le cours de l'Yser. Elle avait pris trente kilos en vingt ans, tu devrais te mettre au régime Violette, tu crois pas? Elle s'excusa, voilà ce que c'est de tenir un restaurant! Restaurant pas restaurant, t'aimes trop manger, un point c'est tout. Allez, dépêchons-nous! Maria tenait à sa place près de la sortie, en cas d'incendie ou de bousculade. À l'entracte, pendant un numéro d'équilibristes, elle aperçut la silhouette d'Adriano dans le rectangle blanc de la porte, il lui faisait signe, viens vite ! ta tante, elle a une attaque.

Quand elles arrivèrent au *Zaragoza,* il y avait de la lumière à l'étage. Josefa était morte. Sa peau était moite, tiède encore. Rosa, la sœur de Violette, l'avait allongée sur le lit où avant elle on avait veillé Pepe Luis et Adela. Le lendemain elle s'en fut les rejoindre au cimetière de la Chartreuse. Gabriel depuis la photographie sur la tombe échangea un regard avec sa mère. Les femmes firent un cercle autour du caveau. On les entendit murmurer *al mal tiempo, buena cara; el hombre propone, y Dios dispone*[1], chacune apaisait sa peine d'un *refrán* que Josefa lui avait appris.

1. « À mauvais temps bonne figure » (équivalent de « faire contre mauvaise fortune bon cœur ») ; « L'homme propose et Dieu dispose. »

Nous, à la charrette, on n'aime pas que nos hommes ils se fatiguent.
Roger, le mien, en plus il a besoin de beaucoup de sommeil. En fin de matinée, il vient me chercher. C'est lui qui pousse la charrette pour rentrer. Pendant que moi je range.
C'est un costaud Roger mais il est fragile de la gorge. Quand il fait froid je veux qu'il mette un foulard autour du cou. Ou bien il vient pas.
En plus il est bel homme. Des épaules carrées et comme il porte la casquette !
Y a que pour venir me retrouver à l'heure de la sieste qu'il est pas fatigué. Là, non. Alors que moi j'en ai ma pleine nuit et ma pleine matinée de travail, que je voudrais dormir quelques heures.
Après il me laisse, il va retrouver les amis au café pour sa partie de dominos.
L'autre soir il regardait arriver le printemps et les hirondelles assis près de la fenêtre. Sa casquette relevée, les chaussons aux pieds, il mâchait une allumette. Il était confortable.
Carmela, elle est venue nous chercher pour aller au cinéma. À l'Eldorado, rue Lafontaine. Ils jouaient un film avec Michèle Morgan et Jean Gabin, Manolo nous rejoint là-bas, et Roger, il vient pas ?
J'ai répondu pour lui. Lui il contemplait les oiseaux, non, il vient pas, le cinéma, il dit que ça l'énerve.

Dans la salle à manger envahie de napperons brodés, monsieur et madame Jamasset avaient reçu deux fois les Lorca, des biscuits, du café. Adriano s'était bien tenu, laissant parler le comptable toujours disert quand il évoquait le marché, ses figures, des gens savoureux disait-il.

Quand ils rendirent l'invitation ce fut à déjeuner un dimanche. Maria avait eu beau limiter la quantité d'huile dans sa poêle, ce fut trop pour madame Jamasset dont l'appréhension et le foie ne tinrent pas le choc. Elle laissa presque tous les plats intacts et à la fin du repas ne put goûter ni du touron, du doux, du *jijona*, ni de l'anis *del mono*, voyons chérie, c'est délicieux! N'insiste pas Edmond, je ne peux plus. Son visage s'allongeait, son teint devenait verdâtre.

Ils revinrent un jour d'automne. Maria avait allégé encore le menu, préparé une simple tarte aux pommes pour le dessert, pas une crème au beurre, pas un beignet. Rien n'y fit, madame Jamasset dès la première bouchée se sentit mal, à la deuxième, les yeux fixes, elle demanda à Maria d'un air vivement intéressé si dans la tarte aussi elle mettait de l'huile d'olive. Maria ne répondit pas. Elle contempla le couple assis sous le lustre, lui plus ratatiné que jamais aux côtés de cette gourde. Le costume, le crâne, le sourire, tout lui parut petit chez son comptable brutalement. Comment avait-elle pu! De l'huile d'olive! Elle se contint difficilement, je vais vous préparer du café, là en général je n'en mets pas. En se retournant elle vit qu'Adriano jubilait.

En juillet 39 Louis Lorca devint français sans qu'on lui accorde le moindre sourire. Le greffier du tribunal administratif lui tendit un document, signez là! votre doigt, les empreintes, je jure sur l'honneur, vos papiers dans dix jours.

Un fonctionnaire l'avait informé de ses droits, questionné sans amabilité, ce qui vous conduit à choisir la nationalité française? vos parents, ce qu'ils en pensent? Une lassitude s'emparait de tous les gestes du bonhomme, il époussetait les revers d'un complet miteux, vous descendrez voir le greffier. À peine Louis avait-il pu croiser son regard qu'il s'était levé en lui tournant déjà le dos, tâchez d'être un bon Français en tout cas!

Dehors la place Sainte-Croix était vide. Une charrette passait devant la façade où se disputaient une poignée de pigeons. À dix-sept ans la France l'acceptait. Du bout des lèvres.

Pourtant il était né ici, avait grandi ici. Il avait naturellement opté pour la France et non l'Espagne. La première son pays, la seconde son origine et qu'on n'en parle plus! Égalité de droits avec ses amis, celui d'aller bientôt à la guerre, pourquoi pas, et ce malgré Adriano qui bramait dans l'escalier qu'on le trahissait, que dans la famille on était espagnol et pas autre chose, c'est pas la peine de te cacher derrière ton petit doigt! Maria elle l'avait encouragé, tu as raison, tu es français, et puis les gens penseraient qu'on veut encore éviter les ennuis, tu comprends?

Le lendemain il s'en fut avec Antoine et Emilio assister à l'arrivée du Tour. Passat, un gars de l'équipe du Sud-Ouest, l'emporta au sprint devant un Hollandais, De Korver. La course était affaiblie cette année, pas d'Italiens, pas d'Allemands, mais il y avait de bons coureurs dans les équipes régionales, fallait pas se plaindre objectait Emilio, un mordu celui-là, les coureurs, âge, équipe, dossard, palmarès, il les connaissait tous.

Deux mois plus tard, Hitler et ses soldats envahissaient la Pologne, l'Angleterre et la France lui déclaraient la guerre. Maria, qui n'eut pas à s'en repentir, stocka tout l'hiver légumes secs, sucre, huiles, denrées, une partie dans la cave derrière des tréteaux, une autre dans un lieu tenu secret qu'elle ne dévoila même pas à Adriano plus occupé par ses parties de cartes. Enfant elle avait manqué de tout, ça ne se reproduirait plus.

LE PAPE EST MORT
QUI SERA PAPE ?
UN DE CES HOMMES SERA SANS DOUTE
LE 267e SUCCESSEUR DE SAINT PIERRE

Massimo Massimi. Doyen du tribunal de la rote. Soixante-huit ans. Talents juridiques et réputation de prudence. Soutenu par la presse officielle italienne.

Le cardinal Piazza. Patriarche de Venise, a reçu la pourpre en 1937. Éloigné de la politique, il est un des « favoris ».

Alfred Schuster. Un benjamin : cinquante-neuf ans. Archevêque de Milan depuis 1926. Réputation d'ascétisme. Cet Italien d'origine suisse a eu d'abord la faveur du fascisme, mais n'est plus considéré « papable » depuis une attaque contre le racisme.

Ascalesi. Archevêque de Naples et, par là même, en relation avec la famille royale. Bien avec les autorités fascistes.

Eugenio Pacelli. Une carrière de diplomate, un visage d'ascète pour Greco. Secrétaire d'État, c'est-à-dire ministre des Affaires étrangères de Pie XI, ce qui, si l'on s'en tient aux traditions, lui ôte bien des chances.

MATCH, 16 février 1939

XIII

Hiver 1939-1940

Marguerite elle avait un corps svelte, des seins blancs veinés jusqu'au mamelon. Je la contemplais nue, élégante, détachée du monde, heureuse d'être avec moi, seule et libre avec moi.

Nous venions de faire l'amour. Nous flottions détendus, paisibles dans la buée de la salle de bains qui donnait sur le jardin, moi dans la baignoire, elle devant le miroir Art déco de la maison que venaient d'acheter pour nous les beaux-parents. Que demander de plus? je me suis égayé pour ne pas penser le contraire. Un serrement de gorge m'indiquait la direction du vide, que demander de plus? Elle a dit oui, tu as raison, s'est penchée pour m'embrasser. Marguerite elle n'était pas douée pour les illusions faciles, mais là un peu de bien-être circulait dans son regard. Nous sommes comme des pachas j'ai ajouté pour lui faire plaisir, aussi pour tâcher de m'en convaincre, mais c'était plus difficile.

Nous irons pendre notre linge sur la ligne Siegfried ligne Siegfried ligne Siegfried, plusieurs mois déjà que la France et l'Angleterre avaient déclaré la guerre à l'Allemagne et nous étions là à écouter de la musique un dimanche matin dans la moiteur d'un confort nouveau. Petits parvenus, enfants gâtés. Le soleil d'hiver coulait doucement par les fenêtres, *pour laver le linge voici le moment!*

Madame Suarez elle s'était démenée pour acheter l'échoppe, son bâton de maréchal affirmait son mari, une maison si moderne, quel bonheur! Elle en joignait les mains tout en parcourant les pièces, chambre à coucher comprise. Je me sentais vaguement locataire ou simple invité selon les moments mais je la laissais faire la patronne, je commençais à la connaître.

Marguerite, elle, ça l'irritait. Elle subissait le théâtre de sa mère depuis trop longtemps. Je sentais un feu hostile se rallumer dans ses yeux noirs, allez, Concha, on rentre! disait le beau-père, mais la señora Suarez il fallait qu'elle marque la visite de son empreinte, j'ai appelé le peintre, il viendra pour la fenêtre de la cuisine, j'ai choisi la couleur, allez, Concha, il répétait, tu peux pas laisser les jeunes mariés tranquilles! Ça lui plaisait pas trop ces réflexions. Elle fusillait son mari, toisait sa fille, à peine un brin de défi, d'humour quand son regard croisait le mien, allez, Concha, t'es impossible!

Un dimanche après-midi nous sommes retournés voir *Mayerling* avec Danielle Darrieux. Marguerite l'avait déjà vu l'hiver précédent. Ces histoires de princesses ça l'enchantait. Elle n'était pas la seule, la salle des *Capucins* était pleine à craquer. Ils avaient tous la bouille rouge des fortes digestions, mais beaucoup avaient emmené un en-cas, des pleins paniers, c'est pour la collation!

Les clans se répartissaient dans l'enceinte, les marchandes et les mandataires au parterre, les revendeuses aux premiers rangs du balcon, dans le fond les bons à rien qui mettaient la pagaille dès le début du film.

Ce jour-là l'entracte était animé par un prestidigitateur, un débutant qui venait de La Bastide. Il a eu du mal l'apprenti artiste à escamoter son œuf dur. Du coup il en a reçu une demi-douzaine, tiens petit, t'en voilà des frais !

Les quolibets ont circulé avant même que la lumière ne s'éteigne. Ç'a été pire dans le noir. Des sifflets jaillissaient à chaque apparition de la vedette sur l'écran. Des insultes aussi. Leur répondaient des menaces montant du parterre offensé, dis donc, t'es le fils de Paca, toi ! tu crois que j'ai pas reconnu ta voix ? Les noms d'oiseaux ont redoublé dans l'obscurité, attends un peu que je lui raconte à ta mère ! Des fruits, des victuailles ont volé entre revendeuses et voyous. Il y a eu des coups aussi et des crachats lancés depuis le balcon.

L'ouvreuse et le gérant sont montés avec la lampe de poche pour démasquer les coupables, silence ! arrêtez ! il criait le gérant, ou j'évacue la salle ! Lorsque, au bout d'une éternité, il s'est résolu à interrompre la projection, on ne distinguait plus les agressés du parterre, et les agresseurs du balcon.

Avec la lumière il y a eu une pause et l'orage a semblé un instant s'éloigner. La séance a repris afin de calmer les esprits mais Danielle Darrieux lors d'un gros plan a reçu un projectile dans l'œil qui ensuite a coulé comme une larme sombre sur l'écran. On l'a eue ! on l'a eue ! ils criaient les assaillants galvanisés. Les huées ont repris de plus belle, le combat a fait rage. Le cinéma était devenu un champ de bataille.

Pour le gérant il était temps. Il a envoyé la caissière chercher les policiers au poste du marché mais les deux agents, devant l'étendue du désastre, ont appelé du renfort. C'est là, face à l'adversité policière, que le jeu des subtiles alliances de la halle a fait merveille. Plus de clans, plus d'ennemis, rien qu'une communauté maraîchère révoltée, ces traîtres! ils envoient la maison Poulaga! a crié une enrouée, indignée à l'idée qu'on réprimait sa distraction de fin de semaine.

Comment ils ont été refoulés les policiers! À grands cris, jusque dans la rue! Paupiette le commissaire qu'on avait prévenu, les mains dans les poches de son pardessus, il bronchait pas, retirez-vous! tant pis pour eux! soit ils vont s'entretuer, soit ils vont se calmer tout seuls, c'est toujours pareil! Machiavélique il était Paupiette.

La paix a été longue et difficile à obtenir ce dimanche-là. Plus d'une heure a été nécessaire. Habitués à ce genre de séance, Marguerite et moi nous nous étions installés au fond du parterre sous le balcon, inaccessibles aux projectiles, bien calés, amoureux. Mercé était venue avec sa mère. Madame Lorca il lui fallait toujours le siège le plus près de la sortie. Dès qu'elles ont compris que ça tournait à l'émeute, vite! elles ont filé la mère, la fille, tant pis pour la fin du film! D'après Marguerite elles avaient raté le meilleur. Moi, le dénouement, j'avais trouvé ça à l'eau de rose.

Il était tard déjà. J'ai refusé de passer chez les parents Suarez. En route j'ai ressenti un mal de tête, des frissons dans le dos. Sitôt à la maison je me suis couché. Marguerite m'a préparé une *manzanilla*, c'est dire si j'allais mal! et puis j'ai grelotté, transpiré toute la nuit.

Le matin elle m'a porté une nouvelle infusion, m'a aidé pour la toilette. Je tenais pas debout. Pour la première fois je n'irais pas travailler. Marguerite s'est habillée, je cours au magasin, je reviendrai avec des remèdes.

La tête lourde, les jambes en coton, je suis resté au lit. J'avais dû somnoler une heure quand la porte d'entrée a claqué, c'est moi, Emilio, ce n'est que moi ! La belle-mère était là dans la chambre, tout sourire. Entre fièvre et surprise je devais faire une drôle de tête, Marguerite n'a pas pu venir, elle avait des étiquettes à préparer et puis je m'inquiétais pour toi à vrai dire. Elle m'a décoché un regard plein de mystère comme elle savait faire.

Elle s'est assise sur le bord du lit, tiens, je t'ai apporté ce qu'il faut ! Elle était toute guillerette madame Suarez. Jouer les infirmières ça la rajeunissait, alors comment va le malade ? Elle me considérait d'un air amusé, que préfères-tu ? les cataplasmes, le sirop de tolu ou des croissants avec un café ? Je la sentais respirer près de moi, ses yeux brillaient. Elle a commencé à examiner d'un air détaché le tissu de mon pyjama, comment elle t'habille Marguerite ? c'est quoi ces rayures ? Son souffle chaud s'est rapproché du mien. À la vérité je lui trouvais du charme à cet instant et ce n'était pas la fièvre. J'avais la tête lourde, le corps engourdi et ce n'était plus la maladie. Sa bouche, ses yeux souriaient. Je ne voyais plus le duvet de sa moustache qui me gênait d'habitude. Julio ! Julio ! ses petits cris des élans conjugaux me revenaient. Elle était là contre moi sur le rebord du lit, elle m'avait pris la main, me caressait le front, tu n'as pas de fièvre au moins ?

Elle a laissé passer un silence, fixé mon regard le temps que la complicité s'installe. Elle s'est faite douce, pauvre Emilio ! elle m'a embrassé sur la joue puis au coin de la bouche, ça n'a pas l'air trop grave. Son autre main avait empoigné ma cuisse, la caressait, remontait sans hésiter. Elle ronronnait dans mon cou comme une chatte, c'était un bruit nouveau. Je sentais son corps chaud, agile qui me prenait d'assaut, et moi que gagnait l'envie de me laisser faire, le goût de la surprise, le plaisir du jeu défendu ! Je me sentais habité d'un long et silencieux éclat de rire.

Elle qui continuait féline, dont la tête, les cheveux se perdaient sur mon torse mon sexe, dans les draps. Je me suis surpris à lui caresser les seins à mon tour, à gémir madame Suarez ! Concha ! elle a rectifié entre deux contorsions. Sa large croupe se balançait au-dessus de moi. Souple et rapide. Moi, sensuel, je me laissais conduire.

Tout ce plaisir m'amusait, la peau, les odeurs, je m'élançais et puis il y a eu un déclic. Dans toute cette ardeur, cette chaleur tendue entre nous est venue s'immiscer une impression désagréable, un dégoût. L'humour est retombé. En quelques secondes, pour moi la fête a été terminée. Je me suis cambré, j'ai essayé encore, mais non. Mon corps ne chantait plus, j'éteignais les lampions.

Je me suis redressé, je l'ai prise par les épaules, arrête ! je lui ai soufflé. J'ai vu ses yeux qui riaient encore dans ses cheveux mêlés, qu'est-ce qui te prend, Emilio ? Arrête, je te dis ! Le dégoût gagnait du terrain. Ce coup-ci elle s'est immobilisée. Un bref voile de tristesse, d'amertume, a couru sur son visage. Elle s'est levée, pas contente la mère Suarez, elle sentait le piège, j'avais pas joué le jeu. Moi je la fixais d'un air de défi, mais je voulais pas la guerre, je prendrais bien un café, j'ai ajouté à tout hasard. Ses yeux s'étaient obscurcis maintenant, elle se recoiffait à la hâte, je n'ai plus le temps, mais je vais t'envoyer Marguerite elle a sifflé, elle te préparera ton petit déjeuner.

Je bougeais plus intérieurement, ahuri par la situation. Pourtant j'avais toujours su que nous en viendrions là tous les deux.

Son panier sur le bras, elle est repartie, rhabillée, sanglée comme une belle-mère. J'entendais son pas dans le couloir qui traînait sa jambe et sa vie aussi. Lourde. Ingrate parfois.

Quand Marguerite est revenue du marché à midi, elle avait un regard qui furetait, au plus profond de moi. Elle avait toujours des intuitions Marguerite. Et puis elle connaissait sa mère. Fallait pas lui en raconter.

Té, voilà Lucien ! et tout s'arrête. Té, il pleut plus ! et voilà qu'il fait beau. Il suffit qu'on le jette, té ! au milieu d'une phrase, d'une conversation, ça suspend ce qui existait la seconde d'avant. Té, qu'est-ce que tu crois ! et s'ouvre le tiroir des pensées, la réflexion prend une autre direction. Le décor change, la réalité aussi, té ! et pour toi c'est pareil ? t'es marrant toi, té !

Des fois té ! c'est rien qui change ou si peu de chose, té, Raymond, sers-nous en deux ! té, j'ai taché ma veste !

Rien à voir avec le « tiens » ! des autres Français, trop distingué, un peu châtré à vrai dire. Té ! le nôtre, quand il explose, il envahit tout. Il est claironné.

Ça annonce le passage des saisons, té, les cèpes sont arrivés ! celui des sentiments, té, tu sais pas ? Gigi est amoureuse ! les accidents de la vie, té, Carmen est à l'hôpital ! ou les bouleversements dans la société, té, les Girondins ont perdu, 2 à 1 contre Lille !

Ce mot, té, on n'a jamais su comment l'écrire, té, tè, ou teh ! mais on le connaît, c'est un aiguilleur dans les phrases, dans nos petites phrases de tous les jours, il fait rebondir les minutes, en varie les couleurs, té, regarde ce qu'ils racontent dans le journal ! té, voilà la pluie ! et il ne fait plus beau.

Nous irons pendre notre linge sur la ligne Siegfried! Les Allemands quand ils sont entrés dans Bordeaux le 29 juin 40 on aurait dit qu'ils sortaient tout droit d'un film américain. Blonds, musclés. Modernes. Un matériel comme on en avait jamais vu. Des automitrailleuses, des tanks!

Ils sont arrivés par le pont de pierre dans un bruit de moteurs, de chenilles. Feutré, sec, brutal, selon les engins. Les gens s'étaient massés le long des Fossés. Devant nous l'équipage d'un panzer, torse nu sauf le gradé, chemise ouverte. C'étaient des colosses ces types. Avec Rafa, les autres, on était épatés. En même temps on se sentait cloches. Nos pantalons gris, usés, nos blouses, nos bérets, casquettes, démodés d'un coup. Ça sentait la poussière, l'ancien temps.

Vraoum! une accélération, un bataillon dans des camions neufs, les pneus énormes! a surgi de la porte de Bourgogne. Le soleil claquait sur les visages fermés. J'ai vu passer devant moi un motard dépoitraillé, la lanière de son casque au vent, ils sont beaux en plus! a bafouillé Rafa, ouais, c'est ça, ils sont beaux j'ai dit, mais on va pas rigoler tous les jours mon pote! Les autres aussi autour de nous ils contemplaient le défilé, figés, abasourdis. Leurs yeux se brouillaient, leurs épaules retombaient sous le poids d'invisibles sacs de sable.

Ça n'arrêtait pas les blindés, les berlines décapotables chargées d'officiers à casquettes plates, du gris, du vert, du vert-de-gris. Nous en avions vu assez. L'effet de surprise passé, c'était la nausée qui nous tenait, la perspective d'une longue punition. On l'avait pas tous méritée, c'était sûr. Avec Rafa nous sommes rentrés tête basse. Rue des Menuts, je me suis mis à compter les pavés.

On avait de la colère en nous et la trouille, cette fois c'est pas pour rire! a dit Rafa. Nous tapions dans les poubelles, les cartons, ce qui traînait. En arrivant j'ai avisé un rat gros comme un chat. Il barbotait dans le caniveau devant la charcuterie. Moi, je sais pas ce qui m'a pris, j'ai couru au fond du magasin, saisi la tige en fer avec un crochet au bout, celle du rideau, je suis revenu et l'ai écharpé comme ça, vlac ! le cri qu'il a poussé ! Pas décidée à se laisser faire la bestiole ! J'ai vu ses incisives, sa chair molle, blessée, ses poils durs. Il gigotait au bout de ma lance et moi à coups redoublés je frappais, je frappais sans qu'il se libère, fallait pas qu'il se libère, saloperie de bête ! Je le coinçais au bout de mon arme, il m'aurait bouffé sinon.

Les badauds, les clients, Rafa, Antoine, ils étaient un peu ébahis. J'y allais de tout mon cœur, une rage folle qui se déchaînait à grands coups. À deux reprises je l'ai éventré. Le sang a giclé, il a remué encore. Ça a fait un bruit écœurant. J'étais hors de moi, il se débattait. Un coup de crochet et puis il a plus bougé. Je l'ai achevé d'un coup dans la tête, vlac ! et l'ai poussé dans la bouche d'égout.

J'ai aperçu les yeux des autres autour, incrédules. Je me sentais hors de moi, exténué. Ça devait être ces Allemands, cette histoire d'invasion.

Depuis septembre 39 nous étions en guerre. Pendant neuf mois, à part l'inquiétude, rien n'avait changé, mais là ça faisait plusieurs semaines qu'une foule de réfugiés s'était répandue dans la ville.

Au début, dès que les Boches avaient pointé le bout du nez dans le Nord, on avait vu débouler des fortunés dans des Hotchkiss, Panhard-Levassor, de sacrées bagnoles. Rafa, toujours fasciné par les voitures, il était allé faire un tour place de la Comédie. Ils descendaient tous dans les grands hôtels du centre-ville. Le *Café de Bordeaux* était plein, sa terrasse aussi, conciliabules, tractations, les bijoutiers pris d'assaut, plus de papier-monnaie ! ça vaudrait plus un clou bientôt, ils le savaient. Ceux-là, ils filaient sans encombre, l'Espagne, les limousines puissantes, les paquebots, l'Amérique, on les reverrait pas de sitôt.

Mais les autres, ceux qui ont suivi, le matelas sur le toit de tacots brinquebalants, les chevaux qui tiraient la maison entière déménagée, des familles à plusieurs sur la plate-forme de camions épuisés, quand ils sont arrivés, ç'a été la débandade. Les premiers ils se sont précipités rue Sainte-Catherine, cours de l'Intendance, ils achetaient ce qu'ils pouvaient, *Il n'y a plus rien, Stock épuisé, Magasin fermé,* ils ont vite affiché les commerçants. C'était pas de bonnes affaires ils jugeaient, la pagaille, la panique.

Et pour manger, dormir, se laver, se loger, une désolation. Il y a eu de l'entraide, la Croix-Rouge avec des camions, des tentes, le Secours Belge, une cohue à la gare Saint-Jean, au pied du pont de pierre. Ça s'asphyxiait parfois, on savait plus où les mettre, sur des bancs, des chaises, par terre. Bien triste, désolante, une vraie kermesse cependant.

Il a fallu limiter les ventes. Nous donnions des morceaux de jambon, de la charcuterie, à droite, à gauche. D'autres se gênaient moins, des commerçants, les prix ont monté. Y en avait un, un boucher, le petit voleur on l'appelait au marché, et en temps de paix ! Là, toute honte bue, il prenait ses aises. Il lorgnait le pardessus du réfugié, son apparence. Il palpait le portefeuille rien qu'avec les yeux, à travers le tissu, et se fendait d'un sourire, matraque pas trop, Roger, lui soufflait un collègue, tu vas nous faire du tort! Occupe-toi de tes affaires! Rien ne l'affectait. Les poches pleines, rubicond, il jubilait le salaud.

De l'exode ils savaient pas comment s'en sortir, par où s'échapper. Benito, un qui travaillait au consulat, d'habitude on lui causait pas trop. Juste bonjour parce que c'était lui qui délivrait les papiers, on en avait besoin, mais il avait été embauché par le nouveau régime, on restait sur nos gardes. Là il avait trouvé une occasion de s'approcher au comptoir, il nous décrivait les files qu'il y avait au consulat, les passe-droits, les requêtes pour obtenir un visa. Il nous racontait tout ça, les détails croustillants, les anecdotes. Il était content, on voyait, de nous parler un peu.

Chez Lorca, ils leur réchauffaient des pot-au-feu dans des bassines aux réfugiés. Ici, le beau-père leur préparait des colis de charcutaille. D'autres en logeaient quelques-unes des familles. Beaucoup s'entassaient comme ils pouvaient à la gare, dans les salles d'attente, sur les quais en plein air.

Dans la nuit du 19 au 20 juin 40, alors que ça se terminait, que le pays baissait pavillon, les Allemands ils ont envoyé des avions, des bombardements partout sur la ville, pas d'abri qui vaille, des dizaines de morts, de blessés. Restez là! vous êtes plus en sécurité ici qu'ailleurs, leur avait chanté un responsable politique. Lui il faisait ses valises pour l'armistice, pépère. J'étais pas un spécialiste, mais des fois j'en discutais avec Antoine, ça m'agaçait ces dérobades, leur importance et leur lâcheté à ces messieurs. Rien à attendre, c'était sûr. Putain, on n'a pas encore tout vu! il s'emportait, c'était lui le plus réfléchi d'entre nous pourtant, putain de putain! Antoine aussi il était dans l'amertume.

Je retourne à Londres et demain vous aurez de mes nouvelles! C'est ce que Rafa avait entendu le 17 juin dans la bouche d'un général de brigade, un grand à fine moustache, quand il avait livré quatre tractions avant au commandement militaire, rue Vital-Carles. Ça bardait entre eux, je te garantis, ils avaient pas tous l'air d'accord. Et Pétain, le maréchal, tu l'as vu? Non, il était déjà à l'*Athénée*, mais en attendant le responsable du parc automobile, je suis resté un moment dans les salons, discret, tu me connais, caché derrière les plantes d'intérieur, et là j'en ai vu passer plein, le président Reynaud tout énervé, Laval avec son chapeau et sa cravate blanche et Weygand sec comme un coup de trique dans ses bottes, toute la bande. Ils respiraient pas la bonne humeur, c'est sûr. Ça marchait dans tous les sens, ça revenait sur ses pas, ils s'invectivaient faut voir comme, et pas tous polis, je peux te dire!

Il eut un sourire triste Rafa, pour l'histoire de France on peut dire que j'étais aux premières! T'inquiète pas! je le rassurai, pour la panade aussi on va être aux premières.

Ils ont pas perdu de temps les Fridolins. En quelques semaines ils ont tout raflé, la viande, les conserves, le chocolat, le pinard, les plus gros poissons, comment elles les emballaient les marchandes! bien visqueux, collants, pas assez épais le papier. Ils achetaient tout ce qui se mangeait avec leur argent d'occupation. Chez nous ils entraient, repartaient avec un jambon, non, deux! non, trois! pâtés, foies gras, ah! le foie gras! on n'en tenait pas et tout ça avec leur monnaie de singe, leur fric de pacotille. Et puis fallait pas discuter, c'était pas la peine. Les vitrines dégarnies, les étagères vides, les crochets solitaires, le marché il s'était mis à ressembler à son propre squelette. Chez nous les saucisses se battaient en duel, chez Lorca les sacs de légumes aux ventres rebondis un mois avant, on leur voyait les côtes maintenant.

Et du rationnement, des tickets pour tout le monde ! J2 J3 les jeunes, V les vieux, E les enfants. Et pour les copains du régime ? c'était combien pour les copains du régime ? Parce qu'il y en eut bien vite. Y en a qui avaient pas attendu. On les avait vite repérés en tractions avant, vélos-taxis, costards croisés.

Pour ceux qui n'avaient pas de relations avec le commerce de bouche ou des cousins à la campagne, ou les deux tant qu'à faire, ça se présentait mal. Les vieux surtout, ceux qu'étaient seuls, sans famille. Y en a eu plein qui sont morts de faim pendant l'hiver, surtout le premier si froid en 41, et les autres, les Boches, fallait les voir se gaver à pleines poignées, à s'en tacher les uniformes de cerises au printemps, raisins à l'automne, ils en bavaient les sagouins. Déjà on les trouvait moins beaux, on les trouvait moins propres.

Antoine et Rafa des soirs, quand nous nous retrouvions avant l'heure du couvre-feu, ils en avaient les mâchoires serrées, c'est pas acceptable, on peut pas avaler ça ! Ça, c'était pas que les magasins dévalisés, la population affamée, non, ça, c'était aussi les colonnes de militaires qui sillonnaient la ville, la chasse aux mauvais Français. On entendait un peu trop parler de métèques, apatrides, maçons, Juifs, communistes, avec beaucoup d'ardeur, d'arrestations encore. Il y en avait d'excellents des Français redresseurs de tort qui donnaient de la voix maintenant, bombaient le torse en proférant ces insanités, strictes vérités pas discutables, ils se prennent au sérieux en plus ces cons ! il pestait Rafa.

Maréchal nous voilà ! il chantait André Dassary. C'était un cousin des Deurtinave, des marchands de chaussures de la rue Sainte-Catherine. On s'était réjouis pour lui quand il avait commencé sa carrière. Maintenant ses histoires de France purifiée, ça me plaisait moins, ça m'inquiétait assez et on manquait pas de patriotes pour applaudir, reprendre en chœur. Discret il fallait être, gentil avec tout le monde, et pas courageux, c'était pas la peine, tenons-nous peinards, Rafa, ce que nous avons de mieux à faire !

Le premier qui avait trinqué c'était un Juif devant la gare, un client cheminot qui nous l'avait raconté. Il avait brandi le poing, énervé qu'il était le gars de voir hisser le drapeau nazi. Ni une ni deux, exécuté. Ils faisaient pas dans la dentelle.

La vie se mettait à valoir pas grand-chose. Antoine il fulminait, mais je pensais qu'il bougerait pas. Rafa, lui, il allait devoir apprendre à se taire, et pour de bon cette fois, et moi, pas héros pour un sou, eh bien moi j'allais vite décider de me tenir en dehors de ce manège, tranquille ! je répétais, ça finira par se calmer.

Ça le décevait Antoine, il aurait bien voulu que je m'exalte avec lui, mais moi je me voûtais, je prenais l'air veule pour le décourager, le menton décroché, l'œil inexpressif comme un faux dur. Rafa il se marrait, pas étonné, longtemps qu'il me connaissait, c'est logique il avait conclu.

XIV

Maria se félicita d'avoir tout prévu. Dans un mélange de culpabilité et de prudence elle puisa dans ses réserves, mais au compte-gouttes, avec les réfugiés espagnols tout d'abord pendant l'hiver, une livre de riz, une boîte de biscuits glissés dans le manteau, au printemps 40 avec les gens de l'exode perdus dans les rues de Bordeaux, certains démunis qui arrivaient en queue de file, quand il n'y avait plus rien sur les rayons.

Discrète, attentive aux situations délicates, tu viendras demain, je te donnerai quelque chose pour tes enfants, ne dis rien à personne, elle avait eu peur quand les Allemands étaient venus les premières fois au magasin. Avec leur mauvais papier-monnaie ils sous-payaient la marchandise, opéraient des razzias. Adriano, occupant pas occupant, il n'avait pas aimé leurs manières, eh vous ! descendez de là ! un jeune gradé en calot qui était monté sur l'échelle pour attraper les conserves de crabe, de cèpes, le meilleur ils prennent, descendez de là ! et vite ! L'Allemand obtempéra, vous vous croyez chez vous ou quoi ? Maria s'affola, se préoccupa du militaire, ne faites pas attention, je vais vous servir ! Elle se tourna, *por Dios ! cállate* Adriano ! Lui il avait trouvé à qui parler, il aimait ça. Le soldat le dévisageait, on reviendra il disait. C'est ça ! Il se faisait menaçant Adriano. Le ton montait. Il se planta devant le jeune homme, chez moi, c'est moi qui commande. Maria dut encore intervenir. Adriano lâcha prise finalement, bon, sers-les toi, Maria, sinon je vais me fâcher. Il fila dans le couloir, l'Allemand se détendit, Maria essaya de sourire. L'alerte était passée.

Quand le rationnement fut instauré il restait suffisamment de provisions pour organiser un troc nécessaire avec les autres commerçants, du fromage contre une volaille, des conserves, des coupons de tissu contre du carburant pour la camionnette des livraisons, une Citroën que Rafa avait trouvée à un bon prix mais qu'il fallut bien vite équiper au gazogène.

Le problème des tickets ne fut pas simple à résoudre. Dès le mois d'août le pain, le sucre, les pâtes, à l'automne le beurre, l'huile, le café. Adriano voulut contrôler la distribution, se perdit dans les listes, les tickets. Au bureau de ravitaillement on ne lui avait donné que la moitié des bons la première fois. Maria le laissa faire quelques jours, le temps qu'il se lasse ton père, après c'est toi qui iras, Mercé.

Louis filait avec le commis charger la marchandise dans la camionnette. Il ne s'agissait pas de se tromper. Pas de marche arrière possible. Il fallait les avoir à l'œil les gars de la distribution, le soldat allemand au guichet, ils laissaient rien traîner. Robert le commis on pouvait avoir confiance, quinze ans qu'il travaille au magasin, avec nous il sait que ni lui ni sa famille ne manqueront de rien.

Les jours où arrivaient le riz, les haricots, il y avait des queues sur le trottoir jusqu'à la pâtisserie du coin, chez Chaumière. Elle, une grosse Landaise, radine comme pas deux, qui tendait ses brioches sans papier, pas la peine que je vous l'enveloppe? Rien ne se perdait chez elle, c'était un motif de fou rire chez Lorca, la même robe toute l'année, le décolleté devant l'été et l'hiver, zip! le décolleté dans le dos. Je prends du tissu résistant, elle assurait avec son accent de rocaille, c'est plus économique. Les brioches à la margarine, les pains au chocolat à l'écorce de cacao, elle poussait son mari à la création en ces temps difficiles, que voulez-vous, il faut bien! croyez-moi, c'est aussi bon.

Moins drôles, les affiches à la vitrine de certains commerces, *Judisches Geschaeft – Entreprise juive,* là en travers comme un crachat. Ils pouvaient faire des politesses en entrant dans le magasin les Allemands, jouer de la musique place de la Comédie! Il y en avait pour ne pas s'indigner, certains même aux allures entendues pour approuver, ça leur fait les pieds, ça va leur clouer le bec pour un moment. Monsieur Raymond, le comptable de chez Lapeyre, il n'était pas le dernier, d'autres avec lui de la même étoffe. Maria les servait sans répondre, et avec ça, ce sera tout? Leurs tickets, pas plus à ceux-là et s'ils voulaient s'inscrire dans une autre épicerie, avec plaisir!

Judisches Geschaeft – Entreprise juive à la façade du magasin des David, les marchands de meubles du cours de l'Yser, des Cohen qui vendaient du tissu derrière la place Maucaillou. C'était pas des banquiers ceux-là, pas de la haute finance! Maria et Adriano les connaissaient depuis qu'ils étaient rentrés d'Argentine. Les David, les Cohen, plein d'autres rue Sainte-Catherine. Certains on leur avait brisé les vitrines, mis le feu aux cartons dans les couloirs. Au fil des mois les mesures s'aggravaient, on leur interdisait tout aux Juifs, ils vont faire comment pour vivre? Mercé était outrée, voilà ce que c'est de parler de complot international! Il y en avait un ce matin reprit sa mère, un de ces râleurs, avant la guerre il n'avait pas de mot assez dur, d'insulte assez violente, qu'il fallait les jeter dehors les youpins, s'en débarrasser. Maintenant que c'est fait, il est tout embêté, on n'a jamais voulu ça, madame Lorca, qu'il bredouillait, qu'on s'en prenne à ceux qui exagèrent, mais pas comme ça ! Quand on met le feu à la paille, c'est la grange qui brûle, j'ai trouvé moyen de lui dire. Après j'ai pas insisté, c'est à moi qu'il s'en serait pris.

Penser à soi, être prudent et aider les autres quand on peut, Maria l'avait instruit Rafa, la marche à suivre, mon garçon ! Elle l'appréciait, il se tenait bien avec Mercé et Adriano lui-même ne trouvait rien à redire. Chez Lorca on le trouvait exubérant tout au plus, pas le genre ici.

Rafa, il savait ce qui l'attendait s'il se faisait remarquer, Antoine Suarez et moi on a l'âge pour les camps de travail des Boches, ils en parlaient entre eux, faut de la discrétion, qu'on évite d'aller au café ou au cinéma en ville, c'est là souvent qu'ils font des rafles nos nouveaux policiers. S'ensuivaient des propos peu amènes sur Mangin et tous les drôles de types venus grossir les effectifs de police du régime.

Antoine s'animait parfois à la lecture des professions de foi collaborationnistes dans *La Petite Gascogne*, c'est qu'un torchon ! Emilio, lui, était plus en recul, fais comme moi, achète *Le Miroir des Sports*, tiens regarde la photo de Lalanne ! il a gagné le cross de l'*Auto* dimanche. Il redevint sérieux, les journalistes, Antoine, ils doivent en passer par là, tous les jours leurs articles à la *Propagandastaffel*, c'est un typographe du journal qui me l'a dit. Personne n'est obligé ! il s'énervait Antoine, personne ! t'entends ? T'emporte pas ! l'apaisait Emilio, tu pourras rien changer. Ça m'inquiète, disait le père Suarez à son gendre, il est trop bouillant mon fils, essaie de le raisonner, Emilio, j'ai peur qu'il fasse une bêtise, essaie de le convaincre, toi il t'écoutera.

Louis, pendant ce temps, les Girondins lui avaient déniché un travail de pompier à la base sous-marine, à deux pas du stade d'entraînement, te mêle de rien ! ne parle pas ! Maria lui avait donné les consignes, ça doit être truffé d'espions là-bas. Louis ce qu'il voyait, lui, c'était le match le dimanche avec les copains, les sorties à la campagne.

Une fois ils avaient joué dans le Sauternais, il était revenu triomphant avec un lapin, des bouteilles dans le sac. Le lapin il l'avait apporté illico à Violette pour son restaurant, dis rien ! celui-là il est pour nous ! Ils l'avaient mangé avant le service, en compagnie de Francis et de la bonne qui aidait en cuisine, une débrouillarde celle-là, une fille du Blayais qui trouvait toujours moyen de revenir de son village chargée de victuailles.

Francis, lui, c'était un feignant comme les aimait Violette, levé tard et toujours le mot pour rire. Des yeux noirs, rapides, mangeaient un visage maigre. Avec l'aide financière de Violette il était impeccablement habillé, toujours élégant mon ouistiti ! Autant il était fluet, autant elle était forte. Le confort, la soupe, toi c'est pas demain qu'on te verra du cambouis sur les mains ! Il se marrait Francis en regardant le bout luisant de ses souliers.

Louis appréciait l'ambiance plus détendue qu'à l'épicerie. Violette l'aimait comme le fils qu'elle n'avait pas eu et Francis l'amusait. Ici les problèmes pouvaient attendre. Violette, elle taquinait son homme, c'est le dimanche qu'il se fatigue le plus, il prend le tramway jusqu'aux Chartrons pour aller voir Louis jouer au *fotbol,* comme elle prononçait. Francis protestait pour la forme, arrête Vivi ! tu me fais passer pour un feignant. Parce que t'en es pas un peut-être ! elle est bonne celle-là ! Ils se marraient tous dans la cuisine sous la lampe, et quand il dort elle insistait, c'est un vrai plaisir, les Anglais ils pourraient bombarder la chambre d'à côté, ça le réveillerait pas.

Même pour le service de midi Francis ne se foulait pas. Installé derrière le comptoir, le mégot sur l'oreille, il accueillait vaguement les clients en essuyant des verres, qu'est-ce qu'il y a aujourd'hui ? Tu vois ça avec la patronne.

Chez Violette ça se savait, on manquait de rien. Pas beaucoup de restrictions ici. Elle avait ses combines, du veau, des petits pois. C'était bien les petits pois, s'il y avait un contrôle ou un étranger à la maison, hop ! on voyait plus la viande, noyée sous les légumes. On reprenait l'allure cantine de quartier, rationnement pour tous. L'alerte passée, la viande émergeait comme un plongeur du fond de l'assiette, le vin bouché remontait de dessous les tables. Bien rouges ils ressortaient de chez elle les clients, rien que des habitués, c'est comme une famille pour moi ! Au rang des habitués il y avait des commerçants aisés, des amis, des connaissances, parmi ceux-là beaucoup de bons à rien, de petits durs, des collègues à Francis dans le savoir rien faire.

Violette elle avait commencé par aimer les aviateurs, les aventuriers, les cascadeurs, elle en voyait plein dans les revues, puis elle avait affectionné les hommes bien mis avec des élégances à eux, le pied-de-poule un peu large, la chaussure un peu longue, les mains propres pas abîmées par le travail. L'œil était malicieux et l'humour au bout des lèvres. Ils me rendent la vie légère elle disait. Elle aussi elle leur rendait la vie légère, nourris, entretenus, une bonne blague, un sourire, l'addition était payée.

Un jour d'inventaire dans l'entrepôt des Lorca, Jamasset s'était écrié mais c'est la caserne d'Ali Baba ! Au moins tout était en règle, s'il avait vu la cave de Violette ! Là ça te met une claque, avait soufflé Louis.

Des caisses de savon de Marseille, des outils, des conserves, des coupons de tissu, des fruits, des cordages, tout ce que m'amènent les garçons, je le garde, elle se pâmait en disant ça. En souvenir en somme ! lui jeta Maria. Du chocolat, du charbon, du bois, du sucre, elle secoua sa cousine par le bras, mais réfléchis un peu Vivi, tu n'es pas folle ! Des casseroles, couteaux, fourchettes, des parfums, de la farine, tu sais ce que tu risques ? continua Maria, avec tous les voyous que tu fais manger, tu crois pas une seconde qu'il y en aura pas un pour te dénoncer ! T'inquiète pas, elle roucoulait Violette, ils sont gentils et puis il y a même ceux de la brigade économique qui viennent, je m'arrange avec eux et ils se servent bien, crois-moi, alors je risque rien, t'inquiète pas je te dis ! et puis ça rapporte, tu sais. J'en doute pas ! Elle était furieuse Maria, l'honneur, la réputation, les ennuis, le spectre de la prison ou pire, ça défilait dans sa tête. Les mains sur les hanches, elle considérait sa cousine, cette grosse dondon moitié nunuche moitié maligne qui souriait aux anges, regarde-moi Violette, tu es idiote ou tu fais exprès ? je te préviens une dernière fois, arrête ça immédiatement, tu risques ta vie, tu comprends ? ou sinon on va couper les ponts, je ne veux rien avoir à faire avec tout ton trafic et les gens que tu fréquentes. Ça y est, madame joue les bourgeoises! elle s'exclama la Violette. C'est pas ça, imbécile, ouvre les yeux! *por Dios*, c'est trop dangereux, c'est tout! elle reprit son souffle et puis c'est pas bien, pas bien du tout de faire ça en ce moment, elle la fusilla du regard, et je te préviens reprit-elle en coup de grâce que je vais interdire à Louis de traîner par ici, j'ai pas envie qu'il soit pris dans une rafle, t'as vu ce qu'ils font les Allemands? les prisonniers, ça devient des otages et les otages, ils les fusillent. Violette elle arrêta de sourire une seconde, allez! je te sers un café, c'est du vrai celui-là!

Les David eux, ceux du cours de l'Yser, ils avaient maigri plus que de raison. Les parents surtout allaient de privation en privation, efflanqués, les pommettes saillantes, les rations c'est pour les enfants. On leur avait interdit d'ouvrir le magasin en attendant qu'on nomme un administrateur aryen, plus le droit d'aller au cinéma, au restaurant, plus de téléphone, de TSF, plus le droit de rien. Des pâtes, un morceau de fromage, ce qu'elle trouvait elle ajoutait dans le panier Maria, vous paierez plus tard. Je ne sais pas quand madame Lorca. Plus tard, vous verrez, ça s'arrangera. Elle s'essayait à des encouragements.

Un jour, le regard perdu, il lui confia c'est partir qu'il faudrait, mais ce n'est pas facile, on entend des choses à propos de la ligne de démarcation, les passeurs qui vous détroussent et vous dénoncent, les patrouilles, les chiens, comment faire courir ce risque à ses propres enfants?

Elle le regardait s'éloigner un peu plus voûté chaque jour, c'est lui qui fait les commissions, il ne veut pas que sa famille sorte, elle racontait à Mercé le soir dans la cuisine, je lui ai dit que ça s'arrangerait au père mais c'est pas vrai, ils vont les tuer, eux, les David, les autres, tous ! Elle servit le bouillon dans une tasse, tu verras qu'ils vont tous les tuer.

Depuis la guerre, les voix, les idées ne montent plus. On est comme des réchauds mal éteints. Même les étals avec leurs trous dans les files de gibiers, leurs creux dans les piles de volailles, on dirait qu'ils ont la pelade comme dit Angèle.

Quand on voit les ménagères toutes maigres faire la queue pour du poisson quand il y en a, pour quelques grammes de viande quand elles ont les tickets, on n'a plus le cœur à peser sur la balance, à jouer avec les mesures.

On a le cœur triste et pas la voix pour rigoler. Juste pour râler quand il y en a qui nous énervent, comme la femme du commissaire qui a peur de perdre la guerre depuis que les Boches ont trinqué à Stalingrad, il paraît que les Anglais vont sauter sur les villes, madame Carmen. Et alors ? j'ai renvoyé. Et s'ils tombaient ici ? Ils vont quand même pas tomber sur mes œufs tes parachutistes !

Des œufs elle m'en a demandé, qu'elle paye pas, pour son mari. Je lui en ai donné une douzaine dont trois que j'avais cassés. Mais sans esprit, sans gaieté.

XV

Moi je voulais du plaisir, rien d'autre.

Avec les restrictions ça en prenait pas le chemin. Tickets, couvre-feu, permis, laissez-passer, la vie se crispait, une tension de tous les instants. Rien pour dénouer la tête, les muscles, comme un rayon de soleil qui vous tombe sur la nuque, vous délasse le corps. Un morceau d'acier plutôt, froid, le canon d'un fusil pointé comme ça, impitoyable sur notre liberté à tous, les vies de certains plus menacées encore que les nôtres.

Moi je voulais du plaisir, rien d'autre.

Quand je voyais les jeunes marchandes, les commises s'agiter dans leur tablier, il m'en venait des idées et des sacrées qui m'auraient bien sorti de mes petites habitudes avec Marguerite. Plus je m'ennuyais à la maison, plus elle me venait l'inspiration et j'en voyais le matin au marché des sourires qui n'auraient pas dit non. Je les repérais. Ça traînait pas.

Pour le moment je répondais qu'avec les yeux aux avances, mais c'était pour bientôt. Quand c'est comme ça, les histoires avec les gens elles arrivent toutes seules. C'est pas compliqué la vie. Ça suit toujours les mêmes rails. Suffit de les emprunter, suffit de savoir ce qu'on veut.

Marguerite, la soupe, ça pouvait lui prendre la journée pour la préparer et plus elle allait mal, plus ça lui prenait du temps. On aurait dit qu'elle était en voyage, que pendant qu'elle coupait machinalement carottes et poireaux, elle fréquentait des pays singuliers qu'elle n'était pas pressée de quitter pour me rejoindre.

Rien ne lui échappait de mes manèges, de mes désirs et frustrations. Intuitive, elle anticipait mes réactions. Quand elle sentait que le monde extérieur, celui des plaisirs, m'appelait avec force, que notre complicité avait déserté le couple, elle esquissait un repli, une seiche derrière son rideau d'encre, elle se mettait hors d'atteinte. Ni moi ni personne, pas même Mercé son amie, encore moins sa mère, honnie en ces instants, nous ne pouvions lui adresser la parole. Elle partait dans son monde mystérieux, dressait entre elle et nous l'écran de tâches matérielles interminables.

Elle en venait à bout pourtant et là, par bribes de phrases, bon, je mets l'eau à chauffer, elle reprenait la parole, fragile, incertaine, revenait parmi les siens.

C'est en livrant un carton de saucisses sèches chez Lorca que je l'ai rencontrée, Encarna. Petite cousine de Maria, le train de la réussite n'était pas passé pour elle. Les Lorca l'embauchaient les fins de semaine quand il y avait foule au marché. Elle avait un air propret et difficile, robe en mauvais tissu, chaussures éreintées. Sa coiffure même, si simple, respirait la tristesse. Elle avait la boucle accablée. Pourtant son sourire, ses formes rebondies sous le tablier long comme l'imposait madame Lorca, sa vivacité, lui donnaient un éclat qui dans un geste effaçait tout pour qui savait l'observer, l'emportaient radieuse sur une note d'allégresse.

Son air timide s'éclipsait quand elle plantait ses yeux dans ceux des autres. Elle pouffait alors, s'enjouait pour une bêtise. Mercé l'a excusée la première fois, elle avait confondu les cartons, ne fais pas attention, elle est un peu fofolle ma cousine. Fofolle? pas sûr! Elle m'avait dévisagé sans détour, décoché un sourire lumineux et dans la seconde avait repris son air de Cosette, avait filé jouant les souris le long des étagères.

Je ne m'étais jamais autant porté volontaire pour livrer des colis chez Lorca. La fois suivante c'est elle qui m'a accueilli. Elle m'a dirigé, gracieuse, distante, jusqu'à la porte de la cave. Des odeurs d'aromates, de poussière mêlés surgissaient de l'escalier, je vais vous montrer, je n'ai pas dit que je savais, je la laissais me conduire. Nous étions enfermés dans un dédale de sacs, de caisses. L'air, la lumière, le bruit du magasin au-dessus de nos têtes, tout était feutré. Je m'étais courbé sous le plafond bas. J'ai déposé mon chargement sur un caillebotis et me suis tourné sans attendre. Elle était là contre moi. Une expression émue lui fronçait le menton. Nos visages étaient si proches. J'ai voulu l'embrasser, elle s'est esquivée, lui prendre le bras, elle l'a retiré.

J'ai fini par passer à l'épicerie sous n'importe quel prétexte. Chaque jour où elle était là. Où vas-tu encore? m'interpellait le patron. Je ne sais pas ce qui lui prend de quitter le travail pour un oui pour un non, la patronne posait la question plus insidieuse. Marguerite se taisait, guettait de loin, de très loin, partait ranger les poches à l'autre bout du magasin.

Un jour, avant l'embauche de l'après-midi, je suis passé chez Encarna. Elle habitait rue Kléber. Une seule et grande pièce au fond d'une cour. On aurait cru qu'elle m'attendait. J'ai rien dit, je lui ai pris la main. Après avoir balbutié des bêtises, je suis parti en m'invitant pour le lendemain.

Tout était pauvre chez elle, les murs, le dessus-de-lit, mais elle en dissipait la tristesse. Elle s'efforçait de rendre chaque instant joyeux. Encarna c'était une passionnée. Nous avons partagé des après-midi sauvages. Les fenêtres de la cour nous surveillaient. Je m'en moquais. Un jour j'ai voulu lui laisser des tickets de ravitaillement, elle a refusé, timide mais sûre d'elle. Elle a pris son élan, ce que j'aimerais c'est que tu m'emmènes au cinéma. *Fric-Frac* elle voulait voir et au *Gallia* qui plus est ! Rue Sainte-Catherine je connaissais la moitié des commerçants. Ç'allait être simple ! J'ai proposé un autre cinéma dans un autre quartier, le *Familia*, avenue Gambetta, ils jouent un film avec Raimu. Ses yeux s'amusaient, me laissaient me balancer sur le fil de la lâcheté. J'ai dit d'accord avec un sourire, qu'il n'y ait pas d'hésitation. Elle m'avait attrapé Encarna, j'étais dans le piège. J'avais perçu la lueur, j'aurais dû m'alarmer, mais je voulais pas voir. J'ai blotti ma tête contre sa poitrine. Je cherchais de la chaleur.

Ça s'est enchaîné. Une vraie frénésie les premières semaines. On me trouvait plus à la charcuterie. Soit chez Lorca, soit chez elle, j'étais fourré dans ses jupes. Je la suivais partout. Elle rayonnante. Je lui offrais des vêtements neufs en pleine restriction, tu es bien belle aujourd'hui ! Elle en entendait à l'épicerie, les cousins, les commises. Elle s'en battait l'œil. Tous les jours nous nous voyions. Elle triomphante, heureuse au début. J'avais lâché la bride, je me grisais. Rien ne faisait obstacle.

De plus en plus Encarna elle voulait sortir en ville avec moi. Que je lui donne le bras. Ostensible. Dans la périphérie d'abord, plus près du quartier ensuite. Les regards s'assombrissaient autour de moi. La mère Lorca, un matin où je traînais dans son magasin, elle avait raccroché le téléphone, Emilio ! c'est ta famille, elle avait bien articulé, ils te réclament, le travail. Le chignon tiré en arrière, elle me fixait l'air sévère, tu devrais y aller.

Quand je suis arrivé, Marguerite s'était éclipsée. Les parents Suarez, eux, ils étaient là, le père surtout. Nerveux, il a rangé un coutelas dans le râtelier, posé ses mains sur les hanches, alors Emilio, il paraît que tu t'amuses ? À fleur de peau il était le patron, moi pas fier là tout de suite, tu as raison, c'est de ton âge, mais qu'est-ce que tu me conseilles, je dois embaucher un nouveau commis, tu penses ? tu comptes ne venir qu'à la fin du mois, juste pour la paye ? Il passait la main sur l'établi. Ça chauffait. Ses yeux bleus, ils étaient tout rouges, je les avais jamais vus comme ça, et ma fille, qu'est-ce qu'on va lui dire à Marguerite ? que c'est rien, que ça va passer, que monsieur parade avec n'importe quelle traînée sous son nez, mais que c'est pas grave ?

Le poing s'est abattu sur la table, tu crois pas que t'as assez fait le con ? que tu lui as assez fait de mal à ma fille ? t'as pas vu qu'elle est fragile ? Il a levé vers moi la pointe du couteau à aiguiser, écoute-moi fiston ! que tu sortes avec tes amis, que tu t'amuses, ça va ! mais si tu joues les coqs aux dépens de Marguerite, aux dépens des Suarez, ça va chauffer pour ton matricule !

J'ai pas moufté. C'était pas le moment. Je regardais le bout de mes chaussures. Je sentais la fatigue et un nœud à l'estomac. Tout ça me contrariait, à force j'en avais la nausée, ça me porte sur l'estomac vos histoires, je lui ai jeté au beau-père. Ah oui ? il a répliqué, t'as qu'à moins faire la bringue, va, tu te sentiras mieux !

Il m'énervait le vieux avec ses leçons et l'autre, la belle-mère, elle avait raison de se tenir à carreau derrière sa caisse. J'sais pas, j'ai avancé, faut que je réfléchisse à tout ça. Il a abaissé son couteau, va voir Tonio ! il a dit, calme, autoritaire, y a des carcasses de porcs à désosser. Et si tu dois réfléchir, il a ajouté, réfléchis vite, sinon je t'aiderai !

Aubépine le matin, passiflore le soir, pas de café, juste du lait chaud pendant cinq jours ! voilà ce qu'il avait dit Bréchet, le docteur, quand on l'avait fait venir.

Marguerite, on l'avait trouvée sur un remblai, près de la passerelle. Elle déambulait comme un automate.

À la Garonne elle voulait se jeter. Pas moins. Faut dire que ça l'avait secouée les dernières nouvelles qu'elle avait reçues de moi. C'est Mercé qui me l'a raisonnée, consolée, ramenée. Dans un état ! Elle ne mangeait plus, ne s'habillait plus. Elle est restée prostrée deux semaines dans le fauteuil du salon. Pas coiffée, pas lavée. Sa mère passait matin et soir. Quand le docteur venait, je filais m'occuper du potager, petits pois, haricots verts. Même si au marché on manquait de rien, fallait assurer les provisions.

Je la regardais Marguerite, affalée d'un siège à l'autre, sans réaction, les yeux fixant les dalles de la terrasse, réveille-toi ! je lui disais, réveille-toi ! je voudrais qu'on parle. Mais de là où elle s'était réfugiée, un pays pas gai en apparence, elle répondait plus Marguerite. J'aurais souhaité voir s'allumer cette étincelle dans le regard, cette flamme qui nous réconciliait, mais là, plus rien, l'évidence d'une tristesse qui ne prenait plus la peine de s'exprimer.

L'amour avec Encarna m'a paru fade tout à coup. Des caresses, un rire, une peau qu'il faudrait peut-être laisser en route. Des exigences mal venues, un despotisme à mon égard dont elle n'avait pas les moyens m'ont facilité la tâche. Elle n'avait pas perçu le changement. Bientôt je l'ai quittée.

Même Rafa, l'œil en coin, je le voyais moins. Pas envie de m'expliquer. Comme après chaque incartade, j'ai mis les bouchées doubles au travail, je ne quittais l'atelier que pour la maison à trois rues de là. Le gros Bonnot, accoudé à ses bassines remplies de pibales, il me chambrait, alors le petit mari va voir sa petite femme ? Tais-toi Bonnot, je m'approchais, ou je t'étouffe avec ton tablier, je te noie dans ta bassine !

Marguerite a repris pied au bout d'un temps. On est retournés le dimanche déjeuner chez ses parents. Il n'y avait plus d'œufs mimosa pour moi. La première fois elle m'a même servi du rutabaga la belle-mère, à eux les pommes de terre ! et le croupion du poulet, à eux la cuisse ! La punition, risible, la punition quand même. La famille Suarez c'était à prendre ou à laisser et je n'avais nulle envie de me retrouver seul assis sur une marche. Je savais d'où je venais, ce que je voulais plus connaître. Fallait être gentil, même avec la mère Suarez, cette garce. Fallait surtout que Marguerite me parle. Qu'elle suspende son silence. Ça créait un vide, une obscurité insupportables.

Les phares occultés ne laissaient apparaître qu'une fente, mais on ne voyait qu'eux sur la calandre. Les deux tractions remontaient le cours de l'Yser comme d'inquiétants crapauds. Elles ont stoppé en face de la terrasse où nous prenions l'apéritif Antoine, Rafa et moi. Des Espagnols du Deportivo qui travaillaient au marché étaient installés derrière nous. Ils se sont dressés, qu'est-ce que c'est cette histoire ?

Dans la première voiture un type corpulent, le feutre relevé sur le front, ne bougeait pas. Deux flics en sont descendus une mitraillette à la main. De la seconde traction trois autres sont sortis, ceux-là tous habillés avec une élégance de maquereaux. Le plus grand portait un costard marron à rayures claires trop voyantes mais ce qu'on remarquait c'était la danse sur les pavés de ses pompes bicolores, un vrai numéro de claquettes. Malgré ses cheveux plaqués par des litres de gomina et ses allures de julot, on a eu aucun mal à le reconnaître, c'était Mangin.

Police ! ils gueulaient. Ils ont encerclé trois Espagnols qui causaient sur le seuil d'une porte. On les connaissait, c'était des communistes. L'un d'eux a fait mine de s'enfuir par le couloir, un croche-patte, un coup de crosse, il a été mis à terre. Les deux autres, mains en l'air, plaqués contre le mur, halte ! police ! bouge pas ! les tracts ! où sont les tracts ? ils gueulaient les endimanchés.

Tractions avant, Mangin, costards, police, mitraillettes, on était éberlués. Incapables de bouger. À toutes les fenêtres, aux portes, les habitants sont sortis aux premiers cris, la foule s'est massée pour le spectacle, pas une miette elle voulait en perdre. D'autres discrètement en ont profité, ont vite changé d'air.

Mangin, en flic armé jusqu'aux dents, dans la police ! Et quelle police ! Le gros qui devait être le chef, on le distinguait mal derrière le pare-brise. L'autre, le petit sec avec un nez cassé, il avait pas besoin d'avoir un costume de voyou, c'en était un et de la belle espèce. Il vivait à côté de la gare, un souteneur, il avait eu des ennuis au marché, le chantage avec des commerçants, son pourcentage. Il s'était pris une belle rouste et avait mis le feu à un entrepôt, ce qu'on disait en tout cas. Mangin et lui dans la police, voitures, plaques officielles, décidément quelque chose a changé a murmuré Antoine.

Une fois les gars menottés et embarqués à coups de pied dans les voitures, Mangin il a traversé le cours. Il nous avait aperçus depuis le début. Nous on bougeait pas, ça nous plaisait qu'à moitié sa visite. Il s'est arrêté devant notre table, il roulait des mécaniques. Alors lui a lancé Rafa, ça y est, t'as trouvé un boulot? Il a eu un petit sourire entendu, ce sera comme ça maintenant. Comme il y avait un silence, il a ajouté les terroristes, partout où ils seront, nous les trouverons. Il avait l'air d'y croire en plus! Notre air moqueur le crispait, ça lui plaisait pas, il aurait fallu qu'on admire. Quelque chose qui cloche? il a dit d'un air menaçant. Non Albert, y a rien qui cloche. Son copain le mac il s'approchait pour voir, lentement, il nous pistait à chaque pas, eh oui les gars, c'est comme ça maintenant! il a répété Mangin. Très bien! je l'ai rassuré.

Rafa il a eu le tort de rire à ce moment-là. Des curieux s'étaient avancés voir ce qu'il voulait le flic de fraîche date. Il était pas décidé à se laisser mettre en boîte notre ami. Il a écarté les bras, montré son costume, il te plaît pas mon nouveau costume? Il provoquait, fallait se taire. Rafa il se croyait encore dans la familiarité d'avant, tu sais quoi, il lui a lancé au grand escogriffe, t'as l'air d'un clown attifé comme ça. Il aurait pas dû Rafa, l'autre il pouvait pas perdre la face. Il est devenu blême Mangin. La gifle est partie sèche, un coup de fouet. Il a menacé aussitôt Rafa et nous tant qu'il y était, on me manque plus de respect! inspecteur Mangin, police anticommuniste, d'accord? Il était furieux, à la mesure de son malaise qu'il dissimulait sous ses airs de matamore. J'ai failli intervenir, lui dire arrête Albert ! on est amis, pas de ça entre nous ! mais je le considérais cet imbécile, flanqué de l'autre crapule aux petits yeux sordides, je l'évaluais avec ses airs de guignol sinistre au milieu de cette mascarade, c'était plus un ami Mangin, c'était plus rien, un type inquiétant, un minable comme il allait en sortir tant d'autres dans la lumière torve de ces jours de peine.

Un troisième pantin s'est approché. Il portait une cravate ridicule et un chapeau d'opérette, bon, le chef veut qu'on y aille ! Ils sont remontés dans les voitures en faisant claquer les portières. Bien fort. Le chef c'était Pinson, une belle ordure celui-là.

En moins d'un mois j'ai enterré Ramón et Córdoba. C'était en janvier 41. Les autorités voulaient qu'on réduise le chauffage, on n'avait pas de mal. Il faisait si froid, chacun occupé à chercher du bois, beaucoup du ravitaillement, des tickets, jusqu'à l'obsession. La mort des autres, si ce n'était celle d'un proche, arrivait comme un choc estompé par les difficultés quotidiennes.

Ramón il y avait longtemps que je l'avais pas revu. J'étais le seul membre de la famille on m'a dit. La famille ? quelle famille ? fallait plus qu'on m'embête avec ça. Lui le Ramón il était bleuâtre, ratatiné comme un oiseau au fond du lit, avec un gros ventre qui pointait. Mort la veille, en quelques minutes. Il avait vomi tout son sang. Ça me choquait pas. Il aurait pu être plus horrible encore pour le grand départ, j'éprouvais aucune pitié. Il m'avait assez dégoûté comme ça de son vivant.

Ce qui m'a secoué ç'a été de revoir Josette. Je la reconnaissais plus. Un monstre. Ivrogne de la tête aux toute seule, vous le dîtes, moi je rentre chez moi! Ça bardait derrière la porte de la chambre.

Interminable ç'a été. Depuis quatre heures le matin j'ai attendu. Sacrée histoire! le seul homme dans la maison. Les vieilles me servaient un café de loin en loin. La journée a été ponctuée de cris, d'encouragements, marquée par les fantaisies de la belle-mère, Juliette, va me chercher du raisin, j'ai envie de fruits! En pleine restriction! C'était pas elle qui accouchait, mais elle avait des envies, elle nous avait fait le coup pendant toute la grossesse. Quand sa fille avait été fatiguée, on l'avait entendue gémir la belle-mère, je ne me sens pas très bien, elle avait su pendant neuf mois anticiper les malaises de Marguerite, se faire plaindre avant elle, donner de ses nouvelles quand on l'interrogeait au sujet du bébé.

En début d'après-midi elle est venue souffler un instant sur la terrasse. Le soleil de fin d'été dansait entre les feuilles, la faisait cligner des yeux. Sereine enfin, elle en a profité, j'espère, Emilio, que t'apprécieras un peu plus la vie de famille maintenant, mon mari et moi on souhaiterait te voir plus souvent auprès de ta femme désormais. Ça sera le cas j'ai répondu, et puis il y a vous de toute façon, Marguerite sait qu'en toute circonstance elle peut compter sur sa mère pour la remplacer.

Jusqu'à la délivrance, aux premiers cris d'Hélène, on ne s'est plus parlé.

Bien sûr j'étais content, ça me tournait la tête ce bébé. Je les observais là devant moi, Marguerite alanguie avec la petite Hélène sur les bras et des layettes, des draps brodés, toute la sauce, quel ange! la famille s'est agrandie, tout le portrait de, je les observais, ma femme

pieds. Elle s'y était mise elle aussi et pas qu'un peu! D'énormes joues violacées lui fermaient presque les yeux, deux fentes jaunes qui pissaient le vin. Elle grommelait quelque chose, tu viendras demain, les obsèques? Une voisine l'aidait à tenir debout. C'était écœurant cette pièce, le cadavre, Josette, le pinard, la misère, j'sais pas, je verrai si je peux m'échapper. J'ai refilé un billet à la voisine, murmuré un remerciement. J'y suis pas allé à l'enterrement. Pas envie. Pas la force.

Córdoba c'était autre chose. Ça m'a surpris comme la lame d'un couteau. Dans le dos, une brûlure. Trop occupé j'étais, l'histoire d'Encarna, la charcuterie, ma réconciliation avec Marguerite, avec sa famille et puis mes petits commerces que je mettais en place en cette période de disette, pas vu, pas pris. Faut pas rester les deux pieds dans le même soulier j'avais confié à Rafa. Antoine je lui avais rien dit, trop tôt pour lui en parler, il aurait pas pu comprendre, il sortait pas de la mouise lui, il aurait trouvé moyen de me faire la morale. Fallait le temps, ça l'aiderait peut-être à s'y faire, attends que ça se corse, Rafa! il finira par piger ce que c'est l'esprit d'adaptation.

Là-dedans et jusqu'au cou j'étais, à prendre des contacts à la campagne, aux abattoirs, à me faire des relations fiables, établir mes réseaux discrets sans étiquettes, quand j'ai reçu la nouvelle. Córdoba! mon petit vieux Córdoba! Il était mort de pneumonie m'a dit José, le patron du bar. De fatigue, de faim fallait traduire. Et moi qui l'avais laissé tomber! J'ai aussitôt cherché des excuses, j'avais bien fait un saut chez lui à l'automne, voir s'il avait besoin de rien, mais comme ça, en passant. De rien il m'avait dit, t'inquiète pas! Trop fier Córdoba, et moi trop égoïste, tout à mes affaires.

Maintenant il était plus là. Je sentais la terre se dérober sous mes pieds. À qui me confier désormais? Córdoba ma conscience, je me répétais. Sa vie précieuse pour moi, je l'avais laissée filer entre mes doigts. J'avais rien fait et lui pas de taille à lutter avec les loups quand tout le monde avait faim. En silence il s'était enfermé et moi aveugle. J'étais passé le voir en octobre, je rabâchais. Même moi j'y croyais plus. Il avait préféré rendre les armes, depuis que sa femme était partie l'an dernier commenta José, peu de chose le retenait. Cet œil pétillant, ce ton caustique mais indulgent, cette fine sagesse, il avait laissé tout s'éteindre Córdoba, comme une bougie dont il ne voulait plus. Dans le vacarme actuel personne n'y prendrait garde, chacun sa bouffe, son oxygène, son chauffage. Córdoba? ah oui, Córdoba! un brave homme celui-là! C'était fini. Englouti, enterré Córdoba.

J'ai pas eu le loisir de m'attendrir longtemps. Les yeux du beau-père ils étaient plus durs, plus bleus que le ciel en hiver quand je suis rentré. J'ai une mauvaise nouvelle j'ai dit, le vieux Córdoba. Ah ouais? il a lancé. Il a jeté une côtelette de porc sur le comptoir, eh bien pour les nouvelles va voir Marguerite, je crois que t'as pas fini la journée!

Elle me guettait le regard oblique, craintif derrière la balance, c'est quoi cette nouvelle, Marguerite? Elle avait essayé de m'en parler le matin mais j'étais pressé, j'avais pas trop pris le temps d'entendre ce qu'elle me glissait en douce. Elle se taisait figée, c'est bien ce que je pense? Elle a fait oui de la tête, terrorisée, maintenant touchante dans les voiles de son foulard, les bretelles croisées de son tablier blanc, le nez, les oreilles rougis par le

froid, l'œil humide. Mais c'est pas une mauvaise n
velle ça, c'est une merveilleuse nouvelle au contrai
J'ai ri comme un fou, elle a éclaté de rire elle aussi.
l'ai prise dans mes bras, je l'ai secouée comme un p
nier là au milieu du magasin, des commis, des clients,
sautait sur place, je sentais ses larmes dans mon c
mais c'est formidable! j'ai exulté. Les beaux-parents,
le couteau à la main, elle appuyée contre sa caisse,
exultaient moins, ils bougeaient même plus du tout.

À midi, malgré le soleil vif, la glace n'avait pas fond
dans les caniveaux. Je l'ai enveloppée de son mantea
accompagnée jusqu'à la maison. Moi père! ça me pl
sait cette idée. J'avais pas connu, mais j'avais vu faire l
autres, j'avais eu des exemples plus ou moins fame
sous les yeux. Sans que ça altère ma douce euphorie
me suis inquiété auprès d'elle, les langes, les repas,
cris de nouveau-né, tu crois que tu pourras Marguerit
Je la tenais contre moi, elle trottinait, soulagée de
joie, bien sûr! ça ira, tu verras.

Je pensais que mon garçon, je l'emmènerais au sta
il jouerait au foot, ferait des études. Des cadeaux,
vêtements, il manquerait de rien, sûr! il ferait du s
dans le club de son choix, pas comme Louis Lorca
d'autres obligés de se cacher.

C'est Hélène qui est née un soir de septembre.
maison. Toutes les vieilles tantes étaient là en plus
sage-femme et de la mère Suarez qui présidait la sé
à coups d'ordres, Juliette, de l'eau chaude! de décis
Paca, les compresses! de conseils, je serais vous, j
demanderais de pousser avant. La sage-femme e
menacé trois fois de partir, si vous voulez l'acco

pâlotte dans le lit, ses parents bien nourris entre les grappes de saucisses sèches, les plats de rillettes et, tapies dans les recoins, les figures sombres des vieilles, l'œil aigu, le museau fureteur. Ce coup-ci je pouvais plus m'échapper. Puisque j'en avais voulu une famille, elle était là, devant mes yeux, je pouvais m'en prendre à personne, on m'avait pas poussé dans leurs bras. Attaché par l'enfant, les liens du mariage, j'ai senti que c'était pas une mince affaire. Une famille rien qu'à moi, avec ma partition à jouer là-dedans.

Surtout il y avait Hélène, le prolongement de mon sang, moi qui m'étais jamais senti le maillon d'aucune chaîne vive. Je lui devais du respect à ce petit être-là. Pour le moment elle gazouillait innocente, ficelée dans les lainages tricotés à tout-va par le régiment de tantes et grands-mères. Mais il faudrait bien qu'on me la laisse un peu, qu'il y ait du Emilio en elle. Je lui apprendrais moi la lucidité des choses et le prix des victoires pas faciles. La joie aussi, pas celle des extases niaises, plutôt celle du plaisir d'être en vie, de respirer, la joie du soleil sur la mer, du rire des amis et du vent dans les arbres.

Mais il y avait de quoi être méfiant. Ça bêtifiait à qui mieux mieux autour d'elle et quand je voulais la prendre dans mes bras, il fallait que je me fraye un chemin à travers une forêt de bras massifs, de larges fessiers enserrés de tabliers, dans le souffle aillé de ce peuple de matrones et cuisinières. Pas prêtes à capituler comme ça, les garces ! Elles intercédaient en ma faveur auprès de l'enfant, tiens Hélène ma chérie, regarde qui est là, regarde mon bébé, dis bonjour à ton papa ! allez !

Bien sûr j'étais content quand je pouvais leur ravir mon enfant, m'enfermer avec elle dans la chambre. Je la prenais, je m'attendrissais vaguement étonné par ces petits bouts de chair rose pas encore en forme de doigts, de lèvres. Allez! tout le monde dehors! Fallait que j'y mette toute ma conviction pour qu'elles déguerpissent. Elles traînaient les pieds. La vieille squaw laissait glisser sur moi son œil noir globuleux, chargé de reproches, maintenant qu'on l'a langée, nourrie, soignée, tu nous mets à la porte, t'es un ingrat! qu'elle me lançait, comme tous les hommes elle ajoutait pour atténuer ma faute. Trop aimable! je lui balançais un grand sourire, dans le style sans rancune mais sans pitié, charmeur, allez! dehors quand même les mémés!

Marguerite elle me guettait du coin de l'œil, voir si j'étais content, vraiment content. Mais quoi, Marguerite, tu le sais pas? Je voulais la convaincre, m'en convaincre. J'avais pas de mal. On m'aurait dit dans la seconde de rester là enfermé, tranquille avec ma femme, ma fille, le travail, les copains quand même un peu, j'y aurais pas vu d'inconvénient, je m'en serais même cru capable, bien sûr que je suis content Marguerite!

Mais il a fallu que je fête ça, que je fasse péter les bouchons avec les autres, Rafa toujours partant, Antoine plein de scrupules et puis Tonio et Alex, un copain de Rafa qui venait avec nous de temps en temps.

À cause du couvre-feu, l'apéritif on l'a débuté tôt dans l'après-midi, qu'on ait du temps pour les tournées. Ça a commencé chez Violette, à toi à moi. Elle en manquait pas d'apéritifs et de toutes les marques, Dubo-Dubon-Dubonnet! Ça a démarré la bonne humeur, les fous rires. On s'agitait dans la rue d'un bar à l'autre. C'est peu dire que je me suis fait mal voir. Ils étaient gris, accablés les gens, à la recherche d'une pomme de terre, d'un rutabaga et nous là à faire les beaux, hilares, à trois pas de cette occupation douloureuse, de ma femme et ma fille blotties dans leur chambre, à m'attendre peut-être.

On n'en pouvait plus d'exclamations d'un bout à l'autre de la halle. On a zigzagué vite fait. Fallait pas arriver trop tard chez Labataille, le restaurant affichait complet, occupation ou pas, Allemands ou pas, d'ailleurs il y en avait deux installés au fond de la salle. Toujours la bonne adresse ici aux Capucins, quelques commerçants moitié chics moitié rigolards, l'œil malicieux, complice et sur ses gardes, quelques bourgeois en quête de sensations maraîchères et la patronne à la forte devanture. Élégante et familière, pas trop, elle la jouait la mère Labataille, charme et distinction du Sud-Ouest, bonne chère et gastronomie. Ah ! ils l'aimaient la patronne, les clients, ambiance familiale, toujours à l'écoute, aux petits soins. Même le maire, l'Alphonse, on disait qu'il en raffolait.

C'était moi l'amphytrion. On s'est pas privés. Elle jouait son rôle, gentille mais à poigne, la mère Labataille, elle avait l'œil qui pétillait, mes jeunes gens, j'espère qu'ils vont être sages ce soir, d'accord ? Elle calmait les effervescences, laissait un peu de bonne humeur, bon, vous allez manger ce que je vais vous dire ! elle ajoutait coquette en roulant un peu plus sur le *r*. Ça plaisait beaucoup chez les bourgeois. Y en avait une pleine table assis à côté de nous, ripaille et bonnes manières.

Nous on se laissait faire, habitués aux ordres des femmes, encore chez nous au marché mais en léger décalage dans cette occasion festive, d'accord on a répondu sauf Tonio qui a voulu réagir mais on l'a traité de mal élevé. J'ai le droit de manger ce que je veux quand même ! Arrête Tonio, pas ici ! Pas bien courageux on était !

C'est là que j'ai croisé pour la première fois le regard de ma voisine à la table d'à côté, noir, profond, l'effet ! le vertige immédiat. J'étais figé. Mon euphorie fêtarde me quittait pour une fascination trop visible. Je m'ébrouais pour dissiper le sortilège.

Elle était mince. Les lignes de son visage n'étaient pas parfaites, elle n'en avait que plus de charme. Dans ses yeux un éclat, l'intelligence. Au début elle ne m'avait pas remarqué et puis j'avais fixé son attention. Le regard balayait la salle, s'arrêtait sur moi, repartait. Elle me jaugeait, beau gosse un peu voyant sans doute, ce qu'elle devait confier à une amie penchée vers elle. Tout ça dans un plissement d'yeux. Quelques secondes et puis elle avait paru ne plus faire cas de moi, s'était intéressée aux conversations bien décantées à sa table.

J'avais du mal à revenir parmi les miens, à reprendre le chahut, Emilio, tu m'écoutes ? Le vin faisait tout glisser. Elle avait une façon vive et claire de parler. Ce qu'elle disait coulait comme la vérité. Un reflet dans les yeux donnait au propos le rythme d'une brève gravité, un rythme que Marguerite avait approché mais qu'elle avait égaré dans son labyrinthe avant de l'exprimer. Trop de gravité authentique chez Marguerite, celle que les autres avaient appris à cacher, à oublier parfois, pour n'en laisser que l'apparence vite effacée dans un rebond allègre, ce qu'ils appelaient la politesse.

Dans les effluves du dîner, allez ! mange, Emilio, un repas comme ça ! je prenais mon temps. Je la découvrais ma voisine comme un monde nouveau. Elle s'en était aperçue, c'était pas difficile. Son regard ne répondait plus. Une personne comme elle devait enrichir un homme des subtilités du cœur secret des femmes, lui enseigner les mystères de la séduction. Elle devait aussi avoir accès à tant de milieux qui m'étaient inconnus, qu'une grâce en elle me laissait imaginer. Les murs de ma vie, du quartier, de la halle, s'effondraient en moi. J'aurais voulu la suivre. Un air de liberté me grisait, s'attachait à ses manières élégantes, énigmatiques, jeune femme rencontrée dans ce restaurant *Labataille*, chic et maraîcher à la fois, aux frontières de mon univers, où des gens comme moi, des gens comme elle pouvaient se croiser, s'effleurer du bout des yeux.

Le dîner s'est achevé. La troupe s'est éclipsée dans un ballet de vêtements élégants, fourrures, renards, chapeaux. Elle ne m'a même pas accordé le cadeau ultime de son regard brun. Elle a quitté la salle, disparu dans un nuage de désir et la porte, plus lourde, s'est refermée sur le décor habituel, sans surprise, de ma vie. Le restaurant *Labataille*, il n'était plus chic et maraîcher tout à coup, il n'était plus que maraîcher, brutalement maraîcher. Des histoires se prolongeaient autour de la table, des rires y répondaient, allez Emilio, souris un peu, on dirait que tu pars à un enterrement ! J'avais le sentiment d'une chape de plomb sur le toit de ma vie, d'un ciel inaccessible, là au milieu de mes amis dont j'avais tant besoin, allez Emilio ! c'est quoi cette tête que tu nous fais ? Il m'agaçait Rafa, toujours insistant, Emilio, tu m'écoutes ? Il mettait ma patience à rude épreuve, je voulais qu'il se taise, mais là il s'est penché sur mon épaule en mordillant son cigarillo, allez Emilio ! laisse tomber ! ces femmes-là, c'est pas pour nous. Il m'agaçait Rafa.

Un dimanche de l'été 41, des Bordelais, pas tous, bien sûr, ont suivi la consigne de Radio Londres en rassemblant les couleurs tricolores sur leurs habits. Robe à rayures bleues et blanches, foulard rouge pour Marguerite, moi en pochette je laissais dépasser une boîte d'allumettes où se déployait une cocarde. On a même vu des Espagnols descendre le cours de l'Yser arborant une chemise, une cravate aux couleurs de la République, bien voyantes sous leur costume gris.

En ville les promeneurs se saluaient des yeux, pleins d'entrain. Il y avait de l'audace et du soleil dans leur allure. Des V de la victoire ont fleuri sur des murs, des portes. Autour de nous qui n'étions pas des héros s'est mis à flotter un parfum de résistance.

Deux mois plus tard nous nous croisions dans la tristesse. Cinquante otages avaient été fusillés la semaine précédente à Mérignac, cinquante autres à Nantes, des terroristes, affirmaient les affiches placardées un peu partout. Après les attentats. Pour l'exemple. Les gens se sentaient oppressés, c'est impossible, il ruminait Antoine, on peut pas les laisser faire ! Il était plein de révolte.

On était assis à la terrasse de chez Martinez, il se balançait nerveusement sur sa chaise, va pas faire de conneries Antoine ! je lui ai dit. Je savais qu'il avait parlé avec deux gars au marché de filières, de bateau amarré au Verdon, on n'est pas de l'étoffe des héros nous ! J'ai voulu le raisonner, laisse ça aux soldats, aux communistes, aux vrais combattants, à ceux qui ont des idéaux. Parce que toi t'en as pas d'idéal, Emilio ? Non, moi j'en ai pas, je veux pas en avoir. Je savais qu'il n'avait que l'Angleterre en tête, rejoindre Londres ! Quand il prononçait ces mots, on les sentait magiques dans son cœur, chargés d'espérance.

Mon inertie, mon indifférence apparente le mettaient en rage. Il me défiait, et qu'est-ce que tu comptes faire alors ? Moi ? rien, Antoine, m'occuper du magasin, de

Marguerite et Hélène, rester en vie surtout. Il contractait ses mâchoires, ses muscles roulaient jusqu'aux tempes en petites boules de colère. Je lui ai posé la main sur l'épaule, je te le répète Antoine, pas de connerie ! méfie-toi de ces deux types du marché ! il y en a un au moins qu'est pas clair, qui a des copains dans la police, je suis sûr, regarde-moi ! Je me suis installé face à lui, on n'est pas taillés pour ça, on est des gens simples nous, tu comprends ? la guerre on sait pas la faire, je sais, tout ça c'est triste, tout ça c'est révoltant mais ce qu'il faut, Antoine, c'est vivre et si on veut vivre, il faut attendre. Attendre ! attendre ! il s'est énervé, attendre quoi Emilio ? que cette guerre s'use ? qu'on vienne nous délivrer ? Je me suis levé, faut encaisser, Antoine, faire le dos rond, se débrouiller même, y a pas de mal à ça. Je le dégoûtais, c'était pas ce genre de discours qu'il voulait entendre. Mais moi je voulais pas qu'il parte en Angleterre par des filières incertaines.

Pendant quinze jours il m'a fait la tête le beau-frère, il venait même plus à la maison voir sa nièce, au travail je l'entendais ruminer dans mon dos. Un charcutier en gros qu'on appelait Sanquette, il travaillait avec les Allemands, je le connaissais un peu, il m'avait cédé des conserves, saucissons, jambons, comme ça, en douce. C'était un costaud qui m'avait à la bonne. Il manquait pas d'informations. Un matin il s'est approché, il paraît qu'il y a des jeunes au marché qui vont partir cette nuit dans le Médoc pour s'embarquer, il s'est penché un peu plus vers moi, si t'en rencontres, dis-leur de pas y aller. Ceux qui connaîtraient le gars qui travaille aux fleurs par exemple ? Par exemple, des policiers, Emilio, des vrais, des faux, y en a partout, tu sais.

Le père Suarez je l'ai prévenu illico. On est montés en courant dans la chambre d'Antoine, il préparait une mallette qu'il a jetée sous le lit en nous voyant. Il était pâle et son père tout rouge, Antoine, s'il le faut c'est par la force que je vais te retenir, je t'empêcherai coûte que coûte d'y aller, tu m'entends ? Antoine il m'a jeté un regard méprisant, t'es le dernier des traîtres ! il m'a dit. Il fait ça pour ton bien m'a défendu le beau-père. Il ne l'écoutait pas, il me dévisageait, jamais je te pardonnerai ! Suarez l'a pris par les épaules, l'a regardé dans les yeux, écoute, tu ne sais pas où tu vas ni avec qui, c'est pas la guerre ça ! c'est juste une partie de cache-cache, et qui va mal se terminer parce que c'est sans doute un piège. Il s'est reculé, je vais rester avec toi toute la nuit, je ne veux pas que tu partes. Pour ne pas le décourager, il a ajouté si tu veux te battre on y réfléchira, mais cette fois c'est un guet-apens, n'y va pas !

Le lendemain on a appris que la police française avait intercepté sur la route du Médoc cinq jeunes hommes qui partaient pour Londres. Elle les avait livrés aux Allemands. Battus, emprisonnés, futurs otages ils étaient maintenant. Des jeunes comme vous, des gamins il a soupiré Suarez. Antoine il est resté prostré toute la journée. Le soir c'est lui qui s'est avancé vers moi, il y a longtemps que j'ai pas vu la petite il m'a dit. Il m'a raccompagné jusqu'à la maison.

Pour ce qu'on est remercié, c'est pas la mer à boire, à force de tirer sur la corde, j'y mettrais ma main au feu, on entendait la voix épuisante de madame Suarez. Elle est de plus en plus bête ta mère, j'ai dit à Marguerite.

J'attendais qu'elle s'insurge au moins pour la forme, et prétentieuse elle a ajouté.

Des drames éclatant comme des orages, des dépenses inconsidérées lui venaient brusquement à l'esprit, faisaient virer à l'écarlate le crâne du beau-père, mais Concha tu n'y penses pas ! il en bafouillait. Mais si j'y pense ! j'ai même passé la commande, deux mètres de Balzac pour les étagères à gauche de la cheminée et un mètre vingt de Molière pour le rebord dans l'encoignure, reliés pleine peau, superbes ! L'albatros modern style sur la cheminée, on ne lui avait pas demandé son avis. Il écartait les ailes pour repousser l'envahissante littérature, mais Concha c'est la guerre ! y a des gens qui crèvent de froid et de faim, y a des gens qu'on déporte, qu'on emprisonne, y a jamais eu autant de misère ! Et alors ! c'est une raison pour que je laisse mes étagères vides ? Concha tu me désespères, que veux-tu qu'on fasse de ces livres ? Elle le toisait amusée, les lire parbleu ! Tu crois que j'ai le temps de lire ton Balzac avec le travail que j'ai ? dis-moi ! Il s'énervait Suarez, ses mains tremblaient, la barre dans le cou se plissait. Elle ses yeux pétillaient, t'inquiète pas, t'auras pas à te donner ce mal, c'est des faux. Comment des faux ? Une affaire, je les ai achetés bon marché à un brocanteur de Mériadeck, il n'y a que la tranche des livres, elle se dandinait en repartant, une affaire ! j'ai eu que le cuir à payer. Il nous regardait, consterné, des fois mes enfants je me demande si j'ai eu raison de me marier.

Londres comme Carthage sera détruite, Suarez il maugréait en entendant Radio Paris et les voix nasillardes, faussement lyriques. Il levait la main, faisait mine de casser le poste.

Le soir, avant le couvre-feu, chacun chez soi claquemuré, *Radio Paris ment, Radio Paris ment, Radio Paris est allemand !* Les rideaux tirés, nous écoutions la BBC, des paroles d'espoir, des encouragements dès qu'ils pouvaient, un peu plus souvent depuis qu'Hitler pataugeait dans les neiges russes.

Marguerite s'était mise à tricoter. Les soirées s'étiraient, tristes, à peine égayées par le babil d'Hélène. Je tâchais de bêtifier un peu, les premières dents, les premiers pas. Marguerite, la seule chose qui lui convenait dans cette maudite guerre, c'était de me garder avec elle le soir au chaud. Bon gré mal gré, il fallait s'y faire, je n'étais pas si mal après tout, mais je piaffais.

Au bout de quelques semaines, les couches, les purées, les biberons, j'ai trouvé ça répétitif. Enfin les pleurs d'Hélène la nuit de plus en plus fréquents, même si Marguerite se précipitait à chaque fois, ça a rapidement joué avec mes nerfs, sois patient Emilio, ça va passer ! Elle était inquiète, elle devinait dans mes yeux l'appel du large, elle ne se trompait pas. J'étouffe, j'ai avoué à Rafa, je vais mettre les bouts. Il m'a accompagné au café, chez Martinez, deux vrais Pernod on a pris et on a trinqué.

Les déplacements, l'alimentation, le chauffage, le rire, la parole et la pensée surtout étaient limités. Il fallait vivre prisonniers dans notre propre quartier, nos maisons, nos ailes repliées comme des oiseaux sous le grillage de la volière, avec des panneaux noirs, rouges, blancs au coin des rues pour dessiner la cage, l'heure allemande à l'horloge. J'essayais de me faire une raison, mais le costume craquait de toutes parts.

Le ciel était sombre, l'espérance d'une libération de la France lointaine. Tous les matins ils descendaient de la caserne de la rue de Bègles au pas cadencé, leurs lourdes bottes sur le pavé, le front bas résolu sous les casques, ils vont pas rester là tout le temps, ils finiront bien par foutre le camp, tu verras, il était confiant Rafa. Antoine, lui, il était d'avis qu'il faudrait qu'on les y aide.

Les journées étaient grises, la nuit noire, un peu plus chaque semaine. On parlait entre nous de ces brutes qui déportaient des Juifs, fusillaient les Français qui ne leur plaisaient pas. Qui viendrait nous délivrer ?

Moi, le souvenir illuminé de ma voisine du restaurant *Labataille,* son visage, son rire m'éclairaient secrètement. Parmi tant d'obscurité, je voulais du soleil et sans attendre. Je ne voulais pas me battre pour de grandes causes, les idées, la passion, je m'en empêchais, je m'indignais sincèrement, mais de loin. Dans cette farce on m'avait pas choyé, j'en sentais la brûlure qui remontait par intervalles, le petit Emilio assis sur les marches, pleurant sa mère inconnue, le vide face auquel elle l'avait laissé, la douleur infinie que quelques mains tendues, ses oncles, Garouste, Córdoba, n'avaient pas soulagée. Cette plaie-là elle ne devait jamais plus s'ouvrir. À aucun prix. Pas d'élan, pas de sacrifice possible qui aurait pu mettre ce pacte en péril.

Je suis swing oh je suis swing! Le dimanche après-midi, quand Hélène avait fini sa sieste, nous mettions des disques. Avec Mercé et Rafa nous dansions, un-deux-pas de côté, un-deux-pas en arrière, *C'est fou C'est fou C'que ça peut m'griser,* nous nous donnions de la gaieté. Marguerite se surpassait, même fatiguée faisait son possible.

On avait confié Hélène au conclave des tantes et grands-mères. Vite s'amuser une heure ou deux avant le couvre-feu, *je suis swing oh je suis swing!* Ça et le cinéma, *Les Visiteurs du soir* nous avions vu le dimanche avant, c'était nos seules distractions.

Fin 42, Rafa, Antoine, Louis Lorca, ils ont été convoqués pour le STO. Difficile d'y échapper, *Ouvriers de France, c'est pour la libération des prisonniers que vous irez en grand nombre! C'est pour permettre à la France de trouver sa place dans la nouvelle Europe que vous répondrez à mon appel,* ce qu'il disait Laval sur Radio Paris et sur toutes les ondes de sa voix morne de fossoyeur.

Plus de cinéma, plus de sorties, terrés comme des lapins. Rafa finalement a eu de la chance. Son patron, un garagiste du cours Pasteur, comme il effectuait des dépannages à la préfecture, ils le connaissaient. Il s'est démené, relations, insistance, mon meilleur employé, bientôt père de famille qui plus est, là il allait vite en besogne le patron, marié en tout cas. Si bien que le préposé s'est laissé faire sur recommandation du chef, une petite commission à la clé, on l'a exempté Rafa, il pourrait continuer à s'occuper du garage et des automobiles, les rares qui circulaient.

Mais Louis, le petit Louis Lorca, il a dû partir, lui, avec les gars de sa classe. Du côté de la Bavière m'a dit Mercé. D'autres comme Antoine, ça n'étonnait personne, ont disparu, envolé Antoine pour mener sa guerre à lui dans le maquis. Un soir il m'a tapé sur l'épaule, prends soin de toi il m'a dit bizarrement, il a embrassé sa sœur, sa nièce. Il s'en va, j'en suis sûre m'a annoncé Marguerite la nuit même. Ses yeux étaient grands ouverts, elle le suivait dans son échappée, il est peut-être déjà loin.

Le matin en arrivant au marché, j'ai vu la blouse d'Antoine suspendue au portemanteau, Tonio baissait la tête et le père Suarez cachait de son mieux son désarroi, le plus tard possible, Emilio, que ça se sache le plus tard possible ! La patronne elle n'était pas descendue. Sa plainte dégringolait dans l'escalier depuis l'étage. Entourée des vieilles, elle gémissait mais qu'est-ce qui m'arrive encore ? j'ai pas mérité ça, pourquoi moi ?

Lalanne se nourrit de kilomètres…

L'imbattable Bordelais Jean Lalanne a-t-il un secret? On peut se poser la question après l'invraisemblable série de ses victoires. Mais non, Lalanne n'a point de secret. Ou alors tout simplement celui-ci: de la rue des Truffières, où il habite, à la place Pey-Berland, où est son bureau, il y a, en prenant le chemin des écoliers, 3 km 500. Cette distance, Lalanne la couvre quatre fois par jour, en tenue de ville, et en luttant de vitesse soit avec le tramway, soit avec un cycliste ami. Au total quotidien: 14 kilomètres. Au total mensuel: 420 kilomètres. Au total annuel: 5000 kilomètres. […]

… de viandes, de fromages…

Il est extrêmement rare que le champion de France accepte un légume à sa table. […] La viande et le fromage sont ses seuls aliments. C'est dire qu'il ne mange pas toujours à sa faim malgré de nombreux amis qui se privent pour lui. […]

… et ne dort pas.

– Je n'ai pas besoin de sommeil, dit-il, et quelques heures me suffisent. […] La veille du «National», je m'étais couché à 2 heures du matin en raison d'une alerte. À 5 heures, j'étais debout et, à 6 heures, je «réceptionnais» à la gare des amis bordelais qui se seraient perdus, sans moi, dans ce Paris tout noir.

Nous ne conseillons pas aux jeunes sportifs de prendre Lalanne pour modèle, ni pour le mode d'entraînement, ni pour l'alimentation, ni pour le régime de sommeil, ni pour les promenades extra-matinales.

Le Miroir des Sports – lundi 6 avril 1942

XVI

Lapeyre supportait de moins en moins le marché. Sa vocation c'était la musique, la distinction que procurait l'art. Il trouvait son refuge dans les disques qu'il écoutait sur le phonographe, en jouant lui-même du piano, sonates et oubli. Même si, pour le concert des *Amis du Maréchal* il lui en avait coûté de paraître au Grand-Théâtre aux côtés d'officiers allemands, il avait pu à cette occasion et dès les premières notes apprécier l'extrême sensibilité de ces hommes épris de musique, peuple d'érudits, finesse et concertos. Les lectures dans le silence de l'après-midi aussi le ressourçaient, balayaient l'amertume, Péguy, Lucien Daudet, Bloy, ses auteurs favoris, et Gide pour la modernité. Il apprenait quelques phrases de chacun, se les récitait à voix haute dans l'hypothèse merveilleuse mais improbable de pouvoir un jour les déclamer en société.

Depuis plusieurs semaines un de ses manutentionnaires, Joseph, qui travaillait à l'entrepôt, était inquiété. De mère aryenne, de père juif, il avait dû se présenter deux fois dans la semaine à la préfecture, fournir des papiers, des preuves. Ce qu'ils voulaient c'était le certificat de baptême. Un groupe d'employés de la maison avait frappé à la porte de Lapeyre, patron, on sait que vous avez des relations, que vous connaissez bien le maire, il faut intervenir pour Joseph, sinon ils vont le prendre lui aussi.

Lapeyre n'avait jamais eu plaisir à compter ce commis juif dans son effectif ni trop de goût pour lui et sa famille, pauvrement installés au fond d'une cour de la rue du Cloître, ce seraient des ennuis la guerre venue, à n'en pas douter, et voilà ! la guerre était là, les ennuis aussi. Debout près de la fenêtre, classant des papiers ou feignant de le faire, Lapeyre soupira. Sans un regard pour le petit comité, il jeta je ferai quelque chose.

Il en parla à son camarade Bonnin, président du Conseil supérieur des vins de Bordeaux, avec qui il siégeait au tribunal de commerce. L'autre l'invita, je déjeune demain avec le secrétaire général de la préfecture, joignez-vous à nous ! Lapeyre était flatté, aux anges. Ils se retrouvèrent sous les rocailles du *Chapon Fin*. Le restaurant était envahi d'officiers allemands, c'est leur cantine assura Bonnin. Heureusement, Maurice Ladaptet, le secrétaire général, avait retenu une table en retrait, séparée de la salle par un rideau de plantes. On entendait les rires, on ne voyait plus les uniformes. C'était un homme au visage anguleux, aux manières sèches mais courtoises, la distinction de la Grande Administration. Dans son discours brillaient l'esprit et l'aisance du pouvoir, j'ai exigé de l'Obersturmführer, je n'ai pas permis à la Kommandantur, Lapeyre écoutait, se sentait bercé par la finesse, hissé dans les hautes sphères, le ministre ne pense pas autrement ! honteux de devoir parler de ce loqueteux de Joseph, qu'allait-il embêter le secrétaire général avec cette histoire ! qu'allait-il penser !

Le repas, petits oiseaux et saint-julien, avança agréable, vaporeux. Bonnin en vieux Médocain faisait honneur à la bonne chère. Lapeyre, lui, sentait ses pommettes se colorer alors que l'autre avec son visage d'ascète, tout en dévorant, restait aussi pâle que le blanc d'un poulet, alors notre ami Bonnin m'a dit que vous souhaitiez me parler d'un de vos protégés? Protégé! protégé! un de mes employés pour être précis et, bien qu'il ne me donne pas entièrement satisfaction, son départ pourrait être mal compris par le reste du personnel, d'autre part sa famille sans lui serait sans ressources... Lapeyre eut un geste d'impuissance, enfin voilà la situation! Ladaptet il eut dans les yeux un drôle de sourire, avec un je vois, je vois qui tinta d'une note acide, sans l'accent méridional qui aurait pu rassurer en pareille circonstance, vous savez, cher ami, que les affaires sont complexes ces temps-ci, toute démarche auprès des autorités fait l'objet de difficiles négociations, il but une gorgée de vin, sans vous offenser, vous savez mieux que moi que rats et souris peuplent les caves et les recoins d'un marché, au milieu des belles victuailles ces affreux rongeurs dévorent, abîment, il fit le geste d'agripper avec la main, eh bien! nous avons une attitude en pareil cas: laissons les souris tranquilles, elles ne sont pas méchantes, mais les rats, c'est autre chose, nous ne pouvons pas chaque semaine nous présenter aux autorités les mains vides, il prit le ton de la confidence, qui par ailleurs voudraient voir le problème réglé au plus tôt. Bonnin à ses côtés, congestionné, acquiesçait. Lapeyre, dans les effluves de l'alcool, sentait, dans un doux et redoutable affaiblissement, les paroles du haut fonctionnaire l'envelopper.

Après tout, Joseph, il ne l'aimait pas, le cheveu graisseux, il se refusait à penser, l'air malsain mais c'était ça! c'était de ça qu'il s'agissait! Ladaptet, sûr de lui, disert maintenant, fit luire dans ses yeux la lame de l'estocade, alors laissons la famille de votre employé en paix et lui, laissons-le suivre les mesures administratives telles qu'elles sont prévues. Lapeyre était rendu, ne disait rien, hypnotisé. Il faisait mmh ! mmh ! il comprenait Lapeyre. Et comment s'appelle-t-il ce Juif? Kahn, Joseph Kahn. Ladaptet se détendit comme un félin, Kahn ! et où habite-t-il ce Kahn? Il y eut un silence. D'une voix blanche, vaincue, Lapeyre s'entendit prononcer 9 rue du Cloître, premier étage à droite.

Le marché laissait deviner son squelette de métal et de bois sous les étals décharnés. Fruits, viandes, légumes, la marchandise manquait. Pour la plupart des commerçants, il n'était plus question de bénéfices. Chacun survivait. Dans l'attente.

Monsieur le commissaire, je tiens à porter à votre connaissance... Au mois d'août 43 Adriano et Maria furent convoqués à deux reprises dans les locaux de la préfecture. Adriano refusa de s'y rendre. Maria pleine de crainte demanda à Mercé de l'accompagner, tu t'exprimes mieux.

La première fois elles furent reçues avec moins de rudesse qu'elles ne le redoutaient par un petit homme nerveux qui posa des questions sur Louis et sa situation de travailleur en Allemagne. Un mois plus tard le même inspecteur se fit plus incisif, en vint directement aux faits, on soupçonne votre fils Louis Lorca de s'être soustrait au régime du travail obligatoire. Mon fils, monsieur l'inspecteur ! mais je vous l'ai déjà dit, il est à Passau, en Bavière, depuis le mois de juillet, le 3 juillet exactement. Elle s'était dressée Maria, malgré la peur elle faisait front. Mercé lui avait posé la main sur le bras, je sais, je sais, reprit le policier, mais il y a des rumeurs persistantes comme quoi il n'y serait jamais parti. Lui, dont les mains s'agitaient sans cesse depuis le début de l'entretien, se cala dans son fauteuil. Maria l'observait. Il était plus courtois avec elle que tous les fonctionnaires rencontrés depuis son retour en France. Même dans ses yeux il ne la traitait pas d'Espagnole. Pourtant la situation était dangereuse et elle était en alerte. Il désigna deux feuilles imprimées qu'elle avait déposées sur son bureau, ces documents sont insuffisants, il m'en faut d'autres que vous irez chercher auprès de la brigade du STO, la permanence se trouve rue Bouffard, il lui tendit un papier, c'est nécessaire.

Trois jours plus tard, quand elles lui apportèrent les preuves de la situation de Louis, l'inspecteur ne prit pas la peine de s'asseoir. Il parut satisfait, barra un document d'une longue diagonale et ajouta un coup de tampon sur sa signature. Avant qu'il ne referme le dossier, Maria aperçut une lettre manuscrite. Elle ne pouvait en être sûre mais cette encre violette, cette calligraphie allongée, elle les connaissait.

L'homme les raccompagna jusqu'à la porte, voilà! tout est réglé, on ne vous embêtera plus, avec un sourire désolé il ajouta, mais laissez-moi vous dire que vous n'avez pas que de bons voisins. C'est ce que je crois, monsieur l'inspecteur.

Elles franchirent à vive allure les hauts couloirs du bâtiment où résonnaient les pas d'hommes en costumes sombres. Un bruissement de machines à écrire s'échappait des salles. Par les fenêtres on apercevait dans la cour intérieure une immense effigie du Maréchal.

Passau, le 20 novembre 1943

Chers parents, chère grande sœur,

Cette nouvelle lettre pour vous dire que je vais bien, que vos colis me sont très utiles, indispensables même. Le chocolat a fait des heureux et cela me permet de faire des échanges.

Ici l'ambiance est bonne. Le travail est dur mais je suis costaud. Dans la région il y a peu de bombardements anglais pour l'instant et notre camp se situe en dehors de la ville. Donc, maman, ne t'inquiète pas.

L'hiver est rude ici. Je n'ai jamais vu autant de neige et de glace, mais nous sommes organisés et je suis bien équipé.

J'espère que pour vous la vie n'est pas trop difficile en ce moment. J'espère surtout vous revoir bientôt. Vous saluerez Rafa et les amis de ma part.

Je vous embrasse.

Votre fils et frère,

Louis

Louis avait relu sa lettre. Elle disait tout, mais pas l'essentiel. Le courrier était surveillé, il le savait, mais il reprit son stylo,

Je sais que d'être venu ici cela n'a rien d'héroïque, que comme certains que nous connaissons j'aurais pu prendre d'autres décisions mais ce que j'ai fait, je l'ai fait pour nous, pour la famille, qu'on ne dise pas que les Espagnols échappent à leur devoir. Voilà ce que je pense ici, en Allemagne.

Mercé deux fois par mois se rendait au Bureau des colis. Ceux de Louis étaient toujours chargés, à la limite du poids. Elle se faisait discrète. Elle y ajoutait un mot, *courage petit frère !*

Avant Noël Maria se rendit une dernière fois chez Dulos, le boucher du cours de l'Yser. Il se fit narquois ce jour-là, ceux qui ne marchent pas droit ils vont comprendre comment ça marche dans ce pays ! Comme d'habitude elle ne répondit pas, elle arbora même un sourire mielleux pour s'approcher de la caisse où trônait madame Dulos. Elle scruta le livre de caisse, un long livre noir où la bouchère inscrivait les commandes à l'encre violette, d'une écriture fine et allongée.

XVII

Rafa et Mercé venaient nous voir à la maison. Nous écoutions quelques disques sur le phonographe, *Mam'zelle Clio Mam'zelle Clio*, Rafa était maussade, *Le premier jour je me rappelle*, même Charles Trénet ne lui rendait plus le sourire, *C'était chez des amis idiots*, enfermé je suis, Emilio, *Mam'zelle Clio Mam'zelle Clio*, en rentrant du travail je rase les murs comme si j'étais en faute. T'es pas en faute, Rafa, mais quand les temps sont difficiles, les jaloux sont là, à l'affût, sois tranquille !

C'est à cette époque que j'ai commencé à fréquenter l'atelier d'Hossanfleur. Viande, gibier, volaille, il brassait beaucoup de marchandises. En douceur j'avais pris contact, je lui avais apporté quelques poulets et lapins de la campagne. Il était grand, rouge, fort en gueule mais pas vraiment, un genre qu'il se donnait pour plus de familiarité avec la clientèle ou ceux du marché. Dans le fond c'était un renfermé, Hossanfleur. Ses yeux noirs, rapides, disaient rarement la même chose que son sourire. Il distribuait des tapes dans le dos, se laissait appeler par son prénom, Félix, les autres se sentaient en confiance. Quand il parlait beaucoup c'était pour ne rien dire. L'essentiel il le taisait ou alors il s'exprimait à mots comptés, mesurés, t'es gentil de me porter ta volaille, Emilio, mais c'est pas de l'organisation, il m'a regardé d'un trait bien appuyé, des quantités il me faudrait chaque semaine, que ça ressemble à quelque chose notre commerce, tu comprends ? J'étais prudent, je laissais dire. Il m'a montré un poulet sans tête sur la table, faut arrêter la bricole, c'est des ennuis pour rien.

Je suis revenu la semaine suivante. Le dimanche j'avais fait un saut en train à Marcheprime pour discuter avec Momo, le cousin Suarez. C'était pas une lumière, mais il connaissait du monde dans sa campagne. Je pouvais en faire un bon fournisseur. Quelques bêtes mais pas en quantité, Emilio, moi je joue pas, et, plein de sagesse, il s'était lampé un coup de blanc pour pas changer.

Hossanfleur m'avait invité dans son atelier, on mangera un morceau entre amis. Là c'était différent l'ambiance. On aurait dit un mariage, une nouba d'avant la guerre. Il y avait de tout sur la table, du jambon, des grosses crevettes, des entrecôtes, des frites, du vin étiqueté et puis des femmes, de jolies femmes autour de la table, pas des putains ramenées d'un claque sur les quais, non, des bourgeoises, l'air déluré, en goguette, mais des bourgeoises avec leurs renards, leurs robes chic et leurs chapeaux à deux cents francs.

Ça riait, ça bâfrait. Au début je me suis laissé embarquer, allez, sers-toi Emilio, ça fait du bien de se détendre ! il m'a réconforté Hossanfleur. Je l'épiais, j'épiais les autres, une sacrée faune. Pour l'absence de scrupules j'étais dépassé. Profitons-en ! c'était la devise, ça brillait dans les yeux.

Les femmes autour de la table elles ressemblaient en plus relâchées à celle rencontrée chez Labataille, mêmes vêtements, mêmes mimiques. La plupart étaient venues s'acoquiner avec leurs maris, rouges jusqu'aux oreilles, qui riaient à tout-va. Il y avait là deux voyous, la quarantaine, des ferrailleurs, ils ouvraient des caisses d'où dépassaient des lampes, de la vaisselle. L'un d'eux s'est emparé d'un bougeoir, il a ricané en douce avec Hossanfleur, à vendre tout ça! les propriétaires ils sont pas prêts de revenir. Hossanfleur devant moi il a fait l'imbécile, le grand et gros dadais, il comprenait rien à première vue, allez! range-moi cette camelote! on est ici pour casser la croûte.

À table je me suis assis à côté d'une grande brune qui avait l'œil rieur. Au deuxième verre de vin, elle me caressait les genoux, je guettais le mari, soit il était miro, un vrai cocu, soit il s'en foutait. On s'est esquivés au dessert, et ton mari? T'inquiète pas! il fait pareil avec la pimbêche, la blonde en bout de table, ravi que je lui débarrasse le plancher.

Dans un hôtel de la place de la Victoire on a filé, la journée entière nous nous sommes étourdis. Tout en elle était élégant, charmant, son parfum, sa peau, ses bas, les dessous de satin. L'haleine un peu alcoolisée, les pommettes rouges, l'œil par instants égaré me donnaient l'impression d'une beauté un peu cassée, d'un éclat dépoli. Nous nous sommes caressés, amusés comme des cabris, aimés serait beaucoup dire. Les ressorts du lit, le parquet n'en pouvaient plus.

Par la fenêtre on voyait les toits de la faculté de médecine. Elle a fumé des cigarettes à bout doré, des anglaises qu'elle retirait d'une boîte métallique. Quand la lumière a décliné elle s'est levée, je rentre, mon chéri, tu es un amant formidable. Elle s'est habillée, m'a fait une grimace qui valait pour un baiser, la porte en coup de vent, elle s'est éclipsée.

J'ai frissonné. La rencontre, nos ébats, sa chaleur, l'odeur de sa peau, le repas matinal où avait débuté la folie de la journée, je n'étais plus sûr de rien. Tout était retombé dans un nuage gris de tabac froid et d'esbrouffe. J'ai eu un haut-le-cœur, il ne me restait plus qu'à me replier, à expliquer aux parents Suarez pourquoi j'étais pas venu travailler, à Marguerite pourquoi j'étais pas rentré déjeuner.

Avec l'argent des lapins j'ai payé la chambre. Il me regardait de travers le patron en sortant de sa loge sous l'escalier. Ça m'a pas plu, à propos j'ai dit, faudra revoir les ressorts, y a votre lit qui grince. Le vieux il a tiré sur son béret en soufflant. Il n'a pas répondu.

Toute la semaine j'ai tâché de me convaincre que je n'y retournerais pas le mercredi suivant. Le beau-père il était sur mon dos. La veille il m'avait parlé en tête-à-tête. La matinée tirait à sa fin, l'arroseuse municipale venait de passer et la patronne finissait de servir des clients au fond du magasin. Il a allumé une gauloise, il fumait pas souvent, s'est assis derrière la caisse et dans un nuage de fumée, au milieu de considérations insignifiantes à propos du travail, il m'a glissé tu sais, Emilio, que tu fasses des conneries, passe encore, mais des saloperies, ça m'embêterait vraiment. Il m'a fixé de son regard sans concession. Moi j'ai préféré observer ce qui se passait plus loin sous la halle. Il a tapé de la main sur le cahier de commandes, tu vois, ici on n'est pas à plaindre, même si c'est difficile on gagne notre vie, tous ! il a précisé, alors laisse tomber ces gens, ils sont dangereux, crois-moi, t'as pas besoin d'eux.

Là, il se trompait. La grande brune, Hossanfleur et sa troupe de bringueurs, son casse-croûte transformé en fiesta, c'était malgré moi, mais j'étais attiré. Il a fallu que j'y aille et comme cette fois-là j'avais rien à vendre, j'avais pas un sou en poche. De l'argent je devais en trouver et le plus près c'était la caisse. Pas beaucoup la première fois. Une petite liasse pour pas avoir l'air cloche le lendemain devant les femmes et toute l'équipe. Une pincée dans la recette. Invisible. J'avais accès au tiroir pour rendre la monnaie ou effectuer une course. J'ai éternué et à la retombée du mouchoir, tiroir ouvert, j'ai empoché les billets.

Chez Hossanfleur le décor avait changé. Des carcasses sortaient d'une camionnette, étaient pendues à des crochets et filaient vers l'atelier. L'ambiance était au travail. Des types que je ne connaissais pas déchargeaient dans la hâte sous la surveillance du patron, allez ! allez ! il était tendu Hossanfleur, il les pressait. Le sol était jonché de sang et de son. Dans la pièce montait l'odeur âcre et fade de la viande. La table était vide, nul convive autour. Le patron ne faisait pas attention à moi, il haranguait ses commis, deux gaillards aux blouses blanches maculées.

J'ai attendu un moment et puis, le chargement terminé, il a offert un coup à boire aux gars du camion mais sans les retenir. Je voyais dans ses gestes l'impatience. Quand ils sont partis il a frappé dans ses mains, bon, à table ! Tout en lui s'est détendu, la rondeur a repris ses droits dans sa large figure sauf la dague noire de ses yeux qui elle montait toujours la garde.

À cet instant seulement il s'est aperçu de ma présence, alors qu'est-ce que tu m'apportes ? Rien cette fois. Bon, tu restes partager l'entrecôte avec nous mais, et il m'a menacé de son index en mimant un sourire, il faut pas que ça se reproduise, on vient pas ici les mains vides, Emilio, il a laissé tomber et il ne souriait plus.

Ce jour-là mon amie brune et la joyeuse troupe de

profiteurs ne sont pas venus. On est restés entre gens du marché. Malgré la jovialité qu'affichait le patron et la parole qui m'était familière, les discours tenus, le cynisme dont ils faisaient preuve m'éloignaient d'eux. Du marché ils n'étaient pas le meilleur visage. J'ai imaginé en un éclair la tête des Garouste, Lorca, Moillanpleur, s'ils m'avaient vu là, et celle de Córdoba ! valait mieux pas y penser ! J'étais mal à mon aise.

Au bout d'un moment j'ai plus supporté cette ambiance glauque où Hossanfleur tenait ses obligés à la pointe de ses couteaux. Il en jouissait, diabolique. Je voulais pas m'attarder, éveiller les soupçons au magasin. Je suis parti sans demander mon reste. Pourtant à peine étais-je dans la rue, m'étais-je évadé de ces effluves de malhonnête abondance, je savais que j'y retournerais.

J'avais passé le dimanche à Marcheprime en compagnie de Marguerite et Hélène. Momo avait bien fait les choses. Sous l'œil désapprobateur de sa cousine il m'avait remis huit poulets dans un sac en toile de jute, ça gigotait de partout dans le compartiment au retour, un carton de conserves, de la lamproie, ils en mangent pas tous les jours de la lamproie à Bordeaux ! Il avait fallu trinquer. Je lui avais apporté une dizaine de bouteilles de blanc sec, c'est gentil avait souligné sa femme, mais avec ça il tiendra jusqu'à demain, pas plus au train où il va.

Hossanfleur, quand il m'a vu arriver avec mes boîtes et mes bêtes, il m'a lancé ironique, alors collègue, t'as fait un effort je vois ! C'était encore différent le casse-croûte ce mercredi-là. Il y avait du monde autour de la table et ils m'avaient pas attendu pour écluser. Dans la vapeur des carcasses lavées à l'eau chaude et qui dégoûtaient dans la sciure, l'atelier ressemblait à un capharnaüm. Des tapis étaient alignés contre un mur, dans le fond des vélos, de la ferraille, des tableaux, des meubles étaient entassés. On s'éloignait d'un magasin d'alimentation.

Aux places d'honneur et les premiers servis, il y avait deux types âgés aux crânes dégarnis, des messieurs de la chambre de commerce m'a soufflé un commis. À côté d'eux étaient assises la blonde et la brune de l'autre fois, plus loin leurs maris discutaient avec deux voyous installés en bout de table. Ça parlait affaires tandis que la blonde c'était Hossanfleur qui lui parlait et avec les mains. Il lui caressait les fesses lentement, en propriétaire. Il était le maître, le premier à profiter de la fête. Personne n'aurait trouvé à redire.

Tchin ! tchin ! mon amie est venue me rejoindre, deux verres de rouge à la main, aux amours illicites ! elle a laissé flotter une boucle de cheveux noirs contre ma joue. Moi j'ai commencé à me laisser porter par l'ambiance, à faire l'innocent, mais je ne pouvais rien manger, j'avais l'estomac en boule. Au bout d'un moment j'ai bu et ri bêtement avec les autres. Les vulgarités abondaient dans la bouche des voyous, les bourgeois s'y vautraient et Hossanfleur laissait passer avec une moue indulgente.

Les messieurs de la chambre de commerce, eux, ils étaient pas là pour s'encanailler, ils faisaient juste mine de ne pas voir et pas entendre. Ils étaient venus placer leur négoce à grande échelle, il nous faut des débouchés comprenez-vous. Nous allons parler de tout ça avec Dieter, affirmait Hossanfleur. Il jubilait de son pouvoir en fermant ses yeux de chat. Dieter c'était mystérieux, c'était secret, Dieter c'était allemand.

Nous en étions au fromage quand il est arrivé le Dieter, sanglé dans son uniforme, les bottes luisantes, pas d'équivoque. Il a contemplé la table avec une morgue que cachait mal une apparente politesse et qui aurait dû me réveiller en sursaut. Au lieu de ça j'ai tourné la tête et bu une rasade de vin. Mon amie brune, au cas où je m'en serais cru propriétaire, elle massait à présent la cuisse de son voisin de droite, le commis principal de la maison, qui n'en revenait pas. Il affectait un air blasé mais il roulait de drôles d'yeux.

Hossanfleur il a présenté la table au lieutenant Müller en escamotant deux ou trois noms qui n'auraient pas dû se trouver là. Dieter, j'ai compris que c'était un responsable du Bureau d'achats. Ils se sont éloignés, le boucher et lui, ont compulsé des listes et sont revenus parmi nous. Les rires avaient baissé d'un ton. Chacun s'efforçait de garder l'air jovial mais était sur ses gardes. Pas de bêtises ! Allez mon lieutenant ! votre péché mignon ! Du foie gras large d'un doigt sur une tranche de pain, une coupe de champagne avec ça, à la tienne Dieter ! Il le bichonnait, le patron, son correspondant allemand.

Lui il était plein de suffisance, il esquissait un sourire à lèvres minces. À peine réservait-il ses amabilités pour les deux vieux, les huiles du commerce qui se perdaient en grimaces distinguées, flattés qu'ils étaient par les grâces de l'officier. Nous il nous contemplait, attablés comme des veaux, et il nous humiliait de son regard métallique. Je me suis redressé, je l'ai examiné. J'avais honte qu'il soit là et il était là à me faire honte. Il en croquait lui aussi bien sûr mais il pouvait se le permettre, il pouvait tout se permettre Dieter et il nous le signifiait.

J'ai compris que je ne pouvais plus accepter, mais j'étais bien le seul. Les autres ils en rajoutaient dans la veulerie. Mon amie brune elle est partie d'un rire gras de pocharde tandis que sa main parvenait à la braguette de son voisin. Ça débouchait du champagne à qui mieux mieux. Du menton l'Allemand il désignait la tablée à son chauffeur, voilà la France! bon appétit! il a lancé et il a chantonné les premières paroles du *Pont d'Avignon* et puis, peut-être parce que je le fixais de façon particulière, son regard s'est attardé sur moi. Il a pris son temps. Il se délectait à l'avance. J'ai vu Hossanfleur dans son dos qui avait décidé de ne pas intercéder. Ma première confrontation avec un Boche! Dans la situation où je me trouvais, j'étais pas à mon avantage, alors, jeune homme, ils sont fameux les déjeuners de monsieur Hossanfleur, n'est-ce pas? Excellents, excellents. Il m'examinait des pieds à la tête, me faisait des croche-pattes rien qu'avec les yeux, vous êtes dans le commerce vous aussi? Oui oui, dans le commerce. Il a laissé passer un silence, vilain petit commerce, non, pour un jeune Français? La claque en pleine figure, de celles qui remontent toute la vie en bouffées de honte. Je me suis empourpré, des larmes de rage ont manqué me trahir. Le charivari des autres, tout à leur bringue, m'était devenu insupportable. La pièce, les murs chaviraient autour de moi et ma tête s'est mise à peser cent kilos. Lui, de sa mine aiguë, il me lâchait pas, vilain commerce il a répété. Je ne pouvais pas répondre, il le savait. Son regard était impitoyable. Ça suffit! j'ai pensé. Sans saluer personne, sans même réclamer mon argent à Hossanfleur, d'un bond je me suis levé et j'ai foutu le camp.

J'avais besoin de marcher, l'estomac me brûlait. J'ai remonté le cours de la Marne. J'étais en colère contre moi, loin de me l'avouer. Fidèle à ma ligne de conduite, je me disais je m'en moque !

Le matin même j'avais puisé une nouvelle poignée de billets dans la caisse. Je voulais être prodigue si la brune était venue avec moi, ne plus la conduire dans l'hôtel miteux de la place de la Victoire mais dans un luxueux en ville, que ce soit moi qui invite mais qu'elle m'entraîne dans son monde tel que je l'imaginais, les immeubles le long des allées, les bourgeois, les négociants, les restaurants chic. Je lui aurais offert un verre à la terrasse d'un des grands cafés et puis peu à peu elle m'aurait présenté des relations, des amis, voilà ce que j'aurais aimé. Au lieu de ça elle préférait finir à moitié soûle, dès le matin, dans un atelier de viande, en train de masser la braguette des commis.

J'ai achevé la matinée en découpant des longes de porc dans le fond du magasin, laisse j'ai dit à Tonio, je voulais être seul. Marguerite ne s'approchait pas. Elle avait pas besoin d'un dessin. Avec l'argent que je m'étais octroyé j'ai décidé de m'offrir un bon repas, mais pas dans le coin, je connaissais tout le monde, chez *Clovis* plutôt, un troquet qui payait pas de mine du côté de Mériadeck. À la débauche j'ai raccroché le tablier, filé comme un bolide, rendez-vous j'ai expliqué, vite, dehors, libre.

Ça me remontait le regard du Boche tout à l'heure. Je voulais pas de ça. Du rêve je voulais, mais pas de ces combines. Les autres ils avaient l'air d'y trouver du plaisir, pas moi. Trafiquant je me répétais, trafiquant mais gaulliste, enfin gaulliste… auditeur le soir de Radio Londres, BBC, c'était là toute ma bravoure, voilà comment j'étais. J'ai tâché de m'en convaincre pour me sentir plus léger en marchant rue Sainte-Catherine, trafiquant, tout petit trafiquant, mais gaulliste. Ça me convenait.

Quelques mètres après la place des Augustins j'ai aperçu un groupe qui saluait un homme massif, chapeau et barbe. Le grand rabbin, il portait un manteau ample, noir, et descendait la rue au beau milieu. Sur le manteau il avait cousu l'étoile jaune et le morceau d'étoffe qui allait avec, que ça se voie ! Les hommes ôtaient leurs casquettes, leurs bérets, tous le saluaient. Les déportations s'étaient succédé depuis l'été 42 et l'étoile pour les marquer comme des bêtes pour l'abattoir, ça passait pas. Tout le monde savait, le reste c'est des mensonges, les arrestations, la police française, le camp de Mérignac, la gare Saint-Jean et les trains pour nulle part ! Tout le monde savait. Même Momo à Marcheprime il en avait entendu parler. C'était pour ça qu'il voulait plus trafiquer.

Le grand rabbin il est arrivé sur moi, impressionnant. Il répondait aux bonjours d'un sourire. Moi il m'a fixé d'un coup, j'ai même pas eu le temps de lui adresser une expression affable qu'il croie pas que j'étais hostile. Son regard me transperçait comme un pieu, je sais que c'est fou mais j'étais sûr qu'il savait, je sais pas comment mais il savait. Ça m'a démoli de l'intérieur. Je voyais plus que sa barbe grise et son étoile sur le carré de tissu mais la sienne c'était rien, parce que moi j'en portais une plus grosse encore. Elle était noire et dessus il y avait écrit *trafiquant.* Comme il me regardait le rabbin je devais la porter tatouée sur le front et il ne voyait qu'elle. Qu'est-ce qui m'a pris ! mais qu'est-ce qui m'a pris ! Je pouvais rabâcher, pour les regrets c'était trop tard. Cette étoile-là personne ne m'avait obligé à la porter. Lui, paisible, il m'a fait un signe en passant, après tout peut-être qu'il ne savait rien. Le ciel était opaque au-dessus des toits. Mes tempes bourdonnaient.

Au coin de la place Mériadeck, entre deux magasins d'outillage, une porte en bois aux carreaux sales ouvrait sur le bistrot *Chez Clovis.* On savait que c'était un restaurant de marché noir comme Violette chez nous. Au moins je pourrais me taper la cloche incognito, me restaurer, me reconstruire même, mais d'entrée ça s'est mal passé. La serveuse derrière le comptoir elle m'a jeté un œil venimeux, elle est allée dire un mot à l'oreille de la patronne. On m'a isolé dans la petite salle du fond qui était vide. Le mari avec son tablier bleu roulé autour du ventre il s'est approché. Les deux loufiats ils me prenaient pour un mouchard, je lisais la méfiance. La patronne elle s'est occupée de moi et comment ! de la viande ? plus de viande ! des frites ? plus de pommes de terre ! Mais on m'avait parlé de votre entrecôte, j'ai fait flatteur. Ça l'a pas déridée, j'ai plus rien, du veau et quelques carottes il me reste, avec tickets bien sûr. J'ai été servi express, avec des manières qui incitaient pas à y revenir. Ils se gaffaient cent pour cent, ils me prenaient pour un indic ou un de la police, j'ai entendu la serveuse qui le disait.

Décidément c'était pas ma journée. En payant avec mes tickets j'ai pas pu m'empêcher, j'ai fait dépasser les billets de ma poche pour leur donner des regrets. Ils avaient des museaux de furets en voyant le pognon. Bêtes, mesquins ils avaient l'air. Tant pis pour eux et tant pis pour moi ! Je suis sorti, ils me dégoûtaient et je me dégoûtais.

J'en avais assez de fuir d'un lieu à l'autre depuis le matin. J'ai eu besoin de Marguerite tout à coup. De sa confiance et de sa chaleur. Je me sentais nu dans les rues grises, sillonnées d'êtres courbés sous le poids de la guerre, de l'autorité brutale, stupide de tous les Dieter et Hossanfleur du pays. Deux flics en pèlerine avançaient vers moi arborant l'air borné du bon droit quel qu'il soit. J'ai changé de trottoir. À grands pas je me suis dirigé vers la maison, Hélène, Marguerite, à l'abri de ce monde hostile, de mon corps fatigué, de mon esprit qui s'en allait.

J'ai fermé la porte à double tour derrière moi. Je me suis amusé dans la chambre avec la petite et ses jouets de bois. Plus tard Marguerite m'a appris que cette nuit ils étaient venus arrêter les David. Seul le fils, un jeune gaillard, avait pu s'échapper par les toits. Mercé et Rafa lui avaient raconté, des policiers français de la SEC qui avaient fait la descente avec à leur tête Dehan, un ancien vendeur des *Dames de France*, un salopard d'après Rafa, et devine qui est son bras droit, qui a participé à l'opération ? Je devine j'ai dit, Mangin ! Votre ami Mangin ! C'est plus notre ami, tu le sais bien. Elle hochait la tête. Il est foutu j'ai pensé à voix haute. J'espère que tu as raison elle a ajouté et puis elle m'a pris dans ses bras. J'ai mis ma tête au creux de son épaule. C'était chaud et moite et je ne voulais plus penser, je veux tout oublier je lui ai dit à Marguerite. Je sais Emilio, t'inquiète pas, je suis là. Elle comprenait Marguerite, quand elle n'était pas dans ses nuages ou à recompter quarante fois les carottes pour la soupe du dimanche, elle comprenait.

Un cousin à lui nous l'avait dit, Mangin il était pas feignant, il était de toutes les expéditions avec le voyou de la gare et le vendeur des *Dames de France*, un acharné celui-là après les Juifs, les communistes, les résistants maintenant. À la Gestapo carrément ils travaillaient. La préfecture même ne voulait plus d'eux, trop zélés. Ils leur faisaient peur aux policiers français. Avec des pincettes ils les maniaient le trio infernal. Ils préféraient les voir plus loin, au Bouscat, chez les Boches. Comme ça pas d'ennuis avec ceux-là, police allemande ! à qui voulait l'entendre, la carte ils l'exhibaient à qui voulait la voir. Quand ils en attrapaient des FTP ou des résistants, on avait du mal à les retenir, même les gars du KDS il fallait qu'ils leur sortent des mains, ils en auraient rien laissé. C'était une vengeance sur la vie qu'ils défoulaient, coups, raclées, baignoires, la torture et bien raffinée même. Les Allemands aussi ils avaient compris, même incorporés dans leurs rangs, c'était des Français avec du sang sur les mains, et eux pas une tache !

Au marché il y avait des indics parmi les traîne-savates ou ceux de la manutention, des bistroquets aussi qui glanaient des informations. Il y en avait qui s'en vantaient au bout de trois apéritifs. Les mauvais sujets qui avaient pris pension chez Violette, ceux-là non plus n'avaient ni les yeux ni les oreilles dans leur poche. Faut faire gaffe, Emilio ! me disait Rafa, tous les aigris sont sur le pont !

Le moindre comportement suspect ou des inconnus qui se retrouvaient dans un bar d'habitués étaient aussitôt repérés. L'époque était délatrice et les Français de la police allemande aux aguets.

Mangin il avait gardé des contacts dans le quartier, de vieux compagnons de classe ou de bringue, pas regardants sur la morale, parfois rémunérés. Celui des fleurs, un autre qui déchargeait le poisson la nuit. Ceux-là non plus ils ne voulaient pas perdre de temps dans la vie. Ils se permettaient des fantaisies pas fréquentes à l'époque. Même au gazogène, tout le monde n'avait pas sa voiture.

Quand ça se voyait trop, ça se crispait sous la halle. Ici les nouvelles circulaient vite.

Le *Bar des Hirondelles,* rue Élie-Gintrac, c'était celui des livreurs et des marchandes à la charrette. La patronne avait une coiffure compliquée qui tombait sur la nuque dans une cataracte de mèches blondes et blanches, étayées par une myriade d'épingles. Les clients l'appelaient Maman et elle en souriait mais son mari c'était pas Papa, c'était René ou patron et rien d'autre, je suis le papa de personne ici ! c'était clair.

Des habitués, d'autres de passage, se retrouvaient pour la belote dans la salle du fond. Elle était séparée du bar par une porte aux carreaux opaques jusqu'à mi-hauteur. On l'a appris plus tard, c'était un bureau de renseignements qui maintenait les contacts entre la zone de Bordeaux sud et des maquis des environs.

La semaine avant, un homme était entré emmitouflé dans une canadienne. Il avait rejoint la partie de cartes en mimant une rage de dents, la joue gonflée pour pas répondre aux saluts des clients. C'était un officier anglais. C'en avait intrigué certains et quelqu'un avait raconté.

Un matin, à l'heure du café, ils ont surgi dans leurs tractions noires avec le sergent SS, l'ami de Dehan, qui les escortait. Ils ont tout fouillé jusqu'à la cave. René et Maman on les a plus revus. On a su que René il n'a pas parlé sous les coups mais, quand les limiers de la brigade lui ont montré comment ils arrachaient les ongles à sa femme, il n'a pas pu résister, il a donné une partie du réseau. C'était pas un traître, René, il est même allé jusqu'au bout héroïquement, mais là c'était devenu impossible et il n'y avait rien à ajouter.

Le lendemain à midi c'est un cordonnier et sa femme, dont l'atelier dans le quartier de la gare servait de boîte aux lettres, qui ont été arrêtés et le soir un inspecteur de police et deux agents qui procuraient des tampons pour les faux-papiers. L'épouse du cordonnier a été relâchée au bout de deux jours. Ils espéraient se servir d'elle pour tendre un piège à d'autres membres. Ils l'avaient battue, menacée un jour et toute une nuit dans les locaux de la Gestapo.

Son mari il est resté entre leurs mains. Elle l'a aperçu avant de partir, défiguré il était ! Ceux qui avaient fait ça, les soi-disant policiers, elle les désignait. Dans le secteur, la fameuse brigade on en causait, et ses membres on commençait à les connaître. Comme par hasard l'échoppe du cordonnier, son atelier, avaient été cambriolés la veille, tous les objets précieux dérobés. Personne ne s'étonnait mais une exaspération montait, difficile à museler.

La dernière fois que je l'ai vu Mangin, c'était un mois plus tard à la terrasse du *Montaigne.* Il était soûl ou pas loin, vautré dans un fauteuil, les jambes écartées, Emilio ! viens boire un verre ! J'peux pas, un rendez-vous ! Il a ricané de me voir filer, n'aie pas peur, viens ici j'te dis ! J'ai pas entendu la suite, j'avais déjà tourné au coin de la rue Sainte-Catherine.

Quand il était plus jeune Mangin, que nous jouions ensemble, j'aimais bien son humour provocateur. Maintenant la fougue de l'adolescent s'était emballée, l'avait entraîné dans le jeu du mal gratuit au terme d'une douleur jamais soulagée. C'était le même rire que je venais d'entendre à la terrasse du café, celui de Mangin enfant, mais il était cassé, il résonnait d'un éclat fêlé, sinistre, celui de la mort indifférente, la sienne, celle des autres. Plus rien ne lui importait, surtout pas le lendemain.

On les a retrouvés deux jours plus tard lui et son acolyte le souteneur, face contre terre, le corps criblé de balles. Au fond d'un garage où ils stockaient des bidons d'essence, des meubles et du matériel volés. Sur la porte un V immense avait été peint en blanc. Il ne pouvait pas vieillir, Mangin. Depuis longtemps une musique aigre dans son rire l'avait annoncé.

À partir de l'automne 43 nous avons senti monter l'impatience. Ils sont foutus avait confié le maire à Lapeyre lors d'une visite au marché. Ça l'empêchait pas de venir se taper la cloche chez son amie la mère Labataille, plus douée que jamais pour brouiller les pistes celle-là, monsieur le maire aide beaucoup de monde confiait-elle au marchand de fromage supposé gaulliste, et depuis longtemps ! monsieur le maire restera ferme sur ses positions face à Laval, c'est un homme de convictions glissait-elle à un pétainiste qui se régalait, succulent votre agneau ! N'est-ce pas qu'il est bon, chez moi tout est frais !

Une tension s'était emparée des esprits et de notre quotidien, nous voulions nous débarrasser de ces vieux bandages qui nous entravaient, il paraît que les Anglais ont détruit Hambourg, que toute l'Allemagne est sous les bombes m'a dit Rafa. J'ai pensé à Louis, à des amis partis là-bas. Nous avions moins le cœur à danser, à nous amuser, ce que nous voulions c'était sortir la tête de l'eau et vite ! À quand la fin, Emilio ? Si nous passions une semaine sans nouvelles encourageantes de la BBC, nous sombrions dans le marasme. Et si les Boches se requinquaient? à quand la fin, Emilio? Il en pouvait plus et moi non plus et tous les autres, les victimes, les vraies victimes de cette absurdité, qu'est-ce qu'ils devaient en penser?

Devant l'épicerie des Lorca, Mercé servait de gros haricots blancs, des tarbais, à la livre, on vient d'en recevoir deux sacs. Il y avait la queue jusqu'au coin du cours de la Marne. Je l'ai laissée qui s'appliquait à peser juste le poids, chacun son tour! quand j'ai vu Hossanfleur qui s'approchait, c'est pas votre coin, vous êtes en visite? Non, le travail, mais tu tombes bien. Il a pris un ton réfléchi, ce qui voulait dire que c'était déjà tout réfléchi chez lui et même savamment calculé, les temps changent, Emilio, et le pouvoir aussi va changer. Il m'a dévisagé d'un air convaincu, avant on ne pouvait que survivre, maintenant il faut réagir, ici, ailleurs, partout, tu comprends? J'ai fait oui de la tête mais j'attendais la suite. Je m'occupe de ravitailler certains groupes il a poursuivi, mais pour ça j'ai besoin de bonnes volontés. Il a laissé un silence, crois-tu que des hommes comme ton beau-père et certains de ses amis m'apporteraient leur soutien? Il m'a décoché un sourire charmeur et déterminé, je sais ce que tu penses mais je t'assure, je crois dans ce projet et il n'y a aucun piège, seulement il faut faire vite car il y a tout un réseau à mettre en place. J'ai observé le bout de mes chaussures, je voulais pas être enthousiaste, je ne l'étais pas d'ailleurs, je vais lui en parler, je vous tiens au courant. C'est comme ça que ça a commencé.

Sans blague! Hossanfleur dans la Résistance! il ricanait le beau-père. Il faisait les cent pas, tu vois, Emilio, ça me mettrait presque de bonne humeur si ça ne m'irritait pas plus encore. La patronne à ses côtés elle en a profité pour déclarer qu'il faut le voir pour le croire, qu'il vaut mieux entendre ça que d'être sourd et que tant va la cruche à l'eau, tais-toi Concha ! Il l'a remballée si fort qu'elle a pris sa tête de perruche froissée et elle est montée se plaindre auprès des vieilles sorcières. J'étais pas mécontent.

Quand on s'est retrouvés tous les deux, Suarez il m'a dit qu'il était d'accord pour en parler, qu'il fallait être méfiant mais qu'un gars comme Hossanfleur, décidé à se racheter et bien doté en relations, pouvait être efficace, s'agit de savoir comment il la retourne sa veste, si c'est jeu double ou franco jusqu'au bout. Je l'ai vu manipuler les instruments sur le comptoir, il prenait les couteaux, les reposait. Ça l'avait rendu fébrile ces perspectives. Dehors deux vendeuses s'invectivaient en rentrant les charrettes vides. Les roues tintaient sur le pavé d'un accent léger, celui des jours où il n'y a rien à vendre, pas de marchandise sur le plateau.

Il était pensif le beau-père. Il m'a tapé sur l'épaule, c'était jour de gala ! je vais être très prudent avec ce type parce que c'est un loup mais, tu vois, hier nous avons reçu une lettre d'Antoine, ça serait pas mal si on pouvait contribuer un peu nous aussi. Là il s'est tourné vers moi, qu'est-ce que t'en penses ? Pas mal en effet j'ai répondu. Intérieurement j'étais content, j'avais confiance en Suarez mais moi, mon style c'était d'être évasif, pas mal, pourquoi pas, j'ai ajouté.

Chers parents,

Celui qui vous portera ce mot est un ami sûr. Je ne peux donner, vous le comprendrez, que peu de précisions.

Après une période difficile dans un camp de réfractaires, j'ai finalement été recruté depuis un mois dans une unité combattante de la région. Nous survivons et les jours sans pain ne sont pas rares. Le plus nécessaire ici est la force morale. Nous nous sentons coupés du monde et nous demandons chaque jour si le pays est derrière nous.

Autour d'un même idéal nous nous retrouvons nombreux, issus d'horizons si différents. Je passe mes soirées en discussions interminables avec un professeur de lycée et un républicain espagnol.

Les premiers accrochages avec des colonnes ennemies dans le secteur ont eu lieu avant-hier. Je ne sais encore quelle sera mon attitude au combat mais je me sens résolu.

Je pense à vous sans cesse. Baisers à Marguerite, Emilio et à la petite Hélène.

Votre fils qui vous aime.

Antoine

Le beau-père, il m'a tendu la lettre, que j'aie le temps de la lire et la relire. Il voulait m'inciter mais je lui ai dit que c'était peine perdue, que si j'avais dû m'engager ça serait fait depuis longtemps, un petit coup de main j'veux bien, mais j'peux pas plus.

Hossanfleur est arrivé au magasin un matin, tout sourire. Salut Julio. Salut Félix. Ils se voyaient pas souvent ces deux, mais le courant passait, ils avaient le même langage, ils étaient faits pour se comprendre. Comme deux *toros* dans le champ ils se mesuraient. Le boucher, il s'est penché vers Suarez, voilà! il a attaqué, je connais les gars d'un atelier d'abattage, ils seraient tentés par le ravitaillement de maquis qui, soit dit en passant, en ont bien besoin. Et qu'est-ce que tu feras de tes amis allemands? il lui a demandé directo le beau-père, ton ami le lieutenant que tu as même présenté à mon gendre? Moi j'ai fait le mort, il était bien renseigné Suarez et il ne voulait pas passer pour un naïf auprès de l'autre. C'est là l'astuce, Julio! je continue de les livrer et j'ai un *ausweis* pour ça, je peux circuler dans tout le département, franchir la ligne de démarcation si je veux, mais la moitié du chargement de viande je le dépose quelque part avant d'arriver au Bureau du ravitaillement à Bordeaux, compris? et la même chose pour la charcuterie, les fruits, l'épicerie qu'on pourrait collecter, tu me suis?

Ça a pris dix jours pour monter le manège. La première fois que j'ai conduit la camionnette avec Hossanfleur à mes côtés, qu'on a franchi les barrages allemands, je peux dire que j'en menais pas large. Lui au contraire à l'aise, un chef ce Hossanfleur, un chef sans morale, un bandit mais un chef, c'était pas discutable.

Il les a traités avec le sourire, en plus de l'*ausweis* il avait un sauf-conduit signé de la main de Dieter, sauf que Dieter il est loin à l'heure qu'il est, fini le foie gras! sur le front de l'Est ils l'ont envoyé! il a réfléchi un moment, ça lui fait les pieds, c'était un salaud.

On roulait à la lueur des phares, sur un chemin forestier du côté de La Brède. On ne voyait que le pied des pins et les fougères éblouies. Au-dessus pas une étoile, la nuit était plus noire que jamais.

La cour de la ferme était déserte. C'était au fond d'une grosse bâtisse que ça se passait, dans une grange aux hautes poutres. Le sol était couvert de paille et de carcasses entières ou déjà équarries. Le sang s'écoulait en un flot continu par une rigole centrale. L'odeur de mort et de chair dépecée prenait aux narines. Derrière un lourd mur de pierre, dans un bâtiment contigu, ça meuglait à fond et les types n'étaient pas trop de quatre pour maîtriser les bêtes. Tout à coup une détonation retentissait, un silence et le chahut reprenait.

Hossanfleur j'ai vu qu'il régnait en maître. Seul un vieux mal rasé, dont les yeux circulaient vite sous la pointe du béret, traitait d'égal à égal avec lui, viens par ici Félix. Il l'a entraîné dehors histoire d'échanger quelques billets, c'est plus comme avant mon vieux Vincent, je l'ai entendu dire Hossanfleur, c'est fini la grande vie ! Il est revenu vers moi et on a chargé la viande. À ras bord la camionnette ! J'ai cru qu'on repartirait pas. Au retour, à la moindre ornière on rebondissait, les roues elles n'en voulaient plus.

On a avancé dans la forêt épaisse pendant une heure. Hypnotisé par la route j'ai fini par oublier la délicate mission et Hossanfleur muet, rencogné dans son siège. Au milieu des fourrés et sous l'arche lumineuse des pins je me sentais libre, fondu dans la lande, loin des hommes et de leurs décrets, dans l'obscurité fraîche de la nuit.

À un carrefour, avant Le Barp, j'ai vu d'abord luire le canon des fusils. Ils ont surgi des ténèbres comme des hiboux. Leurs têtes ébouriffées appartenaient encore aux caches profondes sous les arbres et au sommeil de la forêt.

J'avais actionné les codes tel qu'il était convenu et ils étaient apparus. C'étaient des types jeunes aux mines allongées par la fatigue. L'un d'eux plus âgé, la trentaine, portait deux galons sur les épaules. C'est lui qui s'est dirigé vers Hossanfleur. Une fois encore le boucher a déployé sa carrure et son autorité. Au chef il a remis plusieurs enveloppes qu'il gardait dans son blouson et a commencé de donner des ordres au reste de la troupe, allez ! embarquez-moi ça ! les caisses aussi !

J'ai aidé à décharger la viande et des victuailles fournies par Suarez. Ils m'ont parlé, peu mais c'était chaleureux, les regards étaient complices. Pas de cigarettes, c'était repérable. Je me serais presque senti du maquis.

L'un d'eux plaisantait, vite il s'est mis à m'asticoter, eh collègue ! ça te dirait pas de rester avec nous ? tu laisses ton patron rentrer tout seul, il me regardait amusé. Moi j'ai fini par bredouiller quelques excuses. J'aurais eu du mal à jouer les cyniques au milieu de ces hommes au courage endurci. Là en pleine nuit au bord d'une route perdue je faisais pas le malin, la forêt ne m'appartenait plus. Il s'est approché de moi, je suis sérieux, tu sais, on a besoin de tous les gars décidés, réfléchis ! la prochaine fois peut-être… C'était dit sans agressivité, avec un accent de sympathie même. Une question me brûlait les lèvres, celle qu'il fallait pas poser, Antoine Suarez ? un de mes amis qui a pris le maquis j'ai esquissé. Oh ! tu sais, nous sommes au moins déjà quatre cents dans le coin, alors…

XVIII

Le matin du 6 juin 44 le téléphone du magasin n'avait pas arrêté de sonner, Rafa, la famille, les amis de Mercé, tu sais la nouvelle ?

Ça n'atténuait en rien l'inquiétude de Maria, l'irritation d'Adriano. Eux c'est un autre débarquement qu'ils attendaient, depuis plusieurs jours. À chaque sonnerie métallique ça y est, c'est les haricots ! Ils étaient bloqués à Bègles, chez le grossiste, qu'est-ce qu'il fait le camion ?

Le marché du samedi arriverait et la devanture serait vide une fois de plus, la caisse aussi, c'est pas avec la demi-meule de gruyère et les trois litres d'huile qu'on va vivre !

Les clients déboulaient tout excités, vous savez la nouvelle ? Maria esquissait un sourire, feignait l'enthousiasme, oui, oui, mais attendons ! elle redoutait les joies prématurées, attendons ! Peut-être Louis serait bientôt libéré ! Adriano lui ne simulait aucune joie, il en avait après le camion de légumes secs qui n'arrivait pas, *por Dios, papá !* le secoua Mercé, oublie le travail pour une fois ! les Alliés viennent de débarquer et toi tu t'inquiètes pour tes sacs ! Ah oui ! il gloussa Adriano, eh bien ! quand ils seront sur le pont de pierre tes Américains, tu m'appelleras, en attendant téléphone chez le grossiste, demande-lui s'il m'a pas oublié !

Le rationnement devenait de plus en plus sévère. Grâce à la voiture qu'avait empruntée Rafa, ils avaient pu se rendre au Ravitaillement, se procurer quelques sacs d'un café mélangé à des grains d'orge, des boîtes d'un chocolat farineux ou de pâtes alimentaires, du sel, de l'huile et c'était tout.

Depuis le débarquement les nouvelles circulaient de représailles dans des villages, contre les maquis. Les Garouste venaient de perdre un parent dans la région de Bazas, capturé, fusillé sur-le-champ, un gamin de dix-sept ans, son père aussi a été arrêté, un homme doux qui n'a jamais fait de mal à une mouche, ils l'ont emmené au fort du Hâ, elle se désolait madame Garouste. Maria l'écoutait, comme si cette guerre ne voulait pas finir ! les Allemands s'acharnent, s'ils pouvaient la perdre cette fichue guerre et vite !

Les jours de chaleur Mercé rendait visite à Marguerite. Elles s'installaient à l'ombre dans le jardin sur le banc de pierre. La petite Hélène jouait sur un coin de la pelouse. À la tête que faisait Marguerite il n'était pas difficile de comprendre qu'Emilio avait repris ses frasques, l'autre jour il faisait le joli cœur avec la crémière de la rue Kléber, même pas à cent mètres d'ici ! elle lâcha un jour, les yeux dans le vide, cette fois je ne sais pas si je vais le supporter. Dis pas ça ! tu le connais, ça va durer une semaine et il reviendra. Marguerite ramassa un brin d'herbe, il me croit folle mais dans sa figure je le vois quand il change, dans ces moments-là c'est lui qui perd la tête, tu sais Mercé, quand il est comme ça, on dirait qu'il déteste la terre entière, il se jette dans les bras de la première aventure et il faut qu'il y patauge jusqu'à se dégoûter lui-même. On entendait Hélène jouer avec des cubes de bois à leurs pieds, alors il se souvient de sa femme et de sa fille, exige de moi que je le reprenne, il dit qu'il veut de l'amour, de la tendresse mais l'heure arrive où je ne vais plus accepter et nous serons perdus, moi, la petite et lui surtout. Les feuilles du platane laissaient zigzaguer la lumière sur son visage, Mercé lui passa un bras autour du cou et lui dit à l'oreille allez Margarita ! arrête de broyer du noir ! il se calmera, tu verras. Elles se turent.

L'air retomba en fin d'après-midi. La lumière se voila. Les feuilles du platane s'étaient immobilisées en attente de l'orage. Mercé et Marguerite prirent le chemin de l'épicerie. La canicule avait asséché les pavés. Une odeur de pourriture remontait des égouts. La ville s'asphyxiait.

Quand elles arrivèrent Maria Lorca s'éventait à la caisse, évoquait avec ses cousines la fin de la guerre. Soudain Rosa s'écria tiens, voilà le meilleur ! Emilio s'approchait en compagnie de Rafa. Il était joyeux, avait pris la petite dans ses bras et la faisait sauter en l'air. Aussitôt les femmes se disposèrent en demi-cercle comme un tribunal. Rafa tâcha de plaisanter, Emilio feignit de ne s'apercevoir de rien. Dans un recoin de la caisse Marguerite ne bougeait pas. Alors Hélène ! lança Violette, qu'est-ce qu'on dit à son vaurien de père ? Y en a pourtant qui seraient bien contents d'avoir une jolie famille en ce moment renchérit Mercé et puis elle tira Rafa par la manche, et toi ne le défends pas ! mais Rafa n'avait rien dit.

Dans la vie faut pas s'en faire, Emilio, sa fille juchée sur les épaules, avait pris l'air innocent, fait mine de chantonner. Il se planta devant Marguerite, la regarda fixement, *moi je n'm'en fais pas*. Ses yeux à Marguerite, même si sa bouche se froissait dans un reste de colère, ses yeux s'attendrissaient déjà, *ces petites misères seront passagères*. Ils échangèrent un sourire complice, *tout ça s'arrangera*.

XIX

Quand on rentrait de notre virée nocturne dans les pins je ramenais la camionnette à toute berzingue jusqu'à Bordeaux. Avant que le jour soit franchement levé. Hossanfleur il dormait sur la banquette. On prenait la route de Bègles en longeant la Garonne et on débouchait sur la halle comme si on arrivait des abattoirs.

Là ma mission était terminée, c'est bien Emilio, on a fait du bon boulot. Privat, son commis principal, prenait les commandes et ils filaient livrer le Bureau de ravitaillement. Moi avec l'accord du beau-père j'avais quartier libre. Je partais dormir quelques heures et me pointais sur le coup de midi au magasin comme si je sortais de l'atelier, ni vu ni connu.

Un jour où je m'étais réveillé plus tôt je me suis rendu chez la petite crémière de la rue Kléber. Une impression insolite avait retenu mon attention la veille quand j'étais allé lui acheter du lait. Du lait ! un liquide bleuté où flottait une vague crème, ça c'était avec des tickets, je lui ai montré l'entrecôte que j'apportais enveloppée dans du papier journal, allez Simone ! donne-moi du vrai, c'est pour la petite. On a plaisanté sur le faux beurre, le faux café, le faux lait, le faux journal aussi, depuis quatre ans on ne lit que leurs fausses nouvelles elle a renchéri, y a que les Boches qui sont vrais j'ai déploré.

Pendant ces secondes de complicité j'ai remarqué comme sa peau laiteuse allait si bien avec la fraîcheur parfumée du lieu. Une odeur de crème montait de l'arrière-boutique. Un grain de beauté ponctuait la blancheur de son cou et comme elle s'est mise à me sourire, une pureté matinale a flotté dans la boutique. Comme une rosée désirable. Simone, on se regardait sans rien dire depuis une minute, je peux revenir te voir? tout a rosi en elle, une vraie émotion. Ça n'a pas traîné, elle regardait mes yeux que je plissais, mes cheveux tirés en arrière, toujours frisés, mais Emilio, je me trompe ou t'es marié? je te demande seulement si je peux te revoir j'ai dit en lui caressant la joue doucement avec deux doigts, elle ne rosissait plus, c'était un bouquet maintenant, quand tu veux elle a soupiré. Dans un souffle.

C'est comme ça que ça a commencé entre elle et moi.

Les commères elles n'avaient que ça à faire, à surveiller, Emilio il s'intéresse beaucoup aux produits laitiers ces temps-ci, y en a une qui est allée raconter à la mère Suarez. Jalouse, la tigresse elle m'a volé dans les plumes fallait voir comme, c'est des salades j'ai dit, ah oui! alors il y a beaucoup de menteurs dans le quartier parce que tout le monde t'a vu. Elle était dans une telle colère qu'elle faisait plus attention à rien, même pas à la caisse, le patron n'était pas là, j'ai prélevé ma dîme pour sortir ma petite crémière justement, ça leur ferait les pieds. À toujours me faire des reproches ils me fatiguent j'ai confié à Rafa. Tu veux quoi? qu'ils applaudissent? il a haussé les épaules, t'as pas l'impression de pousser le bouchon un peu loin des fois?

Nous nous retrouvions après mes expéditions. Au lieu d'aller dormir je la rejoignais en passant par le couloir de l'immeuble voisin. *Pas de lait aujourd'hui,* elle avait mis l'écriteau deux matins de suite, tu me fais faire des bêtises. Je caressais sa peau fraîche au milieu des bidons métalliques. Nous étions sens dessus dessous, exaspérés dans notre passion nouvelle. Ça n'a pas duré, ça ne pouvait pas durer, je faisais du mal à Marguerite et tellement plaisir aux vipères du quartier.

Elle se laissait embrasser encore la gentille Simone mais elle se sentait coupable, pour ta femme, ta fille, Emilio, il faut que nous arrêtions. Ça c'est mon affaire. C'est la mienne aussi et puis on te connaît ici, ça veut dire quoi? que t'es un séducteur, que tu vas me laisser, elle s'est levée, a passé sa main blanche dans mes cheveux, alors autant cesser de suite.

Au début de l'été 44 les opérations dans les bois aussi ont bientôt cessé. Dans le quartier on parlait d'un maquis rassemblé au Pont-de-la-Maye. Aux portes de la ville. Plusieurs hommes d'ici étaient partis le rejoindre en tramway jusqu'à Talence, le reste à pied, d'autres comme les ouvriers d'Hossanfleur, Privat et celui qu'on appelait Paquiro, avaient rallié l'endroit à moto. Ces deux s'étaient payés le luxe de plusieurs allers et retours entre le camp et l'atelier, t'as pas peur? Pas plus que ça, le patron dit que ça risque rien, que les Boches ils font déjà dans leur froc assurait Paquiro fanfaron. Privat semblait moins tranquille.

Cette agitation n'est pas passée longtemps inaperçue. Dans les premiers jours d'août les miliciens ont quadrillé le quartier, aidés par les tractions avant de la police. Ils s'en sont bien pris à l'atelier, ont cassé vitres et portes, mais ils ont fait chou blanc. Il n'y avait plus trace de combattants. Volatilisés les Privat, Paquiro, Hossanfleur! et les langues se sont tues à nouveau dans les bars et les commerces. Elles roulaient des yeux immenses les marchandes, attention ! y a encore des mouchards ! Elles vendaient leurs fruits, leurs légumes, pliant leurs poches en silence, tais-toi Henriette ! Les commentaires étaient sous surveillance.

J'en étais là quand Hossanfleur est venu me chercher un soir à la maison, juste avant le couvre-feu, pour une mission spéciale il m'a dit. J'arrosais mes pensées dans les jardinières en ciment quand il est apparu sur la terrasse, costaud décidément dans l'encadrement de la porte. Ce qui m'a frappé c'est qu'il était vêtu d'une combinaison à fermeture éclair, équipé de grosses chaussures. On part à la guerre ou quoi ? j'ai plaisanté. Tu crois pas si bien dire. Il m'a observé, allez viens ! je t'expliquerai plus tard, on a peu de temps.

Il me laissait pas vraiment le choix. J'ai pris des vêtements, un rasoir. Marguerite avait l'air désemparée, entre les missions et mes fredaines elle balançait entre la peur et le ressentiment. En cachette d'Hossanfleur elle a posé sa main sur mon bras, je vois pas comment je t'empêcherais, en hésitant elle a ajouté s'il te plaît, te fais pas tuer, d'accord ? Bien sûr que non, tu me connais. J'ai souri. On se retrouvait toujours tous les deux.

C'est sûr que les Boches, dès le début août, on en voyait moins sur les routes, aux carrefours. Ils avaient encore réussi à semer l'horreur dans les campagnes alentour mais là on roulait à tombeau ouvert avec Hossanfleur et jusqu'au fond de Bègles on n'en a pas rencontré un seul. C'est lui qui conduisait, mâchoires serrées, une traction avant qui sortait Dieu sait d'où. Ça rigolait pas dans les virages, les pneus crissaient, on va retrouver mon groupe il m'a lâché au bout d'un moment et je veux que t'en fasse partie. Il avait l'air excité, m'a tapé sur la cuisse, c'est la dernière ligne droite, Emilio! Il a enfoncé son béret, un large béret noir avec une petite barrette métallique sur le devant, à l'assaut! il s'est mis à crier. J'ai pas bougé sur mon siège. La voiture filait à toute allure. C'est comme ça qu'il fallait faire avec moi, ne pas me demander mon avis.

Au lieu-dit Tartifume il y avait un étang que jouxtait un bois. C'était un coin de pêcheurs du dimanche où l'on venait pique-niquer avant la guerre. Le père Lorca y était même tombé tout habillé une fois en croyant qu'il avait pied. Ça avait fait un beau chahut.

Le soir, quand on est arrivés, l'eau immobile miroitait et les arbres s'enfonçaient dans les premières ombres. La terre brûlait encore de la chaleur du jour. La voiture a tourné dans un chemin caché par des fourrés. Là j'ai vu des silhouettes assises sur un tronc, tu me laisses parler et tu t'étonnes de rien il m'a précisé Hossanfleur. Il y avait là Privat et Paquiro, ses commis, un grand type que je ne connaissais pas et un petit tout rond avec un toupet de cheveux fins sur le sommet du crâne, on l'appelait Bidule dans le quartier. C'était un simplet qui parlait d'une voix nasillarde et répétait la fin de chaque phrase. Il habitait dans la même impasse que Privat au fond de la rue Bel-Air. Bidule c'est un innocent qui manque pas de finesse, tu verras il m'a assuré Hossanfleur. L'autre, le grand, il s'est présenté, Léglise, il était rémouleur à Bègles, avant la guerre je vivais d'expédients, depuis qu'ils sont là les Fridolins, je vis plus du tout, il nous a confié pour justifier sa présence.

La nuit a fini par descendre et la fraîcheur aussi, on pourrait faire un feu, on pourrait faire un feu il a réclamé Bidule. Ça commençait bien!

Hossanfleur il s'est planté devant nous, voilà il a dit, nous ne sommes pas nombreux mais nous représentons le noyau d'un groupe des Forces françaises de l'intérieur, il s'est raclé la gorge, ce groupe s'appellera le groupe Félix, ce qui importe maintenant c'est de procéder à des sabotages, ensuite de rejoindre des forces plus nombreuses et mieux armées. Vue l'allure du groupe Félix ça me semblait recommandé mais je le connaissais le boucher, malin comme pas deux, il savait ce qu'il faisait.

Le temps s'est étiré, notre chef nous a développé plusieurs plans, expliqué les forces en présence dans la région. Dans sa voiture il est allé chercher un peu de pain, de fromage et une mitraillette Sten qu'il a suspendue à l'épaule, alors les gars qu'en pensez-vous de tout ça ? Moi j'en pense qu'on se caille ! a répondu Bidule sans attendre. Les trois autres avaient l'air partant. Moi j'ai rien dit, perplexe j'étais, je voulais voir la suite.

Vers minuit le patron s'est levé, il a dit qu'on allait s'arrêter au *Bar des Pêcheurs* qu'était pas loin pour téléphoner et qu'ensuite on partirait pour Léognan rejoindre l'arrière-garde du Corps Franc Lafitte, un fameux celui-là qui avait déjà sacrément bataillé dans les Landes. Et pourquoi l'arrière-garde si on veut se battre ? il a questionné le rémouleur. Parce que c'est plus prudent, plus prudent il a bafouillé Bidule.

On a tous ri sauf le chef. Finalement t'es moins con que t'en as l'air il lui a dit Paquiro au simplet pendant qu'on montait dans la voiture et il lui a tiré l'oreille en riant. Et toi c'est le contraire, le contraire il lui a répliqué et on a tous ri ce coup-là, surtout le chef, Paquiro un peu moins.

Hossanfleur il a garé la voiture dans une allée le long du *Bar des Pêcheurs.* Tout était éteint. Privat a frappé aux carreaux à l'arrière de la bicoque moitié briques moitié planches. Une lumière s'est avancée, salut Léon ! Privat ! qu'est-ce que tu fous là à cette heure ? On a besoin de téléphoner. Il a vu la mitraillette et les brassards bleu blanc rouge que les autres avaient passés. Attention ! il a protesté Léon, je veux pas d'emmerdes moi ! Rien à craindre a dit Hossanfleur en entrant et il s'est dirigé vers le téléphone mural.

Ça a duré une heure l'histoire. Léon il était tout à fait réveillé maintenant et avec lui sa fille qui nous a préparé des œufs frits, l'aubaine ! Ecoutez mon capitaine pas cette nuit mais demain à l'endroit convenu, entendu ! oui ! entendu mon capitaine ! Il était nerveux, il s'agitait beaucoup notre chef. Les autres ils ont demandé ce qu'on faisait ensuite. J'attends une réponse et on repart au camp. Au camp ! ce tas de broussailles près de l'étang ! Au camp ! Il manquait pas d'air. On aurait dit qu'il levait une division, le boucher.

Celui qui est intervenu c'est encore Bidule, moi j'en ai marre de la guerre, il a cassé net l'ambiance, c'est con la guerre, je veux rentrer chez moi, je veux rentrer, même Hossanfleur n'a plus bougé.

Je me suis levé et j'ai pris le chef à part. Il m'observait. Moi aussi, j'ai dit, je voudrais rentrer, j'ai réfléchi, c'est pas pour moi ces aventures, mais il n'y aura pas d'embrouille, je vous le promets, j'ai toujours été réglo, vous le savez.

Les autres ont enfilé des vareuses militaires qu'Hossanfleur avait dénichées. Elles venaient d'un surplus américain de l'autre guerre. J'ai dit à Bidule de s'installer, on va dormir ici. Le téléphone a retenti, oui mon capitaine ! bien reçu ! à vos ordres mon capitaine ! et ils sont partis se perdre dans la nuit.

Léon il nous a donné des couvertures et on s'est recroquevillés sur des chaises du café jusqu'au matin. Bidule, quand il parlait, il fronçait le nez et ses paroles semblaient trébucher sur le palais avant de sortir, j'aime pas la guerre, la guerre j'aime pas ça. Moi non plus Eladio, t'inquiète pas ! C'était son prénom Eladio, il était espagnol lui aussi.

Le lendemain à l'aube, on a marché deux bons kilomètres pour rejoindre la route de Toulouse et on a pris le premier tramway qui depuis Bègles nous ramenait vers le marché.

XX

On les vit descendre la rue de Bègles à partir du jeudi, à pied, en voiture, en charrette, certains poussant des landaus, d'autres sur des vélos aux roues dégonflées, hirsutes, la vareuse ouverte, ils ont bonne mine ! Sur le pas de porte les commerçants, les clients, les regardaient s'enfuir, les soldats de la Wehrmacht. La grosse Carmen elle en avait quitté son banc de poissons, elle tenait Maria par le bras, tu vois, je jubile mais c'est intérieur, je me retiens on sait jamais, ils seraient capables de nous foutre un coup de fusil en partant.

Heili ! Heilo ! bande de salauds ! scandaient quand même des voix bien cachées sous les bérets, Adolf ! t'as oublié la musique ! La fanfare qui, deux fois par semaine, paradait depuis la caserne Nansouty jusqu'à la place de la Comédie, ça faisait quinze jours qu'on l'avait plus revue, disparus les tambours, rangées les trompettes ! *Heili ! Heilo !* Ah ! soupirait Carmen, c'est dur de se retenir.

Le dimanche on avait vu les affiches partout sur les murs, signées des Allemands, demain ils seront plus là ! demain ils seront plus là ! répétait Mercé. Va falloir que j'astique les chromes piaffait Rafa, on fera un tour en voiture. Maria elle n'était pas trop d'avis, des tireurs isolés, on sait jamais.

Le dernier soir de couvre-feu tomba sur la ville. On guettait le bruit des convois, une chenillette passa devant le magasin sur le coup de dix heures puis plus rien. Il y avait trop d'impatience pour bien dormir. Le lendemain ce fut l'explosion.

Ils mirent du temps à arriver. On les avait signalés en ville depuis l'aube mais au marché ce ne fut qu'en milieu de matinée qu'on vit débouler les camions avec FFI ou FTP peints sur les portières, des grappes de types plus ou moins harnachés, le casque en avant, en arrière, grimpés dessus. Ça applaudissait sur les trottoirs, klaxonnait dans les rues.

Il y eut bientôt des drapeaux français à toutes les fenêtres. Dans cette cohue, le premier gros attroupement du quartier il eut lieu devant le restaurant de Violette. À tel point qu'on courut prévenir les Lorca. Maria recruta Adriano et le commis en renfort, des fois qu'elle aurait des ennuis ! Elle marchait vite, essoufflée, sa sœur pouvait être la cible de vengeances dans des instants comme ça.

Il y avait foule devant le pas de porte. Dès qu'elle la vit, Maria fut rassurée. On ne la lynchait pas, non, on la consolait, les voisins, les amis. Elle pleurait comme une madeleine, assise sur une chaise en paille qui par miracle résistait sous son poids, les larmes de son corps elle verse précisa la commise, celle du Blayais. Violette ! l'interpella Maria, qu'est-ce qui t'arrive ? Qu'est-ce que vous voulez qui lui arrive ! Francis, il a fait la malle. Un si bon garçon ! on l'entendit gémir Violette. T'as qu'à voir ! coupa la commise, cette nuit, elle expliqua pendant que sa patronne replongeait dans ses sanglots, ils ont déménagé toute la cave. Toute la cave ! reprit Violette, mon Francis ! C'est ça ! ton Francis ! elle intervint la bonne, sauf que monsieur Francis il a pris aussi les économies de madame votre sœur avant de partir, un garçon bien monsieur Francis !

Maria contemplait sa sœur, désolée. Maintenant qu'elle la voyait saine et sauve, la colère s'emparait d'elle. La voir là au milieu du trottoir, parmi la foule qui criait, les farandoles qui s'étiraient, c'était quoi ce scandale ! Bon, Violette ! un, tu vas me faire le plaisir de te lever, deux, de rentrer chez toi, trois, d'arrêter de pleurer comme une imbécile, quatre, pour des ennuis que t'as bien cherchés. Ça c'est bien vrai ! ponctua la bonne. Toi on te demande pas ton avis ! signifia Adriano qui lui aussi s'impatientait. Mercé intervint, ça commençait à tourner au drame. Au même instant une jeep chargée de maquisards passa en vrombissant cours de la Marne et fit diversion. On entraîna à l'intérieur Violette qui se laissa faire. Maria la suivit et demanda au commis et à Adriano de baisser le rideau.

Sur le coup de midi, Rafa vint chercher Mercé au volant d'une Citroën aux phares chromés mais c'était pas le jour pour circuler, les parents s'y opposèrent et ils partirent à pied faire un tour en compagnie d'Emilio et Marguerite. Parvenus au cours Victor Hugo, la foule était si dense qu'ils durent rebrousser chemin et arrivèrent à l'épicerie juste à temps pour applaudir une colonne de patriotes qui descendait le cours de l'Yser. Dans la deuxième voiture, debout sur le siège arrière, tout le quartier put voir défiler la haute stature de Hossanfleur. L'air martial, tout en devisant avec un gradé assis à ses côtés, il saluait les badauds massés sur le trottoir. L'escroc ! grommela Emilio. Seule Marguerite l'entendit. Mais ils n'étaient pas au bout de leurs surprises. En queue du cortège ils découvrirent Paquiro juché sur l'aile avant d'une traction. Il arborait trois barrettes sur l'épaule gauche, deux seulement sur la droite, d'une chemise kaki flambant neuve. Comme la voiture avait stoppé au carrefour, Emilio suivi de Rafa s'approcha moqueur, eh Paquiro ! d'où tu les sors tes galons ? t'as remarqué qu'il y avait pas le compte ? Paquiro s'agitait, je sais mais j'en ai pas trouvé d'autres. De près les barrettes étaient tordues, irrégulières, d'où tu les sors *compadre* ? Il se pencha pressé, le dis pas mais je les ai découpées dans une boîte de thon, voilà l'astuce et salut mon capitaine !

À ce moment le moteur gronda, les portes claquèrent, tous à la gare ! paraît qu'il y a deux collabos planqués ! Paquiro haussa le ton, donna des ordres mais personne ne l'écoutait et la traction pétaradant finalement repartit sans lui, allez au diable ! té ! et il se dirigea vers le *Débit Bleu* qu'était pas loin, j'ai une de ces soifs ! Là ils s'offrirent une sacrée tournée, lui, Emilio, Rafa, d'autres, des gars du quartier dont deux portaient un fusil sur l'épaule, et puis Bidule qui avait fini par les rejoindre.

XXI

Paquiro il pérorait depuis une heure au *Débit Bleu.* Si on l'avait écouté, la Gironde il l'avait libérée à lui tout seul. Pernod sur Pernod il s'enfilait et tournée générale tant qu'il y était, patronne, mettez ça sur mon compte !

Bidule il suivait à la limonade et absorbait bouche bée les exploits du guerillero de fraîche date, et quand on a fait exploser la citerne d'essence ! celle de Caminasse ? Mais tu l'as déjà racontée celle-là il intervint Bidule, pas si bouche bée que ça, tu nous as dit qu'elle était vide. Vide ! vide ! pas si pleine que ça, c'est pas pareil. Enfin, fallait le faire a dit un compagnon qui voulait remercier pour l'apéro. Sûr ! parce que les Boches ils étaient peut-être encore là.

Nous avec Rafa on disait rien. Moi surtout. J'avais pas à me vanter après m'être défilé, je me sentais pas à mon aise et moins encore quand il a déclaré Paquiro qu'il allait mobiliser une escouade. Et avec qui grand Dieu ? lui a demandé la patronne qui ne voyait que des habitués du bar devant elle. Bidule et Pascual, mon beau-frère, et ceux qui le veulent peuvent nous suivre.

L'exaltation était à son comble. Même Alfred, un effacé, une ombre qu'on n'entendait jamais, il a fallu qu'il exulte, il s'est mis à attaquer tout à trac *La Marseillaise.* Pendant qu'il braillait, Bidule s'est penché à l'oreille de Paquiro, j'étais à côté d'eux au comptoir, eh chef ! il lui a glissé flatteur, j'en connais, connais une, la fille de la mercière cours de l'Argonne, elle fréquente un Allemand, un sergent, un sergent il a précisé.

L'autre il a pas pu se retenir, il a explosé, en avant ! il a hurlé Paquiro. Il était content Bidule, il avait bien allumé la mèche, il avait bien mis le feu, simplet et pyromane. Tu manques pas de malice, de malice, pas vrai Eladio ? je lui ai envoyé. Il a repris son air benêt, il était parfait dans le rôle.

Allez les gars ! une collabo ! une serpillière à nazis ! on va aller la tondre ! en avant ! il gueulait Paquiro, guerrier et moitié soûl. Il titubait en sortant du bar. Le beau-frère et deux ahuris lui avaient emboîté le pas.

Ça promet pour la soirée a commenté Rafa. Nous avons rejoint la famille par le cours de l'Yser. La musique, du paso-doble et du Tino Rossi surtout, jaillissait par les fenêtres. Quelques autos filaient sur les pavés. Le soir s'étirait, sans couvre-feu, dans la chaleur étrange de la liberté retrouvée.

Depuis déjà deux bonnes semaines, celui qu'on avait vu sur tous les fronts au marché c'était Lapeyre, une vraie campagne électorale, vous savez à quel point mon fils est anglophile, Londres, Londres, il n'a que ce mot à la bouche ! confessait-il à l'un à l'autre sous la halle. Il prenait son interlocuteur à témoin, l'équipe municipale ne s'est souciée que des intérêts locaux, tout le monde le sait, et il partait d'un rire de tête. Il a la trouille m'a dit le beau-père qu'il venait de quitter, et il a raison.

Le fils aussi, Lord André, sapé british comme jamais, il était partout brutalement. D'où il les sort ses fringues ? je lui ai demandé à Rafa, il lui manque que l'Union Jack à la boutonnière. Alors, te revoilà ! elles l'interpellaient les marchandes, eh André ! maintenant qu'ils ont débarqué les Anglais, tu peux y aller finir tes études !

En grand dadais il récitait la leçon parentale, rien de mieux que les Alliés, il forçait même sur l'accent anglais. Quand on tendait bien l'oreille, à travers le baratin du père ou du fils, au marché, depuis le début du conflit, il n'y avait pas eu plus gaullistes que les Lapeyre. Certains, naïfs, les écoutaient, d'autres se moquaient. Rafa et moi on n'était pas les derniers.

Rien n'y a fait. Le lundi Bordeaux était libéré, le mardi le vieux Lapeyre était arrêté dans son bureau par les mêmes policiers qui l'escortaient la semaine d'avant. Au fort du Hâ, il va pas pouvoir jouer du piano ! il a fait mine de déplorer Rafa. Le fils, il était aux cent coups, mais son père a eu de la chance. Après interrogatoire, deux jours plus tard, il a pu rentrer chez lui et dans la foulée réintégrer l'équipe municipale, faut vraiment qu'ils aient besoin de tout le monde ! a rouspété Suarez. Chargé du ravitaillement ils l'ont nommé.

Un moment que je suis pas prêt d'oublier c'est quand le 17 septembre j'ai serré la main du général de Gaulle. Ç'a pas duré longtemps, clac, j'ai pu rien dire, le gosier noué. Il a posé sur moi son regard pointu, paupières tombantes, une seconde, bonjour, bonjour. Faut dire que j'étais pas seul dans la cour de la préfecture, une sacrée mêlée à ses basques ! Ça jouait des coudes pour être près de lui et puis d'un coup il a bifurqué, la foule des obséquieux prise à contre-pied, et il s'est trouvé face à Rafa, moi et un responsable du stationnement dans la cour, un type de Bacalan qui était vaguement copain avec Rafa. Bonjour, bonjour, il nous a tendu la main à tous les trois le Général et il a filé tel un mirage, tout en hauteur, képi, moustaches fines, dans la cohue.

Le temps de réaliser, de relever les yeux, ce que j'ai aperçu c'était pas beau, du mépris ou des expressions jalouses parmi les huiles qui suivaient. C'était bref, un éclair, mais instructif. Allez ! vous n'avez rien à faire là ! a dit un sous-chef qui nous est tombé dessus. Je vous demande bien pardon, une Peugeot et deux Citroën je viens de livrer, toutes neuves, il a répliqué Rafa sans se démonter, enjoué même, alors, si ça ne vous dérange pas, on va rester pour les surveiller. Il lui a décoché un sourire au cancrelat, soyez tranquille ! on bouge pas, on sera sages. Le gars de Bacalan il se marrait. L'autre, le sous-chef, il a filé, bon ! pas que ça à faire !

Toute la cohorte, après le défilé cours du Chapeau-Rouge, ils sont montés à l'étage, le Général devait saluer la foule. On entendait les grondements, à plusieurs reprises ça a rugi même. Je vois ça d'ici, ça doit se masser au balcon pour être sur la photo a ricané Rafa. Il se recoiffait dans le reflet du pare-brise en attendant. Moi, assis sur le capot, j'ai allumé une gauloise. Je fumais pas souvent, mais là j'avais besoin de reprendre confiance. J'ai bien essayé mon regard aux yeux plissés avec une secrétaire en socquettes blanches qui passait, mais le flirt ç'avait pas l'air à son programme. Elle a même pas tourné la tête.

Et puis tout à coup des vivats ont retenti à l'extérieur et le joyeux peloton du Général et des suiveurs, comme un vol de martinets, aussi vite qu'il s'était envolé, s'est abattu sur la cour. Dans un crépitement de pas on a vu passer derrière la haute silhouette des jeunes gens aux uniformes tout neufs, pleins de galons, et puis Maurice Ladaptet lui-même, l'ancien secrétaire général de la maison, un copain de Lapeyre m'a dit Rafa qui les connaissait tous à la préfecture, pas gêné celui-là ! et dans sa foulée, trottinant au milieu de cette pagaille, l'air effarouché, le vieux Lapeyre justement qui faisait un effort visible pour ne pas être décroché dès les premières accélérations.

Les chauffeurs qui n'étaient pas loin sont venus prendre possession des véhicules. Rafa en vérité sa mission était terminée depuis belle lurette. Allez ! on rentre j'ai dit. On a descendu la rue Sainte-Catherine parmi la foule toute festive encore dans l'air du soir, danses et petits drapeaux. J'en avais assez de tous ces gens. J'avais besoin de calme. Dans ma poche je gardais ma main toute chaude de la poignée de main du Général.

Quand nous sommes arrivés sur la place du marché, la charcuterie était déjà fermée. Sous le rideau tiré, la toile *Charcuterie J. Suarez* flottait au vent d'un petit air lugubre, il se passe quelque chose. J'ai grimpé en courant l'escalier et là, au milieu des vieilles, enlacé par sa mère, il y avait Antoine la mine réjouie. J'ai vu le sourire et le retrait simultanés, l'envie de se mettre en colère à cause de mes infidélités, les femmes avaient dû le mettre au courant, le plaisir de me revoir après toutes ces aventures. Allez Antoine ! embrasse-moi ! j'ai ordonné. On s'est donné un *abrazo*. Je l'ai examiné, il avait changé. Sous le teint hâlé les traits étaient émaciés, il avait pris de la maturité, de la dureté aussi. Alors ça y est ? c'est fini ? Non, trois jours seulement et je repars chasser le Boche dans le Médoc.

Pendant toute la soirée il nous a décrit son maquis en Dordogne, les combats, comment ils avaient eu chaud quand la division Das Reich avait manqué les encercler. Ils avaient pu décrocher au dernier moment, s'enfuir par la forêt et puis Bordeaux, la Libération, voilà ! il a conclu comme s'il venait de raconter ses vacances.

On se tenait tous chaud autour de la table. Ce soir les rancœurs étaient retombées. Le beau-père avait ouvert deux bonnes bouteilles. Antoine je lui ai dit au nom de tout le monde, on n'a pas envie que tu repartes, allez ! je l'ai encouragé, remets ton tablier, reste avec nous !

Son retour définitif a eu lieu un mois plus tard. Il a repris le travail à l'atelier comme après une parenthèse. Les matières premières, la viande surtout, manquaient encore. On en était réduits parfois à fabriquer un mauvais boudin avec du gras et du sang de bœuf, mais la gaieté était revenue, elle flottait dans le magasin.

Moi je me sentais intimidé par le beau-frère, c'était le même et il était différent. À certains moments, pour des paroles en l'air, on voyait qu'il n'avait plus de temps à perdre. Déjà qu'il était sérieux avant ! Chaque fois que j'ouvrais la bouche j'avais l'air de passer pour un fantaisiste. Après tout je la voulais légère la vie et lui était là à venir me l'alourdir, si tu veux on sortira samedi, ça te fera du bien, Antoine. Il a dit ni oui ni non, on le sentait ailleurs.

HOLLYWOOD N'A PAS FAIT MIEUX

67500 HEURES DE TRAVAIL D'OUVRIERS, 56 MILLIONS DE FRANCS, 2 TONNES DE CLOUS, 500 MÈTRES CARRÉS DE VITRES…

Et **MARCEL CARNÉ** nous présente

LES ENFANTS DU PARADIS

Hollywood n'a pas fait mieux… lit-on sur cette page. Ce pourrait être un slogan commercial mais lorsqu'il s'agit d'un film de Marcel Carné, point n'est besoin de phrases publicitaires, on sait ce que l'on peut attendre du réalisateur de *Quai des Brumes*!

Les Enfants du Paradis, le nouveau film de Marcel Carné, tiré d'un scénario de Jacques Prévert, s'inspire des vers de Shakespeare :

« Le monde entier est une scène. Hommes et femmes n'en sont que les comédiens. Ils y font leurs entrées et leurs sorties. » […]

En vérité, pour réaliser *Les Enfants du Paradis*, Marcel Carné a dû faire deux films : *Le Boulevard du Crime* et *L'Homme Blanc*. Ces deux époques réunies en une seule production. *Les Enfants du Paradis* durent trois heures quinze de projection.

Quand on lit de tels chiffres on croit rêver, mais il y eut vingt-cinq mille cachets de figuration, le décor du boulevard du Temple mesurait deux cents mètres de long et coûta déjà cinq millions. On reconstruisit sept théâtres et cinquante façades de maisons de douze à dix-huit mètres de haut. Il y eut huit cents mètres cubes de terre déblayée, trente-cinq tonnes d'échafaudage rapide, trois cents fenêtres; on utilisa trois cent cinquante tonnes de plâtre, cent cinquante mètres cubes de bois, deux tonnes de clous et cinq cents mètres carrés de vitres… et tout cela à une époque où il est impossible de remplacer un carreau cassé !

Ambiance – N° 13 – 14 mars 1945

XXII

Tout l'hiver l'Europe avait suivi la progression des Alliés, celle des Russes qui faisaient peur à tout le monde avec leurs cosaques en première ligne, il paraît qu'ils boivent l'eau de Cologne à la bouteille ! affirmait Violette dont le moral connaissait des hauts et des bas depuis la trahison de Francis.

Après la Libération et pendant la mauvaise saison le ravitaillement était resté difficile. Or un soir de mars 45 au même instant survinrent deux événements, l'un plus impérieux que l'autre. On venait de livrer en début d'après-midi deux barils de bananes séchées, les premières ! qui furent débarqués au milieu des cris devant l'épicerie. Les Lorca organisèrent une distribution rationnée à tous les clients et amis du quartier, ça va nous changer du rutabaga, de la margarine ! Adriano mit en place une file d'attente, Maria promit de contenter tout le monde mais ils ne pouvaient empêcher la bousculade.

C'est dans cette cohue que Louis réapparut le sac sur l'épaule, une valise à la main. Il les laissa pantois quelques secondes, et d'où tu viens ? lui dit sa mère. D'où je viens ? d'Allemagne pardi ! Elle lui sauta au cou, j'avais oublié comme t'étais beau ! Son père manifesta sa joie en lui donnant des bourrades dans les épaules, Mercé, Violette, les cousines, les commises, elles défilèrent toutes. Louis ! Louis ! les clientes l'appelaient depuis la queue qu'elles faisaient sur le trottoir, bon, c'est pas tout coupa Maria d'un air gêné, on parlera ce soir, mais si tu pouvais nous donner un coup de main…

On ne fit pas d'extra pour le repas du soir sauf que Violette et Rafa restèrent pour dîner. Mercé paraissait la plus heureuse, pinçait les joues de son frère de temps en temps. Louis dévora, je croyais, glissa-t-il entre deux bouchées, que vous seriez venus me chercher à la gare. Nous y sommes allés plusieurs fois et puis papa n'a plus voulu, tu sais comment il est, il disait que ça perturbait le travail et que tu finirais bien par arriver.

Adriano et Maria avaient repris leurs conversations habituelles, l'achat de piment, la réparation de la balance. Louis y avait tant songé ! Il découvrait sans surprise que l'accueil n'était pas à la hauteur des espérances du prisonnier. Ses parents avaient toujours été laborieux dans l'enthousiasme ou les effusions. Le travail. L'équilibre. Maria devait se forcer pour donner de la solennité à l'instant, à ne pas être inconvenante par trop de sobriété, elle ponctuait ses gestes d'un petit allez ! tu vas me goûter ça ! elle ajouta même un ou deux mon chéri ! qui résonnaient dans sa bouche comme des formules endimanchées. Et puis au cours du repas elle laissa tomber et revint à la simple joie des affaires qui reprennent, l'essentiel c'est que tu ailles bien ! Le train de la famille avait raccroché le wagon Louis qui un temps avait manqué, le voyage pouvait continuer.

À table il montra une pointe d'amertume, en son absence les plaisirs et les soucis avaient subsisté, n'attends pas trop de remerciements, lui glissa Mercé, ici c'est comme ça, tu le sais.

Elle et Rafa lui posèrent un tas de questions auxquelles, volubile, il répondait, la libération par les soldats américains, les trois longs jours de voyage dans des wagons de marchandises, sur des ponts sans parapet, des remblais défoncés, la traversée du Rhin. Adriano avalait bruyamment son vermicelle, s'agaçait, bavardez moins! mangez! Il s'irrita au fur et à mesure du dîner, coupa sans cesse d'une voix forte, Maria le sel! Maria le pain! Mercé change mon verre, il sent le fraîchin! Les aventures de son fils dans un pays aussi lointain et absurde le laissaient de marbre.

Il mit deux jours avant de le questionner, c'était comment en Allemagne? Il écouta vaguement les premiers mots, *bueno! bueno!* partit s'asseoir près du poste. Louis parlait encore. On entendit couiner les ondes, tiens! le visage d'Adriano se dilata, tu entends? c'est Radio Bilbao! pendant des années on n'a pas pu l'attraper. Il joua avec le bouton pour régler la voix, écouta, distrait, le speaker, et se mit à bâiller, Maria réveille-moi à trois heures! j'ai une partie chez Martinez.

Sitôt Adriano levé, et il se levait tôt, il réveillait la maisonnée, *despertaros*[1] *!* Il frappait dans ses grosses mains qu'il penchait dans la cage d'escalier pour qu'elles résonnent, allez! debout! même le dimanche, pas de repos. Il convoquait la bonne, Pilar! toi si catholique et pratiquante, viens me faire le café! comme ça tu seras à l'heure pour la messe! Ah ça! je serai pas en retard! vous êtes obligé de vous lever à six heures le dimanche? Si elle se permettait de rouspéter il lui en cuisait, Adriano se mettait en fureur.

---

1. «Réveillez-vous!»

À ce régime Louis n'eut aucun répit. Il était au magasin dès l'aube à lever le rideau de fer, installer les tréteaux, sortir les sacs de légumes secs, de lentilles. Il allait ensuite prendre un petit déjeuner au marché. Antoine Suarez l'y rejoignait souvent, au comptoir du *Débit Bleu* ou chez Rodolfo. Le pain n'était pas encore abondant ni fameux mais au marché on s'arrangeait. La patronne lui préparait une tartine, avec du vrai beurre mon chéri ! Dis donc, t'es bien vu par la maison ! le charriait Antoine. Laisse-le ! il faut qu'il reprenne des forces.

Dans les bistrots, sous la halle, dans les journaux, il n'était question que d'Amérique. Les cigarettes, la bière, la musique, même le cassoulet, américains ! À la radio ce n'étaient que chansons américaines ou françaises qui parlaient du Far West.

La fièvre avait aussi gagné le cinéma des *Capucins*. Le présentateur c'était Roger, il travaillait chez un chevillard le matin, à l'entracte il annonça une formidable attraction américaine, le fameux acrobate John-ny-Smith ! Le gars, sa tête elle leur disait quelque chose aux gens du quartier. Au bout de trois pirouettes et à sa façon de saluer, le mystère fut éventé. Le fameux Américain c'était un gars de La Bastide, Lagreste il s'appelait, son surnom c'était Pinouille. On l'avait vu débuter ici avant la guerre mais à l'époque il était jongleur, ça y est, je sais qui c'est ! s'exclama un type depuis le balcon, eh Pinouille ! on t'a reconnu !

Ce fut le cri de guerre, la curée, pauvre Lagreste ! La voisine de Louis et Mercé était formelle, n'est pas américain qui veut. Ce fut dans un style très local, sous les huées, que Johnny Smith Pinouille dut effectuer son repli, il a même pas terminé son numéro! regretta la voisine. Les injures pleuvaient. Heureusement le film qui suivait il était américain, elle croyait en tout cas, mais elle ne se souvenait pas du titre.

Depuis la Libération tout ce qui est bien c'est américain, grandir de 10 à 20 cm à tout âge? oui! par méthode américaine brevetée, le Rectificateur américain breveté refait en dormant tous les nez disgracieux, *Gigi elle était à deux doigts d'écrire.*
Musique, cigarettes, vêtements, spectacles, américains, on pouvait pas y couper! C'est comme ça, c'est la mode soupirait Carmen.
Au marché ça a commencé timidement, des petits bye! bye! en partant et puis les plus modernes se sont jetées à l'eau, ahodoyoudou? la grande Simone elle était lancée, on pouvait plus l'arrêter, et l'autre du banc d'en face qui lui répondait vériouelle! hé Simone, vériouelle! Pas un ordre, pas une commande sans qu'un oké! oké! y réponde. Ça dégringolait de partout.
Les filles sous la halle elles ne parlaient que de Fred Astaire et de Ginger Rogers, ce qu'ils dansent bien! et puis, entre deux clients et deux piles de tomates elles se mettaient à chanter Tifortou et Touforti! Une véritable colonie, le marché! presque plus un mot de français, encore moins d'espagnol!
Devant ce déluge Lord André, le seul qui parlait anglais avant la guerre, il a été débordé, hé André! hé André! il y en avait toujours une ou deux qui lui couraient après dans les allées, hé André! comment tu dis ça en anglais? et ça! et ça! il a fini par renoncer.

XXIII

Au sein des bataillons de FTP qui avaient sillonné la ville à la Libération, les guérilleros espagnols n'étaient pas passés inaperçus, bruyants, n'obéissant qu'à leur chef. Avec des gars pareils, le retour au calme ça a tenu du miracle, il estimait le beau-père.

Certains n'avaient pas poursuivi la reconquête. Harassés de ces années de clandestinité, d'hivers glacés dans les forêts, ils avaient posé leur sac. On leur avait trouvé une chambre rue Lafontaine ou rue Kléber. Ils ressassaient leurs aventures au comptoir des bistrots, les communistes dans l'un, les anarchistes dans l'autre.

Avec Rafa on y traînait parfois, au *Bar des Sports,* à l'heure de l'apéro. La patronne était jolie, une petite brune pétillante mais fallait pas s'approcher. Son mari mettait des disques de paso-doble sur le pick-up.

Un soir d'octobre il pleuvait sur la terrasse, nous nous sommes retrouvés devant le zinc au milieu de l'équipe de foot. Des gars chantaient. Les voix montaient rauques, exaltées.

J'ai offert le pastis à Fuentes, un maçon de Saint-Michel qui jouait arrière droit, et à son collègue, un type brun et nerveux. T'es nouveau ici toi, non? Il arrive du maquis m'a dit Fuentes. On a causé, il était d'Albal, province de Valencia. Et moi ma famille est d'Alcor, j'y suis allé il y a longtemps pour la mili. Il a bondi, Alcor! Il y avait un gars de là-bas qui était avec moi pendant la guerre, Paco Sanchez. Je l'ai coupé, tu parles ! Paco c'est mon oncle ! Le gars il m'a tout raconté, le même régiment en Espagne, le camp d'Argelès, la fuite à Toulouse et le maquis en Corrèze. Où est-il maintenant ? Il est encore dans la région, je crois, on s'est perdus de vue. Si tu veux, je peux me renseigner. J'ai hésité une seconde, est-ce que je voulais m'embêter avec cet oncle lointain, avec cette famille de fantômes ? Laisse tomber ! j'ai dit, c'est pas la peine. C'est vrai que c'était pas la peine. Une ombre est passée.

Le patron du *Bar des Sports* et ses amis ils avaient eu une idée lumineuse l'autre dimanche à la cinquième tournée, la formation d'un orchestre pour réconcilier ceux du quartier, tu verras avec la musique ! Crois pas ça, Antonio ! Essayons quand même ! et la location d'une salle pour jouer et faire danser les filles. Il fallait qu'ils se rencontrent tous ces hommes seuls, toutes ces Espagnoles célibataires ! Les femmes étaient d'accord, on en a assez du football ! elles confectionneraient les costumes, on s'arrangerait.

On se mit à chercher des musiciens et pour les musiciens des instruments, on organisa des lotos, des bourriches. Tout le monde fut mis à contribution et les commerçants, les riches, ceux d'avant, ils durent mettre la main au porte-monnaie, allez ! la paix ça n'a pas de prix ! Les Lorca, les Suarez, Rodolfo, Violette, d'autres encore, des Français même, Hossanfleur en tête, qui donna un gros billet, Lapeyre qui allongea le sien comme une condamnation, tout le quartier aida au projet. Une salle fut prêtée par la mairie tous les samedis et les dimanches. La fièvre monta. On dégotta des cuivres, on acheta des tambours. L'enjeu était de taille, le marché avait les yeux rivés sur la *banda*, ça doit sortir parfait ! affirma Antonio. On nomma chef d'orchestre Gerardo, un vrai musicien. Les répétitions purent commencer. Restait à choisir le nom de l'orchestre et la couleur pour les costumes.

Ay mi sombrero ! (paso-doble)

Sombrero, ay mi sombrero,
tú eres de gracia un tesoro
y tienes rumbo torero
cuando te llevo a los toros.
Te quiero porque en tus alas,
sombrero de mi querer,
conservas bordao con gracia
el beso de una mujer.

Sombrero, ah ! mon sombrero,
tu es un trésor de grâce
et de splendeur taurine
quand je t'emporte aux arènes.
Je t'aime parce que sur tes ailes,
sombrero aimé,
tu conserves brodé avec grâce
le baiser d'une femme.

Auteur : Rafael de León
Interprète : Pepe Blanco

J'aimais parler avec Marguerite sur la terrasse, jouer avec Hélène dans le jardin.

Mais c'était toujours la même ritournelle, chez les parents le dimanche, Mercé et Rafa qui passaient le samedi soir. Ils avaient décidé de se marier ces deux. T'es pas fou ! j'ai lancé à Rafa, tu vois pas où j'en suis ? ça te fait pas réfléchir ? Laisse-moi me marier il m'a dit en clignant de l'œil, après je te dis pas les virées qu'on va se faire ! sage la semaine et en voiture le dimanche ! Je l'ai chambré, t'as de bonnes résolutions, je vois, ça va être une partie de plaisir avec le père Lorca. Il a ri, t'inquiète pas ! on saura y faire, je m'occuperai bien de Mercé, c'est une chic fille, elle comprendra, tu verras. Arrête ton char, Rafa, je crois que t'es pire que moi !

En attendant j'étais toujours attiré par les lumières de la ville, je trouvais toujours un prétexte pour dîner au *Cardinal*, prendre un verre au *Régent*, allons voir les jolies Bordelaises ! Rafa, il empruntait au garage les derniers modèles, rutilants, pour la soirée, patron ! Vitres baissées, roulant au pas le long des trottoirs, pas vraiment discrets, on hélait les jeunes femmes, mademoiselle, hé mademoiselle ! Celles qui me plaisaient, elles répondaient jamais. On finissait par en trouver des plus faciles, souriantes qui voulaient bien monter pour un tour en voiture. Elles m'énervaient dès les premiers rires, des fois c'était pas supportable.

Un soir on en a enlevé deux qui s'esclaffaient à chaque mot, débitaient des inepties, c'est pas la classe ! j'ai glissé à Rafa. Et nous ? il m'a renvoyé, tu crois que c'est la classe avec nos kilos de pommade sur les cheveux, nos costards trop voyants ? Mais lui il s'en moquait Rafa, ça lui allait comme ça. Allez les poulettes ! Il nous a conduits devant la terrasse du *Grand Café*, allez ! il a balancé une claque sur les fesses de sa cavalière, une blonde qu'était petite main allées de Tourny, allez ! allez ! il rigolait Rafa, t'es trop compliqué, Emilio, tu sais pas ce que tu veux.

Comme il m'a vu m'assombrir en passant entre les tables du café, profite ! il m'a ordonné, sois pas idiot, profite ! et il s'est installé entre les deux gourdes en leur décrivant les garages qu'il dirigeait dans la région, j'en ai même un à Bayonne, ça vous dirait les filles un petit tour au Pays basque ? hein Emilio ! il m'a secoué, qu'est-ce que t'en dis d'un petit tour au Pays basque ? profite, Emilio, vas-y ! profite ! il me répétait avec les yeux.

Moi ce que je cherchais derrière le rideau de cette gaieté poisseuse, c'était de la finesse à partager. Toujours en quête des merveilles du monde ! Persuadé j'étais qu'il suffisait de pousser la porte.

Rafa, lui, il était plus heureux, c'était sa nature, t'es trop compliqué Emilio ! des fois tu te gâches le plaisir avec des si et des mais. Il me désignait la route de l'autre côté du pare-brise, regarde ! elle est pas belle la vie ? on va gagner plein d'argent j'te dis moi ! et on va s'offrir le monde ! Nous roulions dans une superbe Vedette aux jantes peintes en blanc. Il souriait d'aise. Nous aimions les mêmes choses Rafa et moi, mais nous empruntions des chemins différents. Tout lui procurait du bonheur, il ignorait la violence qui me parcourait par instants, me nouait l'estomac, tranquille Emilio ! Le coude posé sur la portière, il conduisait, détendu, la vie est belle, je te jure. Jure pas ! je l'arrêtais.

Quand elle était décevante la réalité, il s'en fabriquait une belle, il se racontait des histoires. C'était une cascade magnifique dans sa tête, à Paris je descends toujours au même hôtel rue de Rivoli. Mais t'y es jamais allé à Paris ! Le mois prochain nous devrions faire un saut sur la Côte d'Azur, j'ai un ami qui tient un restaurant à Nice. Ah oui ? et il s'appelle comment ton ami ? Il éludait la question, c'est une idée, il semblait méditer, faudra qu'on se décide un jour. Il finissait par y croire à ses histoires et ses nombreuses fiancées y croyaient avec lui. Rafa il m'agaçait des fois mais c'était un magicien.

Ç'a été une sale période à la maison. Plusieurs fois, au retour de mes escapades, j'ai trouvé Marguerite prostrée sur une chaise. Elle ne faisait pas la tête, non, elle s'était absentée. Depuis deux mois elle cousait à longueur de journée, s'occupant à peine de sa fille. Elle souhaitait se soustraire à moi, aux autres, à moi surtout. Quand j'apparaissais, elle tressaillait sans mot dire. Ses gestes dégageaient un halo de tristesse.

Ces jours-là je pouvais l'interroger, tambouriner comme un fou à la porte de sa conscience, à peine si elle m'entendait, Marguerite, parle-moi ! elle levait un regard vide et replongeait dans ses travaux. Au-delà du mal elle était partie, de la douleur que j'avais pu lui infliger.

Comme chaque fois qu'elle sombrait, j'ai fini par m'alarmer, ça a pris du temps mais je suis parvenu à ranimer notre entente, tu m'as fait peur, tu sais ! Elle n'a pas commenté, elle revenait de contrées à chaque évasion plus lointaines. Je me suis dit qu'un jour elle ne reviendrait pas. Je m'incitais à la prudence mais je savais ma sagesse provisoire.

Cet hiver-là j'ai attendu. Elle s'est défaite semaine après semaine de son enveloppe cotonneuse et puis sont survenus des rires doux, des pétillements dans les yeux, la fleur s'ouvrait. Marguerite reprenait vie et moi avec elle.

Au magasin, pendant l'hiver 46-47, l'approvisionnement s'est amélioré. Ce n'était pas le cas partout, mais ici la marchandise revenait sur les rayons, variée, appétissante, elle repartait aussi vite. L'humeur était travailleuse dans le bruit des caisses bien remplies. Ça repart Emilio ! ça repart ! Le beau-père il en avait le sourcil frémissant. Au moins maintenant ça rapporte un peu ! ponctuait Garouste qui nous rejoignait le samedi à la fermeture.

C'était l'heure où les commises balayaient le trottoir, où Tonio baissait le rideau. Nous prenions l'apéritif à la terrasse de chez Rodolfo, au bruit de l'arroseuse municipale, du siphon dans le Cinzano, jamais pur ! il annonçait Garouste, dans les odeurs de cacahuètes grillées, de poireaux écrasés. La nuit s'était retirée, la matinée s'achevait. Elles abandonnaient le marché au pic du jour, hébété comme un vieux fêtard solitaire.

De Noël aux giboulées de mars, l'hiver a été rude au travail. La bise s'engouffrait dans la charcuterie, le métal glacé brûlait les mains, je pars dans le frigo me réchauffer ! l'astuce entre nous. Les doigts gourds et le cerveau congelé, on maniait l'esprit comme on pouvait. Pas le temps d'aller se réconforter, allez ! un petit café en vitesse ! trop de monde de l'aube jusqu'à midi. Comme elles partaient les cargaisons de jambons, saucisses, rillettes ! Gros, demi-gros, détail, il s'était déployé sur tous les fronts le père Suarez et avec lui Antoine, vaillant comme pas deux. Ça l'a aguerri le maquis ! sifflait fièrement sa mère.

Je la pistais celle-là, qui jouait les dames maintenant que l'argent rentrait. Elle pontifiait, donnait son avis sur tout. Elle avait beau raser sa moustache, mettre en valeur de beaux restes, je la fuyais comme la peste, je savais que dès qu'elle pourrait, elle tenterait à nouveau sa chance avec moi.

Ça m'est tombé dessus un matin de décembre, à la cave, dans la buée des graisses chaudes qui s'évaporaient par le soupirail, alors, Emilio, tu fais toujours ton méchant? Taquine avec ça! Elle s'est approchée, m'a caressé les cheveux, pincé la joue, et moi qui me laissais faire! toujours curieux de l'instant d'après, des grosses surprises ou des légères infractions aux bonnes mœurs. Elle s'est approchée encore et là, tant pis! le grand jeu! Je l'ai embrassée violemment, je l'ai empoignée, les seins, le sexe. Doucement! elle a glapi, espèce de brute! Trop tard Concha! j'ai coupé et puis j'ai remis ça. Elle s'emportait, s'asphyxiait. Je l'ai renversée sur un sac de sciure, culbutée, attrapée, dévorée, la belle-mère, sans douceur jusqu'au plaisir, sans répit jusqu'à la fin, jusqu'à ce que tout ça explose, disparaisse, allez Concha, allez! Emilio! Emilioo! elle essayait de couiner ses mièvreries mais je l'ai arrêtée la vieille, allez Concha! on n'est pas là pour rigoler! Emilio! Emilioo! y avait rien à faire! Il aurait fallu la bâillonner. Emilioo! elle continuait. Nos deux corps partaient dans tous les sens, en déséquilibre, Emilio! elle se trémoussait. À force de jouer les acrobates ça s'est terminé, paf! trop vite dans un spasme ridicule, moi le pantalon sur les chevilles, elle les quatre fers en l'air, dans la terreur aussi. Il y avait eu des bruits de pas en haut de l'escalier. Que quelqu'un nous découvre et adieu la famille Suarez! à nous les décombres!

On s'est rhabillés, rafistolés, vite! vite! On remettra ça elle m'a soufflé en partant, vulgaire. J'en étais tout barbouillé de sa vulgarité.

Le goût du scandale qui m'avait attiré. J'en ai gardé des jours le parfum dans la tête et sur les lèvres. Sinon je me suis tenu tranquille tout l'hiver. C'est qu'on ne chômait pas la semaine, à l'atelier, aux livraisons. Les dimanches, eux, traînaient en repas de famille. On faisait longue table. Les Lorca partageaient souvent avec nous ces journées entre siestes et anecdotes. Dans les brumes digestives, rassemblés autour de la table, nous racontions des histoires de la halle.

Le soir de la Noël 46, le beau-père il a attaqué le paso-doble *Sombrero andaluz*. À la deuxième anisette, les femmes battaient des mains. Les mères Lorca et Suarez dodelinaient de la tête en rythme, chantonnant pour accompagner. Mercé dansait dans un coin. Seul le vieux Lorca s'est agacé mais, par respect pour Suarez, il n'en a rien laissé paraître.

Dans ces instants-là, je n'avais pas besoin du monde entier. Fugitivement, au son d'un paso ou d'une plaisanterie, nous sentions l'éclat d'une gaieté qui se suffisait à elle-même. Des minutes en suspens où tout se dilatait, où la chaleur vibrait parmi les convives. Et puis le soir tombait, la joie s'essoufflait. Il fallait se lever. C'était fini.

Pas de temps à perdre! La chasse ouverte! Dès les premiers rayons qui ont chauffé la peau, dénoué les muscles, je me suis mis à piaffer.

L'hiver entier j'étais resté au calme dans ma tanière. Marguerite et moi nous étions complices. Elle, détendue, abordait la vie avec une rigueur détachée, lucide. Quand c'était comme ça, elle m'éclairait le chemin.

Hélène, ma petite Hélène, poussait. De ma part elle ne manquait pas de tendresse. Je redevenais enfant pour jouer avec elle sur le tapis de sa chambre, t'es fou papa ! elle riait.

Mais voilà ! Le soleil était là et la fraîcheur dans les feuillages. Des ailes soulevaient les jambes des filles. Rafa était comme moi, je te vois qui ouvre grand les yeux, Emilio, nous n'allons pas tarder à nous envoler !

Nous avons commencé par nous rendre au stade le dimanche, les Girondins avaient une sacrée équipe. On pouvait pas rater ça, on a expliqué. Mercé était enceinte, Marguerite venait en renfort et nous de tracer la route.

Familial c'était, l'ambiance des matchs, réflexions, passion, rigolade. Dès le coup de sifflet final on regardait si quelque jeune femme n'avait pas dans les yeux cet éclat des cœurs en attente. Rafa et moi aimables, prêts à proposer nos services, charmeurs, de façon trop appuyée parfois. Avec Rafa tout était dans l'emphase, mais ça marchait.

À la sortie il y avait une buvette, près du vestiaire des joueurs. Au soleil d'avril les robes des femmes étaient légères. C'est là que je l'ai rencontrée Alice. Nos regards s'étaient croisés pendant le match, sans s'attarder.

Elle et sa copine Lucienne, on m'appelle Lulu elle a dit d'entrée, elles étaient là sur un pied sur l'autre, accompagnées d'un cousin. On s'est mis à plaisanter, moi avec Alice, Rafa avec Lulu qui riait fort. Finalement on a proposé d'aller boire un verre à *La Pergola,* un dancing qui était à deux pas. Ça tombait bien, elles voulaient danser et le cousin devait partir.

Alice elle était du quartier. Son père, Hernandez, il était contremaître à l'usine de chaussures de la rue Kléber. Elle en avait assez des deux pièces où ils vivaient entassés. Elle travaillait comme secrétaire dans une école de dactylo. Le patron, un vieux monsieur élégant, il devait la prendre sur ses genoux d'après moi.

Elle avait un visage fin, des yeux éclatants, malicieux. T'as rien contre une sortie samedi soir ? il y a une fête au *Clarines*. Je verrai, mon travail, mes parents…

Au *Clarines* le patron, le gros Pepe, donnait un spectacle flamenco les fins de semaine et des nuits de *fiesta* les soirs de corrida. Avec Rafa on n'en ratait pas une. Les maestros venaient prendre un verre, une gorgée, la coupe de champagne posée avec cérémonie, *con temple*[1] *!* disait Gitanillo, accolades, un billet pour le personnel et salut la compagnie ! Sauf Gitanillo. Lui il attendait que le jour se lève, il ne rentrait jamais avant. Et nous, nous aimions l'accompagner, parler avec lui, jusqu'au bout de la nuit.

Ce soir-là, c'étaient devant une dizaine de clients éparpillés que les artistes se produisaient. Alice était intimidée au début. L'ambiance flamenca et les airs de gouapes des gens du *tablao*[2] lui étaient étrangers. J'en ai profité pour la rassurer, jouer les chaperons, Lucio ! j'ai appelé le serveur, deux *finos !* des *tapas !* Rafa et Lulu nous ont rejoints, ça allait mieux, elle s'est détendue. On a repris deux *finos* et puis deux encore et Juanito, le chanteur, est apparu sur la scène minuscule. Il a pris un air inspiré pour roucouler le chagrin que lui avait infligé la dernière lettre de son père, la peine qu'il avait infligé, lui, à sa mère, la peine *ay!* de son quartier, de Triana, ceux de sa ville, *ay ! Sevilla !*

---

1. Terme tauromachique qui signifie ralentir la charge du taureau avec grâce et harmonie.

2. Cabaret flamenco.

Assis sur les coussins du *Clarines*, Alice, sa peau satinée contre moi, j'étais d'humeur badine, mais s'il avait continué de gargariser sa médiocre complainte, Juanito était bien parti pour vite m'agacer. Or là, Pedro le guitariste a cessé de jouer et lui Juanito s'est mis à chanter d'un ton austère, à évoquer une douleur, pas la douleur de kermesse de toute à l'heure, non, une douleur différente, vraie, profonde qui gonflait sa gorge, étirait sa voix, jetait des pierres dans sa poitrine, une douleur qui m'en rappelait bien d'autres. Son visage s'est allongé, a dévoilé soudain une noblesse inconnue. Chaque note se prolongeait dans le chant d'une rivière, le soupir d'une montagne, et la peine résonnait strophe après strophe, s'égrenait mélancolique, jusqu'à la dernière phrase. La plainte lentement est retombée. Un *martinete* ça s'appelait.

Les gens du bar, Pedro derrière lui, le patron, les clients, il nous avait tous saisis, le chanteur. Arrête ! c'est très beau mais tu nous flanques le cafard a dit Pepe. Il a bien fallu redescendre, et quelques accords de *bulerias,* et une rumba même, pour que les voix renaissent, que les rires reprennent. Ceux de Lulu, par exemple, nasillards, agaçants. Alice s'était rapprochée de moi pendant ce temps. Ses cheveux châtains flottaient autour de sa tête. Je m'y plongeais, je lui disais des choses à l'oreille. Elle a bien voulu être mon amie.

On les a emmenées, le dimanche suivant et celui d'après, prendre l'apéritif au *Grand Café*. Rafa il garait la Vedette en double file devant la terrasse, splendide, astiquée de tous ses chromes, cette voiture c'est mieux qu'une américaine ! Il ne la quittait pas des yeux. Quand elle brillait comme ça, il en oubliait Lulu qui ricanait dans son épaule, Rafael ! tu m'écoutes, Rafael ?

XXIV

La liste s'étirait sur le mur du bar, face au comptoir. Un numéro, un coureur, un client. La poule ça marchait pendant le Tour de France, Gaston ! eh Gaston ! c'est qui le 78 ? Ça coulait en cataractes la limonade, le pastis et les glaçons. Juillet 47 était torride, moi je vois Kubler dans la montagne.

La poule c'était simple, une victoire d'étape égale une tournée d'apéritifs limitée à cinq verres, le maillot jaune à l'étape, deux apéritifs, et la victoire finale, une caisse de vin bouché. Gaston le patron était intraitable, j'suis pas commissaire de course ! un coureur déclassé ou qui a crevé juste avant l'arrivée, pas d'apéro ! ou alors tu payes ! C'était un Basque de Bayonne qui avait racheté le petit bar à côté de l'épicerie des Lorca. Il roulait de la rocaille dans ses mots, causait peu, ne buvait pas avec les clients.

Brambilla, Vietto, Robic, Geminiani, Lazarides, les habitués avaient tous un coureur chez Gaston. Entre sueurs et rafraîchissements, ils laissaient traîner l'après-midi. Des pigeons sautillaient sur l'asphalte brûlant devant la porte. Le revendeur de journaux faisait la sieste, sa visière sur le nez. Le commis des Lorca, en attendant l'ouverture, causait avec lui, alors René, tu gagnes aujourd'hui ? J'sais pas, j'attends le poste avec Georges Briquet.

Gaston avait donné les numéros des favoris à ses meilleurs clients. Chaque fois qu'on en nommait un, une tête de poivrot se dressait. Ceux-là, quand ils gagnaient une tournée, ils en remettaient deux, ou trois, ou quatre ! Un qu'on appelait Gros Lot était formel, quand t'as un sprinter, belge de préférence, tu peux gagner plusieurs fois dans les étapes de plat et il leva son verre.

Vers cinq heures le patron descendait de sa cambuse au-dessus du bar. Il allumait le poste et la voix du radio reporter, dans une envolée lyrique, rebondissait sur les murs. Tous se taisaient, c'était le classement de l'étape.

Rafa et Emilio ils ne perdaient pas une arrivée d'étape. Louis les rejoignait souvent. Son coureur, un équipier luxembourgeois, on voyait mal ses chances de victoire d'après Rafa. Son père, c'était pire. Non sans malice on lui avait refilé un tocard à Adriano, Tarchini, un Suisse qui était carrément lanterne rouge depuis le début. Il l'avait tiré un samedi, en prenant son vermouth de fin de semaine avec son fils et les commis. Il rechignait chaque fois, pas d'argent à dépenser !

Le Tour arriva à Bordeaux le 14 juillet. Gaston et les amis du bar partirent dès midi au Stade municipal, avec ce qu'il fallait à manger et à boire, et s'installèrent au pesage, à hauteur de la ligne d'arrivée. Ils ne voulaient rien manquer, ni les américaines en début de réunion ni la caravane avec la publicité, les motards, les accordéonistes. René, trop petit, il fallait qu'il monte sur une caisse pour voir la piste.

L'arrivée au Vélodrome entraîna ce jour-là des drames en cascade. Latorre le régional avait démarré dès la sortie du tunnel. Roger un commis tripier qui avait son numéro croyait que c'était dans la poche quand Tarchini le Suisse, la lanterne rouge, le coureur du vieux Lorca, déboula dans le virage, vint déborder l'Italien Tacca et remporter le sprint. Incroyable ! c'est incroyable ! ils répétaient consternés Roger, René, les autres.

En bord de piste ils étaient aux premières les habitués de chez Gaston, pour les voir s'engueuler et à qui mieux mieux les gens du peloton, hou là ! ça barde ! les coureurs, les commissaires, les directeurs d'équipe, agglutinés autour du podium, quand on vit un drôle de type, droit comme un *i*, moitié explorateur moitié major des Indes, casque colonial, short et fine moustache, fendre la foule. C'est quoi ce zigoto ? demanda Gaston. C'est Goddet, le directeur ! il l'avait reconnu Gros Lot. Au garde-à-vous ils étaient tous ceux du peloton. Et puis la nouvelle éclata au micro, on déclassait Tarchini pour avoir tiré le maillot de l'Italien. Finis le tour d'honneur, les primes, remballé le bouquet, renvoyée la lanterne rouge à son dernier rang, à ses turpitudes ! Ça alors ! Ça leur plaisait pas trop aux copains la victoire de Tarchini et donc celle d'Adriano mais là, le Tacca, on savait même pas qui en était titulaire dans la poule.

En plein brouillard, écœurés ils étaient, ce qu'en disait René, tout magouille et compagnie ! L'explorateur des Indes il pouvait faire des moulinets avec les bras, le micro pouvait crachouiller des rectificatifs, ils n'écoutaient plus, la petite bande, ils avaient juste envie de se rapatrier dans le quartier, de boire un coup chez Gaston où la patronne et des bouteilles au frais les attendaient.

Adriano et Maria revenaient de leur goûter chez Jamasset quand la troupe arriva déconfite dans le bar de Gaston. Les Jamasset, on les avait moins vus pendant la guerre, juste pour des provisions bien nécessaires fournies par Maria en cachette. Sinon lui, l'ancien de 14, il avait fait confiance au Maréchal, quelqu'un qui a fait don de sa personne à la France, madame Lorca! À la Libération on n'avait pas épilogué. Ils avaient tenu à remercier les Lorca de leur générosité, une citronnade et des biscuits ça sera très bien! avait dit madame Jamasset. Adriano grignota un gâteau, ne toucha pas son verre. La famille venait de passer une semaine chez une tante en Vendée. Le comptable, il en parlait avec enthousiasme, un temps dégagé, à peine quelques stradivarius dans le ciel!

Au retour, Adriano avait pressé le pas. Le goût des olives, l'odeur de la soupe aux pois chiches, ça l'avait ragaillardi en montant l'escalier. Il s'était installé à table, suant de grosses gouttes sur son assiette par cette chaleur. Maria parlait doucement des mariages possibles de Louis, une fille de mandataires du marché ce serait bien, l'avenir serait assuré et on se sentirait à l'aise avec des gens d'ici, quand des exclamations résonnèrent à la porte d'entrée.

Les voix filaient dans l'escalier réclamant Adriano le vainqueur! Adriano le champion! C'est quoi ce raffût? Maria, va voir! dit-il sans lever le nez de son repas. Elle revint aussitôt, ce sont les gars du bar, ton coureur il a gagné l'étape! Une tournée! une tournée! ils y allaient les assoiffés, en bas dans le couloir, ils la voulaient la tournée d'Adriano, et une autre, et plusieurs faudrait qu'il remette! c'était leur conviction, la tradition, comme ça, pas autrement!

Maria l'incita, je crois qu'il faut que tu descendes. De mauvaise grâce il enfila sa veste, remit son béret, en entrant dans le bar il scruta les visages écarlates, regardeles, ils ont des têtes d'écrevisses! il souffla à Louis qui le suivait. Ils l'acclamèrent pourtant, une haie d'honneur ils lui firent à Adriano. Gaston l'interpella, pas à dire Lorca, t'as de la chance ! Ils avaient tous l'œil rieur et la face rubiconde, et pour Lorca le vainqueur, une tournée, une ! Ça riait, pouffait dans tous les coins, ils l'avaient bien tendu leur traquenard. À peine bu l'apéritif, il en déboula un dans le bistrot, attendez ! attendez ! dernière nouvelle ! Tarchini, le Suisse, il est déclassé ! Gaston et Gros Lot, dans un suprême effort, ils feignirent la surprise. Les autres ils n'essayèrent même pas, ils s'effondrèrent tous dans un immense fou rire qui envahit le bar. Ah ! alors, ça compte pas ! il balbutia Gaston entre deux éclats, tu me dois la tournée, Lorca ! Il en avait les larmes aux yeux, mince ! j'y peux rien, c'est le règlement !

Adriano il n'aimait pas trop qu'on le dérange, surtout pour se moquer de lui. Quand il toisa Gaston, l'autre cessa de rire sur-le-champ. Il renversa une table et puis deux, vling ! vlang ! les verres, les chaises et les marbres tête en bas, il s'approcha du patron, Gaston, la tournée c'est toi qui l'offres ! il lui annonça. Un murmure gronda parmi les amis, c'était pour s'amuser, le prends pas mal ! Il se rengorgea le Adriano, un vrai maestro, je le prends comme je veux, et il sortit sans se retourner.

Louis haussa les sourcils comme pour s'excuser. Ton père, pour casser l'ambiance, y a pas mieux ! lui jeta Gaston d'un ton amer. Il aime pas trop les blagues l'excusa Louis, allez ! c'est moi qui la paye la tournée et pour tout le monde ! Attendez ! attendez ! on entendit du bruit sur la terrasse, Violette apparut congestionnée, hé ! le coureur italien, le 73 ! elle était tout essoufflée, le vrai vainqueur, il est à moi ! c'est le mien ! Et comment il s'appelle ton coureur ? l'interrogea René méfiant. J'en sais rien comment il s'appelle mais le 73 c'est le mien !

Elle vint s'asseoir au milieu de la troupe, un gros bandage enserrait ses jambes rouges, énormes. Il y eut une seconde d'hésitation et puis tous dans le bar l'ovationnèrent, se mirent à scander son nom, Violette! Violette! Elle monta sur sa chaise, cent kilos, les bandages, cramoisie, en nage. Il se marrait Gaston, il prit Louis par l'épaule, tu vois, ta tante, c'est elle la star de la famille. Il leva le doigt en riant, sauf le respect que je dois à tes parents!

Violette elle dansait maintenant, un coup de hanche à droite et à gauche, encore à droite. De cette masse imposante sortit tout à coup une voix fluette harmonieuse,

En el café de Chinitas
Tío Paquiro a Frascuelo

et les clients, tous, les Espagnols, les Français, ils tapaient dans les mains, les doigts écartés et pas en rythme, mais la douceur de la voix de Violette et sa présence sur scène les emportaient,

Soy más valiente que tú
Más torero y más gitano

la chaise, comme une estrade sous les coups de talon de la vedette, Violette! Violette! sous les coups de boutoir de la star, finit par se briser, trac! dans un bruit sec et elle sur les fesses, les cuisses à l'air, le tablier remonté! Les vivats redoublèrent. Gaston il ne se désolait même plus pour son matériel. Là, Violette elle rajusta ses lunettes pleines de buée et de rires, d'un bond elle se dressa, allez Gaston! tu me dois une tournée, je paye la suivante, et après, tous chez moi ! je vais préparer une omelette géante, *tortilla a la francesa !* elle s'égosilla. Le bar était en délire.

La troupe migra vers le restaurant, à vingt mètres de là. Ils chantèrent *Riquita, Couchés dans le foin, Clavelito,* et dansèrent toute la nuit, accrochés aux hanches endiablées de la patronne. Le vainqueur de l'étape, on se rappelait pas son nom. Quand on eut fini de manger, pour la plupart des convives, il était juste temps de se rafraîchir un peu et de se rendre au marché. C'était l'heure d'embaucher.

XXV

Anglet, la Chambre d'amour, le lac de la Négresse, Chiberta, on a fait tout le tour avant d'entrer dans Biarritz.

La Studebaker Champion c'était un fauve. Elle glissait toute seule jusqu'à la mer, puissance et suspensions. Elle dévalait la rue principale sous le ciel bleu jusqu'au Rocher de la Vierge. La crête blanche des vagues dansait au large et, entre les immeubles éclatants de soleil, un souffle iodé appelait à l'ardeur.

Carrosserie rouge tuile, parements blancs, sièges en cuir beige, elle en jetait la voiture ! Une affaire ! il disait faux modeste le Rafa. Les filles, elles ouvraient de grands quinquets, elles avaient jamais vu ça. Nous non plus à la vérité. Le patron d'un garage ami la lui avait confiée pour la présenter à un client de la Côte basque, et notre Rafa avait pris l'initiative. Alice et Lulu sur la banquette arrière elles gloussaient, nous on jouait les blasés.

On avait traversé les Landes, interminables. Les pins avaient défilé le long du capot comme des crayons dorés dans la lumière d'été. Tous les quatre nous étions excités, une vraie école buissonnière ! Sortis de la même rue ou presque, les voyages au Pays basque, au Pays des Merveilles ou ailleurs, on avait pas eu souvent l'occasion. Ça nous mettait en joie tant de clarté et l'air du large.

Rafa avait rendez-vous avec son client à l'*Hôtel du Palais.* Pendant qu'il est parti faire un tour nous nous sommes installés au bord de la piscine, princiers, les filles et moi. Elles croyaient reconnaître des vedettes de cinéma chaque fois que passait une excentrique. Nous avons siroté des cocktails face à la mer. Nous étions énervés, nous parlions fort. Ils se retournaient les guindés des tables à côté, au milieu des parasols.

Au bout d'une heure je me suis levé, allez ! on va déjeuner ! J'ai appelé le serveur, une ruine ça coûtait les cocktails mais Rafa et moi nous étions venus les poches pleines, on va s'en payer une tranche, Emilio ! Lui il prétendait avoir touché des commissions sur des ventes, moi je m'étais arrangé une fois de plus avec la caisse du magasin. J'y étais pas allé de main morte ce coup-là ! Et dans les regards des patrons j'avais capté une lueur, ça ressemblait à du doute ou même de la frayeur. Je m'en moquais pour le moment. La mer, le palace, je touchais à la rive. Le rêve sous mes yeux s'étalait, luxueux, océanique.

Quand Rafa nous a rejoints il était hilare, quatre *delanteras* à l'ombre ! ça vous dit quelque chose ? Un seigneur, le client. Il lui en avait fait cadeau, plus une option sur la voiture, les astres sont avec nous Emilio ! La gitane, celle qui vend des fèves à Saint-Michel, elle me l'avait promis cet hiver, du succès tout l'été, *chaval*, tout l'été, tu verras !

La Studebaker elle y a filé toute seule aux arènes, sans qu'on la commande. Elle partageait notre allégresse entre les jardins et les hortensias, et nous échevelés, on scandait le nom des toreros, Luis Miguel ! Bienvenida !

C'était chic et grand genre devant la plaza, plein d'Espagnols mais pas les mêmes que ceux du quartier, on pouvait pas confondre. De San Sebastián ils arrivaient où ils prenaient le frais en été, sapés comme des nababs, mocassins, montres et chevalières, pantalons blancs et panamas, pires leurs rombières, chapeaux et robes, statufiées dans leurs rides distinguées. Les lèvres bougeaient à peine pour parler et le rire comme une grimace pétrifiée, là en pleine figure, tout le temps de la conversation.

Dans l'escalier y avait foule. Alice était à mon bras, svelte et pas si timide que ça au milieu des falbalas. C'est moi qui les ai vus le premier. Tout un groupe ils étaient, altiers, glissant dans la foule comme des anguilles, la bande de chez Hossanfleur, la brune, la blonde et leurs maris du temps des casse-croûte et des trafics avec Dieter. Ils filaient, on aurait dit qu'ils volaient, on aurait même dit qu'ils m'avaient pas vu et que s'ils m'avaient vu, ils ne me connaissaient pas. C'était à s'y méprendre tant c'était naturel leur feinte. Ils zigzaguaient, hop! hors d'atteinte d'un salut ou d'un regard. Eux et moi on s'était jamais croisés, jamais connus. Pas d'embrouille, aucun souvenir, c'était mieux comme ça. Et pas du même monde! Les arènes, comme tout ce qu'ils touchaient, on aurait pu croire qu'elles leur appartenaient, à eux ou à un parent ou un ami, tant ils y étaient à leur aise. Et les autres, tous les autres, même en payant, invités du bout de table ils étaient.

Ça leur a drôlement tordu le museau quand ils nous ont vus aussi bien placés, en *delantera,* quasiment à leurs places. Il y a eu des regards irrités qui ont fusé, des envies de nous demander de quel droit, de nous réclamer nos papiers s'ils avaient pu. Une tache dans leur journée immaculée. Mais les toreros se sont avancés et ils se sont dressés à ce moment pour saluer Dominguín et Bienvenida, Dominguín surtout, ah! Dominguín! classe et distinction, l'orgueil dans le bon sens du terme a dit mon voisin. Il était là devant eux, à eux, il était eux. Il les transportait d'aise le grand brun, rien qu'en défilant avec sa tête d'aigle, le menton haut et l'œil amusé.

Quand son tour est venu, le coude appuyé à la barrière, il a appelé le *toro* presque avec négligence. Il l'a fait charger autour de sa ceinture en passes serrées, les muscles de son visage étaient sereins, le public murmurait des olé de circonstance, c'est si facile que c'en est un peu décevant a encore commenté le voisin, et puis il s'est enroulé la bête encore plus près, s'est jeté à genoux entre les cornes et la foule a réagi, il l'a estoqué le *toro* au centre de la piste, d'un coup, tchaf! la foule a hurlé, vivats, olé, mouchoirs blancs, ça y était! la liesse, le délire! Alice m'a réclamé ma pochette pour l'agiter elle aussi et là, imperturbable, le président n'a octroyé qu'une oreille! Le chahut que ça a déclenché! Ça, c'est une bronca! a confirmé mon voisin mais ça hululait raffiné, même dans l'émeute on gardait les bonnes manières.

Y a que Rafa qui s'est distingué quand le vacarme est retombé, rigolo! il lui a crié au président, debout au milieu du *tendido* ombre, et comme l'autre n'entendait pas, avec les mains en porte-voix il a ajouté espèce de charlot! Ils se regardaient les spectateurs autour de nous, ça jetait un froid et des sourires en coin dans le parterre, y en a ici qui devraient prendre des billets au soleil! il a poursuivi le gugusse à mes côtés.

Il s'est rassis content de lui le Rafa. Lulu aussi ça lui avait bien plu, t'as été épatant! elle lui a glissé d'un ton amoureux. En sortant de la plaza nous sommes montés dans la Studebaker rangée bien devant l'entrée principale. Les gens se retournaient. Rafa il se sentait aussi célèbre que Dominguín. Fallait voir comme il décomposait le pas et dressait la tête ! Tout un cérémonial. Un vrai *paseo.*

Euphoriques nous sommes repartis pour Biarritz. La brume des fins de journées atlantiques montait en fumées grises sur l'Océan. On a recapoté la voiture, on l'a garée dans le jardin du palace entre une vieille Hotchkiss et une Rolls somptueuses, allez les filles ! on va boire un coup ! j'ai dit en frappant dans les mains.

Le bar de l'hôtel on aurait dit un paquebot à lui tout seul, bois exotiques et chromes à perte de vue. Les garçons en spencer blanc et nœud papillon, ils ressemblaient à une rangée de soldats de plomb, raie sur le côté et gomina. Il y en a un qui s'est penché comme pour des condoléances, quatre Martini ! j'ai dit. Avec zeste de citron, cerise, tout ! a ajouté Rafa, elle est pas belle la vie ? il a embrayé.

Les filles riaient, se pelotonnaient contre nous, tout allait bien et puis, en me retournant, nous sommes tombés nez à nez la brune, la blonde, la petite troupe. Elles pouvaient pas s'échapper ce coup-là les deux mijaurées, et moi non plus. Bonjour ! depuis le temps ! Les maris aussi, alors comment allez-vous ? l'air ravi. J'ai offert à boire, champagne pour tout le monde ! bouteilles, flûtes, seau à glace, le grand jeu. J'ai visé dans ma poche pour sortir du premier coup les gros billets l'air de rien, gardez la monnaie ! Merci monsieur. Sa vocation c'était les pompes funèbres, le garçon, pas de doute.

La bande et moi on a échangé des sourires, alors la corrida ? Dominguín ? La classe ! Ça volait au ras de l'eau les propos, de l'écume, rien que de l'écume. Pourtant j'étais tenté de raccrocher les wagons, et où êtes-vous? que faites-vous? j'aurais voulu entendre joignez-vous à nous! quelque parole dans ce genre, mais la coupe bue, ils se sont éclipsés, flop! flop! un vol de flamants roses, la brune un petit au revoir de la main en souvenir du passé et bien le bonjour! salut la compagnie! Ils avaient tourné les talons, ne nous voyaient déjà plus. Ils tombaient dans les bras d'autres empanachés assis au fond du bar et nous là, refaits, à moi l'ardoise! L'ardoise! Même avec tout ce que j'avais piqué dans la caisse, le pactole y passait. Nous nous trouvions ratatinés tout d'un coup, comme de pauvres bougres qu'étaient pas chez eux dans cet hôtel, à qui on laissait un bout de comptoir, qu'étaient priés de s'en contenter, à la vôtre les filles! À la vôtre les chéris! elles ont rétorqué Alice et Lulu réconfortantes. Y avait du bon chez elles dans le fond.

Les maisons basques à colombages, aux toits plongeants, je les ai trouvées chargées d'amertume quand on est repartis. La voiture en silence a avalé la route escarpée, Rafa au volant, la tête de Lulu sur son épaule. Dans la lueur des phares, les pins des Landes se sont mis à défiler à l'envers. Alice m'embrassait dans le cou, j'veux pas rentrer elle disait. Moi je me taisais, je regardais maussade à travers la vitre au cas où l'aile ouatée d'un hibou, la tête innocente d'un chevreuil jailliraient pour me distraire.

Les lumières, les couleurs, tout s'était effondré dans l'obscurité la plus profonde, avait sombré avec le miroitement de la mer, les reflets de la carrosserie, le maquillage défait de nos compagnes. Finie la fête! Bas les masques! Dans mon costard fripé, je ruminais les clameurs retombées, le rêve échappé. J'ai repensé à la bande d'énergumènes, comment ils nous avaient traités!

J'y pensais encore quand nous sommes entrés dans Bordeaux, en pleine nuit, dans les rues désertes. Nous avons quitté les filles et j'ai quitté Rafa. Lui n'avait ressenti aucune blessure. Rempli de bonne humeur il était, on s'en est payé une tranche, hein Emilio ! T'as de la chance ! je lui ai lancé. Pourquoi tu me dis ça ? il me contemplait, incrédule.

Un vague écœurement m'envahissait. J'ai marché seul un instant. Je trouvais le quartier sinistre dans l'éclairage des rues. Au bout du cours de l'Yser on apercevait les camions qui déchargeaient le poisson du lendemain.

Quand j'ai vu la maison vide, les lits intacts, j'ai bondi dehors, sillonné le quartier, mais le courage me manquait pour me rendre chez les beaux-parents. Violette était la seule qui n'était pas couchée à cette heure. T'as vu Marguerite aujourd'hui ? et Hélène ? Ta fille, Marguerite l'a laissée chez ses parents, mais elle, elle a soupiré, j'sais pas ce que tu lui as fait encore, elle est dans un drôle d'état ! Tu devrais faire attention, Emilio !

Marguerite, je l'ai retrouvée entre un ponton de bois et un feu allumé par des clochards sur la berge, les pieds dans la boue, prostrée. À tous les coups elle va se balancer à la Garonne ! elle m'avait prévenu Violette et elle avait raison. Les femmes qui faisaient de la neurasthénie au marché, c'était une manie le fleuve. Il me reste plus qu'à me foutre à l'eau, à la baille elles disaient. Les hommes, eux, ils préféraient finir au gros rouge ou se pendre, question de tradition.

Je savais que je la rencontrerais au bord de l'eau. Elle était là, entre les herbes et les rats. Le vent de la nuit soulevait les boucles de ses cheveux, elle avait les yeux fixes, Marguerite, ne m'entendait plus, penchée sur le gouffre. Il était temps cette fois, elle était vacillante, prête à tomber dans les tourbillons de ténèbres, noyée, emportée.

Je l'ai ramenée à la maison. C'était un automate. Bréchet est venu au matin. J'ai prévenu les parents, ils étaient contents de moi, ça se voyait, on parlera plus tard tous les deux, il m'a lancé Suarez.

Quinze jours elle est restée à la clinique des *Tilleuls*. Quand elle est rentrée à la maison Marguerite, on aurait dit qu'elle avait eu un accident, à peine si elle se rendait compte de ma présence, de celle de sa fille.

Les beaux-parents, ils m'ont fait une guerre silencieuse au début. Ils soufflaient dans mon dos. Je sentais la haine, la méfiance aussi, ils me laissaient plus approcher de la caisse. Je filais doux pendant ce temps. Que ça à faire, pas d'Alice ! pas de ponction dans les finances ! Les vieilles à l'étage elles se taisaient quand je passais dans la cuisine. J'apercevais leurs faces cuivrées dans les coins. Elles me décochaient une flèche sombre et moi je renvoyais alors, la jeunesse, ça va la forme ? c'était plus fort que moi. J'entendais les commentaires dans mon sillage, j'étais populaire au sein du conclave !

Après tout, triste, elle l'était depuis l'enfance, Marguerite. Elle avait pas attendu que je lui fasse des misères et je refusais d'endosser un costume trop large pour mes épaules d'orphelin. Elle-même le savait, fallait voir comment elle parlait de sa mère quand ça la prenait !

Le mieux c'était que je m'en explique avec Antoine. Le frangin, il était capable d'entendre. Le magasin était fermé, nous étions seuls. Ç'a pas été chaleureux le début de l'entretien. Il était pas décidé à me faciliter la tâche le Antoine, pas commode, aucune concession. Après quelques palabres, pour Marguerite il a bien voulu admettre, pas tout de ta faute d'accord, Emilio, mais on peut pas dire que t'arranges les choses. C'est fini cette fois, Antoine ! Ça me montait de l'intérieur, sincère, je suis fatigué ce coup et puis je ne veux plus faire souffrir ta sœur. Il m'observait incrédule, tu me dis ça, mais ma mère et Marguerite t'ont vu il y a quinze jours encore à la terrasse d'un café, avec la même femme, tout le monde la connaît dans le quartier. Il a repris son souffle, tu crois que ça lui plaît à ma sœur ? tu crois qu'elle est pas assez humiliée comme ça ?

J'en avais l'estomac qui me brûlait de ses histoires, et encore il ne semblait pas au courant pour la caisse. T'es pas obligé de me croire, mais cette fois, Antoine, je regrette ce qui s'est passé, j'ai un vrai désir que ça s'arrête.

Il se taisait. Lui au moins prenait le temps de m'écouter. Des fois, Antoine, j'ai l'impression que ma vie va éclater comme ça, paf ! en plein vol. Je me suis arrêté un instant, tu vois, la nuit, je pense, trop peut-être, j'ai peur en même temps, je sens que le temps me file comme du sable entre les doigts, que je ne sais rien retenir, pas un instant, pas un plaisir. Il me regardait un peu surpris tout de même par ce déballage, mais moi j'étais lancé, une impression de vertige, de grand vide, Antoine, tu vois ?

Il voyait Antoine, il a acquiescé, t'es trop inquiet, Emilio, il a commenté indulgent, pourquoi tu laisses pas venir ? laisse faire les choses ! Il a soufflé, on dirait que tu te forces parfois. C'est ça, Antoine ! j'ai dit, c'est exactement ça ! et c'est même pourquoi j'en fais trop, une frénésie qui me prend.

Quand Noémie la petite vendeuse de poulets était morte si brutalement l'an dernier, j'avais eu cette révélation. Je voyais sa figure ronde, j'entendais les rires du samedi derrière le banc de volailles, et puis l'enterrement, les larmes, ça nous avait tous pris de plein fouet. Elle était partie d'un coup, un jour en pleine santé, morte le lendemain.

Moi c'était une autre encre, l'impression que ça n'irait pas loin cette affaire, les forces qui m'abandonnaient, le corps, le cerveau rongés, l'angoisse comme une rouille qui bouffait tout.

Antoine il s'est assis à côté de moi. Il était redevenu fraternel. Ça m'a poussé à lui en confesser quand même un peu de mes tourments, j'te joue pas la comédie je me suis contenté de lui dire, j'te dis pas ça pour me faire plaindre, mais depuis longtemps, depuis le début peut-être, je sais que j'irai pas loin, qu'on fermera bientôt le manège. Qu'est-ce que tu racontes maintenant? t'es en pleine forme! il a protesté. C'est comme ça, Antoine, la fin du voyage, un jour, je poserai les valises, ça sera là et pas plus loin.

Il a rien dit, il m'a pris au sérieux, m'a écouté. C'était déjà ça.

Sa mère c'était d'autres sentiments qui l'animaient. Antoine venait de monter à l'appartement quand elle est arrivée avec ses yeux de colère, comme une justice immanente qui déboulait dans l'atelier. Ce coup-ci c'était pas pour la bagatelle.

Elle m'a agressé d'entrée, tu sais, Emilio, je t'ai vu. Comme je faisais le surpris, à la caisse, je t'ai vu, elle a précisé. Quoi à la caisse? j'ai fait semblant de bredouiller. Tu sais très bien de quoi je parle! Dis-moi, ça dure depuis longtemps ce petit jeu? En tout cas, j'ai décidé d'en parler à mon mari, elle ne l'avait donc pas encore fait, fine mouche, et c'est avec lui que t'iras t'expliquer. D'ailleurs, il se doute déjà de quelque chose. Et pour nous deux, il se doute aussi de quelque chose ? j'ai demandé la voix ingénue. Vlac ! la gifle de plein fouet. Ses lèvres tremblaient. Moi je serais vous, patronne, mon mari je le dissuaderais d'en savoir trop, je l'ai bien dévisagée, en tout et pour tout ! d'accord ? Elle était blême, d'accord saligaud ! elle a répondu. Allez ! j'ai dit, on va s'arrêter là et tout ira pour le mieux.

Je l'agrippais bien fort, bien serrée. Je voulais pas lâcher, c'était vital. Elle est partie, un peu moustachue dans le demi-jour. Elle a refermé la porte. On n'a plus parlé de rien.

Je suis sorti de la charcuterie par la porte de derrière. J'ai longé la rue des Pistaches jusqu'au restaurant de Violette. La salle était plongée dans l'obscurité. Dans la cuisine, au fond, Violette était assise en compagnie de Carmen. Elle l'aidait à écosser les petits pois, frais, de la saison ! Ils tombaient ploc ! ploc ! ronds et verts sur une feuille de journal.

Elles revenaient de chez Louange, le pharmacien de la rue Lafontaine. Carmen pinçait la bouche pour l'imiter, figurez-vous que mon fils va faire sa médecine ! Elle a secoué la tête, médecin, tu parles ! passer sa vie son doigt dans le derrière des gens, c'est pas une vie. Moi, aux gens, j'aime autant leur faire la cuisine. Violette était rêveuse, moi je quitterai jamais Ma Caille elle nous a confié, depuis le temps ! il connaît toute la famille.

Le mal d'estomac, cette lassitude de tous les muscles, ce découragement, j'aurais pu autrefois en parler à

Córdoba, mais il n'était plus là et Marguerite s'inquiétait assez comme ça, tu manges rien ! En écoutant Violette j'ai décidé que le lendemain, après la matinée à l'atelier, j'irais consulter Bréchet.

Docteur Bréchet Paul – Médecine générale – Maladies des femmes, la salle d'attente elle était sombre, donnait par une porte-fenêtre sur une cour étroite.

Quand je suis entré il y avait deux revendeuses, deux sœurs, occupées à causer encore et encore. Elles n'avaient pas usé toute leur salive le matin avec les clientes. Je les connaissais, on a bavardé. Leur spécialité c'était les artichauts et les fèves à la saison. Elles tenaient leur charrette au coin de la rue Élie-Gintrac, les prix, les étiquettes, la marchandise, le coulage, tout y passait. Leur tracas c'était l'embonpoint de Ma Caille, il a dû prendre huit kilos dans l'année, il fait pas assez d'exercice. Tu parles ! du matin au soir il court dans les escaliers !

Bréchet il a interrompu la conversation. La porte s'est ouverte d'un coup. Sa tête hirsute, sa blouse défaite, le double menton, les bajoues, c'est vrai qu'il avait pas maigri. La table, c'est tout ce qui lui restait comme distraction au docteur. C'était deux heures de l'après-midi, dans l'encadrement de la porte il était tout rouge.

Elles sont pas restées longtemps, dix minutes, les deux frangines. Quand ç'a été mon tour il m'a regardé étonné Bréchet, alors Emilio ? c'est pas souvent ! qu'est-ce qui t'arrive ? Il soufflait fort par le nez, feuilletait des documents. Moi j'avais le gosier sec, je savais plus par où commencer, l'appétit, l'inquiétude, la fatigue, ça va de travers j'ai dit, c'est pas tragique, j'ai feint le détachement, mais y a un truc qui tourne pas rond. Il m'a observé, il a soufflé encore, avec ça je suis bien avancé ! il a ironisé Ma Caille, un coup de pompe ? c'est ça ? J'ai voulu lui expliquer mon accablement, le mal d'estomac, ma peur de tout, de mourir surtout mais ça me gênait, là dans son bureau, de lui sortir les grandes phrases, c'est ça j'ai poursuivi, un coup de pompe, le matin surtout, j'arrive pas à me lever, l'impression que je vais pas pouvoir travailler.

Il avait chaussé ses lunettes le toubib. Derrière il m'analysait, goguenard, Emilio ! sacré farceur ! t'as pas trop tiré sur la corde des fois ? Il s'est levé, massif. De près il sentait l'ail du repas. Le col de sa chemise débordait sur la blouse. Dans le bureau tout était en désordre, les papiers, les instruments, lui aussi, moitié habillé moitié peigné, viens t'allonger ! je vais t'examiner. Il m'a pris la tension, planté le faisceau de sa lampe dans les yeux, palpé le ventre, t'as l'estomac un peu dur. Justement ! je digère mal j'ai avancé. Il s'est redressé, il agissait dans la hâte, impatient. Il a un train à prendre ou quoi ! j'ai pensé. Allez ! sacré Emilio ! il a rigolé, m'a donné une tape sur l'épaule, tu vas arrêter la bringue quelque temps et tout ira mieux, légumes cuits, viandes grillées et à l'eau mon vieux ! Dites, docteur ! j'ai rassemblé mon courage, je voulais lui dire l'ampleur de mes tracas, de mon angoisse, mais il remplissait déjà l'ordonnance. Tiens ! je te prescris une poudre, deux fois par jour entre les repas, sacré Emilio ! il a répété. Il s'est levé. Rien à faire ! c'était terminé. Si des fois tu as encore mal à l'estomac, tu reviens me voir ! il a refermé la porte, clac ! clac ! Au suivant ! j'ai entendu qu'il lançait dans la salle d'attente. Le couloir n'était pas éclairé. La rue, elle, était inondée du soleil de juin.

XXVI

Le moins qu'on puisse dire c'est qu'ils animèrent le quartier les gars de la *peña Los Amigos*, le nom qu'ils avaient trouvé pour en finir avec les disputes de fin de semaine. On les voit arriver de plus loin qu'on les entend ! ricana Bonnot, celui des pibales.

Dans leurs pantalons blancs, boléros rouges, canotiers sur la tête, on aurait dit un mascaret coloré qui remontait le cours de l'Yser, à contre-courant du travail. La première fois ce fut pour mardi gras, en plein marché. La *banda* tranchait sur la lumière grise de ce mauvais jour d'hiver, elle extirpait les clients des magasins, les attirait sur les trottoirs. Quand l'orchestre arriva devant l'épicerie des Lorca, c'était déjà une foule compacte qui ondulait autour. Dans la bousculade un sac de pois cassés fut à moitié renversé et Adriano dut manier la pelle à olives pour dégager l'étalage, attention au prochain ! On entendit des bravos, les tambours grondèrent à cet instant et les cuivres reprirent dans un élan enthousiaste. Il y eut aussi le couac d'une trompette, mais on l'imputa au passage d'un chat noir.

Le plus remarquable c'était le numéro d'Alonso, le tambour-major. Comique et virtuose dans ses gesticulations, dans ses jurons il était toujours question de Dieu. Il ressemble à Paul Raynaud se moqua une marchande. En plus marrant reprit une autre, moi il me fait penser à

Carrette ! Ah Carrette ! le meilleur second rôle ! Et elles se récitèrent leurs acteurs préférés.

Derrière la *banda* la moitié de la communauté espagnole défila, pas peu fière de ses représentants. Au carrefour deux chocs de grosse caisse et un fracas de cymbales retentirent et puis l'orchestre disparut sous les arceaux noirs de la halle où les accents de paso-doble gagnèrent en aigus, se perdant comme des colombes sous les faîtages.

Maria respira de les voir s'éloigner, le travail pouvait reprendre un instant, avant les agapes. Et ils vont où comme ça ? Ils font le tour de Saint-Michel et ils reviennent pour l'inauguration sous la halle aux fleurs.

Au vin d'honneur, les édiles municipaux, Louange le pharmacien, qui avait été résistant, disait-on, et le nouveau président du comité des fêtes, Félix Hossanfleur, accueillirent avec des paroles chaleureuses « la nouvelle entité musicale espagnole qui reflétait si bien l'âme de ce quartier et lui rendait sa joie, celle qui n'aurait jamais dû le quitter ».

Ils parlaient bien les élus, mais pour les applaudissements on abrégea car les verres de rosé et les tartines de rillettes tendaient les bras. Une tournée et la *banda* attaqua à nouveau *Flor cordobesa* et dans une note plus sentimentale *Rosas de Triana.*

La boisson ne manqua pas et il y en eut pour qui la journée s'arrêta là. Pour les autres un banquet fut offert sous la halle d'à côté, avec des tables aux nappes blanches pour les officiels et des tréteaux pour les autres. Au dessert, Hossanfleur et un type en costume sombre que personne ne connaissait remirent le prix Miss Mardi Gras 1947 à une gamine du quartier, un peu boulotte selon certains membres du jury, bien en chair selon Carmen et les marchandes, vous voulez quoi ? qu'on lui voie les ossements ?

Sur un air de valse l'harmonie de la ville ouvrit le bal. Garouste invita Maria assise intimidée à la table d'honneur, Adriano fit de même avec l'épouse du tripier, tournant sur un pied, sur l'autre, tel un ours prenant mille précautions.

Le calvaire ne s'arrêta pas si vite pour lui. Quand la *banda* des *Amigos* se lança dans des *jotas*, il fut prié de chanter avec d'autres Aragonais, il le fit une fois d'assez bonne grâce mais un des tambours, un corniaud, je le connais de chez Martinez celui-là, vint le tirer par la manche avec aigreur. Allez l'épicier ! une autre ! Adriano le repoussa, le tambour insista. Adriano se cabra, *déjame imbécil !* l'autre se vexa. Il était jeune, costaud. Il attrapa Adriano par la cravate, tu me traites pas comme ça le vieux ! et fit allusion à son argent. C'était de trop. Adriano s'apprêtait à foncer quand son adversaire le fit valdinguer dans les chaises. Il en resta abasourdi, il n'avait pas le dessus, la force qui l'avait toujours habité avait filé dans les bras de l'autre. Pourtant il se dressa et il fallut que les Suarez, Rafa, Emilio, Louis, se précipitent pour éviter le pire, la bagarre mais la défaite aussi.

Quand tous le tenaient, Maria, cramoisie, surgit, lui donna une tape sur l'épaule, tu vas pas te battre, non ? à ton âge ! Il ne répondit pas, interloqué. Elle le dévisagea, on n'est plus à Buenos Aires et tu n'as plus vingt ans !

Les hommes l'entouraient. Une rumeur avait parcouru les tables. Il se dégagea, l'autre là-bas avec sa tenue de clown pouvait se moquer, il le retrouverait celui-là, il lui dirait deux mots.

Deux jours plus tard il se rendit chez le tailleur de la rue Sainte-Catherine. Il commanda un costume neuf et porta chaque jour celui du dimanche, enfila la chaîne de la montre à la boutonnière, se campa dans une attitude de grand d'Espagne qui rappelait celle de Pepe Luis autrefois. Les amis du café, plus attentionnés que surpris, saluèrent le nouvel Adriano, celui de l'âge mûr et lui laissèrent porter le deuil de sa force, allez Lorca, à toi de couper ! avec toute la gravité désirable.

Liliane, la petite Lili, elle s'avançait vers la banque la main sur le ventre, le tablier relevé. On entendait chanter sa voix depuis le trottoir, bonjour tout le monde ! té, voilà ! elle s'approcha de la caisse, renversa le contenu du tablier sur le marbre du guichet, des billets roulés en boule, gluants de poisson. Tiens petit ! elle lui dit au caissier qui souriait derrière ses grilles, ça c'est pour tes patrons, je les ai pas bien arrangés, tu te débrouilleras, et puis ça c'est pour toi. Elle sortit un homard de sa poche ventrale qu'elle lui balança, blam ! dans le guichet, vivant, tout bleu le crustacé avec des airs de samouraï qui dérapait sur le carrelage. Hou là ! Son rire à Lili monta dans les étagères, strident, une sirène ! Il paniquait le préposé, des billets, des papiers partout. N'aie pas peur ! elle lui criait depuis la grille, j'ai attaché les pinces, tu le mangeras avec ta femme. Elle qui vivait seule, ça l'attendrissait de les imaginer en tête-à-tête, à l'américaine, c'est le meilleur. Il remerciait le caissier tout en maîtrisant la bête qui frappait le sol de son armure. Ça bardait dans la cage. Un collègue voulut venir en renfort mais la caisse était fermée de l'intérieur. Les autres se penchaient à travers les barreaux, des clients s'approchaient et Lili se tapait sur les cuisses. Elle hurlait, ça se voit, le homard, il a pas l'habitude !

Maria, elle, avait réparti la recette du matin dans les deux poches du tablier fermées par des épingles à nourrice. Elle avait pris soin qu'on ne la suive pas, était entrée dans l'agence bancaire l'air de rien, en glissant.

Mais Lili l'aperçut et se tourna vers elle, radieuse au milieu de la cohue. Vise un peu ! je lui ai fait un cadeau au caissier. Je vois ça. Elle était pressée d'en finir, Maria. Il y avait du monde et personne n'avait besoin de connaître le montant de ses dépôts. D'autant que, pardessus les rires et les éclats de voix, les commerçants ils avaient tous les yeux qui plongeaient dans les mains des collègues pour compter les billets, t'as vu Garouste ? il est pas à plaindre en ce moment ! t'as vu Suarez ? les affaires ont repris !

Lili se planta devant elle en agitant son index, alors, cachottière, tu m'avais pas dit que ton Louis il fréquente et que c'est du sérieux ! Les jambes de Maria faiblirent. Il lui fallut s'asseoir, qu'est-ce que tu racontes ? Allez ! allez ! continua l'autre enjouée, Violette m'a tout dit, qu'ils se sont rencontrés au bal, qu'ils se voient tous les dimanches et cætera et cætera, elle m'a tout raconté ta cousine.

Maria elle eut l'impression qu'une vague l'emportait par-dessus bord, et les autres tout autour qui ne s'intéressaient plus au homard tendaient l'oreille ! pas une miette ils voulaient en perdre ! Elle rassembla ses forces, versa l'argent au guichet, ignora la petite Lili et ses jacasseries, et sortit furieuse de l'agence.

Il n'y avait que la rue à traverser. Elle déboula chez Violette, c'est quoi cette histoire ? une marchande qui m'annonce en pleine banque que mon fils va se fiancer ! et moi je suis au courant de rien ! j'ai l'air d'une idiote ! la dernière prévenue ! Mais Violette était rêveuse, tu sais qui vient de passer ? le nouveau maire, Chantant-Bellas lui-même ! Il est charmant, et pas snob avec ça ! Il m'a dit je viendrai casser la croûte ! Il est superbe, on dirait un aviateur ! Et moi je ne te parle pas du maire bondit Maria, je te parle de mon fils !

Violette elle voyait la bourde. Du coup elle se réveilla, pour Louis te fâche pas ! j'ai dit ça comme ça en blaguant. Elle se battait la poitrine Maria, en blaguant ! et si c'est une blague, pourquoi on me le cache ? Attends ! y a rien de sûr, c'est Louis qui m'en a touché deux mots l'autre semaine confia-t-elle pour aggraver son cas, je crois qu'il veut pas qu'on en parle. Ah ! c'est gagné ! tout le marché est au courant, il n'y a que dans le journal que c'est pas encore publié et moi je ne sais rien, rien de rien ! Elle reprit son souffle Maria, inspira l'air, souleva son panier, le reposa dans un silence, et on peut savoir qui est ma future belle-fille ? Une Française bredouilla Violette, et elle est pas du marché.

Deux pas en avant, pas chassé, aux *Amis de la Danse* ils s'étaient connus un dimanche, un pas de côté. Rafa et Mercé, Emilio et Marguerite, Antoine, Louis, toute l'équipe avait rejoint le dancing de la rue de Marseille en tramway, celui qui empruntait les boulevards. C'était à l'autre bout de la ville et bien fréquenté, on voit de nouvelles têtes ici, ça fait pas de mal, il avait commenté Antoine. Louis était du même avis depuis qu'il avait rencontré Jeanne à la buvette. Elle était vive, les yeux pétillants. Ils s'étaient appliqués en dansant, avaient parlé tout l'après-midi et s'étaient dit qu'ils aimeraient se revoir, sans les autres, s'étaient donné rendez-vous, ne s'étaient plus quittés. Ah là là ! l'amour ! s'était écrié Violette en écoutant les confidences de Louis. Ma mère qui voudrait que j'épouse la fille Moillanpleur ! Pourquoi ? c'est toi qui décides quand même ! Tu la connais pas ta cousine ? tu sais de quoi elle est capable quand elle ne veut pas de quelque chose ou de quelqu'un ? Il resta pensif, et en plus mon père qui voudrait que j'épouse une Espagnole, pour mieux comprendre ! mais lui, il n'en fera pas un drame, pourvu qu'il tienne la caisse le matin et aille jouer aux cartes l'après-midi…

Jeanne, ça tombait bien, ses parents étaient commerçants, dans le quartier du Jardin public cependant, un coin où il y avait beaucoup de Jamasset et des plus huppés aussi. On en voyait le samedi au marché de ces maîtresses de maison suivies de la bonne qui portait les paniers.

Louis dut affronter d'authentiques interrogatoires, comment est-elle ? comment elle parle ? est-ce qu'elle est simple au moins ? et pour l'argent ? et ses parents, comment sont-ils ? Mercé joua les intermédiaires, avoua qu'elle la connaissait un peu, Jeanne, et la trouvait gentille. Maria haussa les épaules, gentille ! gentille ! vous n'avez que ça à la bouche. Ça veut rien dire gentille ! Elle est franche et travailleuse aussi répliqua Mercé. Voilà ! je préfère que tu me dises ça.

Rendez-vous fut pris. Louis présenta Jeanne à ses parents. Comantalévou ? Adriano ressortit sa phrase de gala. Maria avait préparé des gâteaux assez gras pour tester la jeune fille qui les avait avalés sans rechigner. Elle mangeait bien et ses parents n'étaient pas fonctionnaires, dans les familles de fonctionnaires il y en a toujours un qui travaille aux Impôts, vous comprenez ! ça faisait deux bons points.

Nous, si bavardes en général, on est restées bouche bée. Devant nous, tout fringant, le nouveau maire qui souriait, ça va Simone ? Moi c'est pas Simone, c'est Georgette. Alors salut Georgette !

On était toutes timides au début et puis la forme nous a reprises, il y a eu des sourires et lui tout enjoué qui sautillait d'un étal à l'autre, du banc des poissons à celui des volailles, alors, ça marche les affaires ? pas trop dur ? Des rires gênés, plus gloussés qu'éclatés, sont montés sous les voûtes, non, non ! ça va, monsieur le maire, a lancé la grosse Jeanine d'habitude plus forte en gueule, et puis ça a commencé, quelques bonjours et deux ou trois qui se sont mises à applaudir, elles ne savaient pas pourquoi.

Louange, le pharmacien qui l'escortait, lui présentait Raymonde, Carmen, madame Dupuy, une fidèle, monsieur le maire ! Bonjour ! bonjour ! et je te serre des mains ! Il y avait de la fièvre entre les filets de merlu et les piles de tomates.

Tout à coup, une d'entre elles a lancé Vive Chantant ! à l'encan, comme ça, pour voir si ça résonnait et ça ne s'est plus arrêté, une vraie traînée de poudre, jusqu'aux pilastres du côté de la place Maucaillou, Vive Chantant-Bellas ! Vive Chantant !

Lui glissait, l'anguille, maintenant il envoyait des baisers avec les mains comme ça, Vive Chantant-Bellas ! Vive Chantant ! Alors il est monté sur une caisse d'oranges, nous a offert son plus beau sourire, c'est qu'il est bel homme ! a dit Georgette assez fort pour qu'il l'entende, et il nous a lancé, effronté, un peu complice, je vous aime toutes ! Comme il a été acclamé ! Même les plus revêches qui tapaient dans les mains.

D'habitude on se retient, on dit que des bêtises, mais là ça nous venait du cœur. Henriette elle s'est assise, elle qui garde ses sentiments pour elle, c'est pas pour dire mais il est beau ! elle a soupiré, et nous qui ne nous confions pas beaucoup, ça tu peux le dire ! on a ajouté.

XXVII

Les deux caillots rouges sur la céramique de l'évier ont déclenché l'alerte, cette fois j'appelle le docteur, Emilio ! Elle ne me demandait plus mon avis Marguerite, elle était comme branchée à une prise de courant. Elle m'a aidé à me coucher et a bondi cours de l'Yser pour revenir en compagnie de Bréchet.

Je vomissais depuis plusieurs jours mais pas du sang. Des semaines déjà que l'estomac me déchirait dans tous les sens. T'as vu la mine que t'as ? j'entendais que ça. Dis donc ! tu flottes pas dans tes falzars, toi ? elle m'avait demandé Violette, regarde ça ! t'as plus de fesses ! Même les beaux-parents s'étaient inquiétés. Marguerite elle attendait que je me décide, tu devrais aller consulter, tu manges rien. Ça va passer, je ne voulais rien savoir de la médecine et de ses hôpitaux, ça me flanquait la trouille, pas confiance. Pourtant je la voyais ma mine et mieux que personne, le teint jaunâtre, les joues en creux.

Il m'a palpé, tripoté, ausculté, Bréchet. C'est un brave homme, il y a longtemps qu'on se connaît, Emilio, il a commencé, tu sais que je n'ai pas l'habitude d'embêter les gens pour le plaisir, mais tu aurais dû me rappeler plus tôt.

Il ne m'a pas laissé le choix. À la Fondation Butterfly sur la route d'Espagne, à Lespade le chirurgien il m'a adressé, s'il faut opérer c'est le meilleur. Il parlait calmement pour empiler les mauvaises nouvelles, enfin ! rien ne dit, on fera des examens, on verra. Il parlait avec naturel, ça coulait de source toutes ces dispositions à prendre, ces grilles qui se refermaient sur moi.

Antoine est venu depuis le magasin, alors frangin ! il m'a lancé d'un air gêné, tu fais encore l'intéressant ? J'ai souri par politesse et levé la main en signe de fatalité. Hélène ma petite fille demandait derrière la porte qu'est-ce qu'il a papa ? il est malade ? C'est rien, c'est rien. Marguerite sa voix s'étranglait. Allez ! j'ai dit pour faire le fier et rassurer la compagnie, pour deux saloperies de caillots, on va pas en faire un drame, hein Antoine ! Il a acquiescé le beau-frère avec la tête de ceux qui ne savent pas mentir.

C'est lui qui m'a accompagné dans son Aronde toute neuve. Il m'expliquait l'embrayage, le changement de vitesses, pour parler d'autre chose. Moi je regardais à travers la vitre défiler le cours de l'Yser et ses tableaux, le vieux Coco en blouse blanche qui tirait la carriole de sa tombola où personne ne gagnait, Tréchoux le bijoutier sur le pas de sa porte à attendre les marchandes et leurs envies de grosses médailles, Martinez balayant sa terrasse, Angèle qui depuis sa charrette enguirlandait une cliente, va-t'en, mauvaise foi !

Par la lucarne de l'auto je les regardais vivre. Ils criaient, s'agitaient comme sur un écran de cinéma. Je me suis penché, Marguerite sur la banquette arrière, elle rassemblait toutes ses forces pour me sourire, ne pas avoir l'air terrorisée.

À peine franchi le hall d'entrée, une odeur d'éther m'a saisi. Dans le couloir qui menait à ma chambre, d'autres odeurs encore. Elles avaient beau vous accueillir d'une voix guillerette les deux infirmières de l'étage, on venait là pour crever, pour guérir disait leur air assuré, mais le bruit lourd des portes qui se refermaient une à une derrière moi le démentait.

Dès le premier soir mon estomac m'a rappelé à mon obligation d'être là, ma liberté envolée. Je pouvais rêver d'un corps fort et bondissant ! Un chapelet de caillots écarlate est venu s'étoiler dans le lavabo. J'en ai vomi d'autres dans la nuit, et d'autres encore. Une pince chaude empoignait mon ventre et ne le lâchait pas. Mes bras et mes jambes tremblaient comme des baguettes d'os que les muscles ne retenaient plus, et ma tête dans le miroir ! jaune, des cernes verts, les yeux pâles, en quelques heures j'étais devenu un vrai monstre. La faute à l'éclairage, à ses reflets sordides ! Faudra changer l'ampoule, j'ai dit à Marguerite.

Elle découvrait ma tête comme dans un cauchemar, tu as encore vomi ? Un peu cette nuit. Lespade a déboulé dans la pièce, suivi de son escouade, il m'a examiné, je le voyais s'approcher, souffler, s'éloigner, revenir, palper, toc ! toc ! Il avait une tête noble, un Luis Miguel Dominguín chirurgien, coiffé d'un calot à la Gandhi. Il a voulu m'expliquer, mais moi je flottais, peut-être s'agit-il d'un ulcère disait-il pendant que j'observais le lobe tombant de ses oreilles, vos brèves hémorragies ne m'inquiètent pas, et mon regard se perdait le long de ses golfes temporaux, dès demain je vous opère ! Ça, ça m'a réveillé un moment, mais à la description de l'intervention, je me suis évadé dans le piqueté fin de sa cravate sous la blouse, d'accord monsieur Sanchez ? Emilio ! réponds ! Marguerite apeurée m'appelait. J'ai soif ! j'ai soupiré.

Lespade il était déjà reparti. L'infirmière, elle, m'a entendu, il ne faut pas trop boire ! elle a fait mine de me gronder et elle a souri. C'était toujours gai la maladie avec elle.

Mon ulcère, il devait avoir mauvaise mine. Quand je me suis réveillé, la première chose que j'ai vue c'est la bobine de Lespade avec ses deux longs sillons de part et d'autre de la bouche. Je sentais mon ventre maillotté, dessous une brûlure qui montait au fur et à mesure que se dissipaient les brumes.

Vraiment mauvaise mine mon ulcère ! Il se forçait le personnel soignant pour être enjoué quand même, allègre malgré tout. À la clinique Butterfly, le cœur léger on y courait à la tombe, la consigne ! et pour les obsèques, en chansons, à coup sûr !

Jusque-là je voulais bien y croire aux histoires de lésion bénigne. J'étais bien disposé, prêt à gober. Ça m'arrangeait du côté de l'espérance. Je voyais bien qu'autour de moi ça rôdait, des indices, des mimiques, mais les odeurs de chloroforme, les brancards, les paravents pour derniers instants, une évidence voulait que ce soit pour les autres. Moi, c'était une erreur de programme, toujours en bonne santé jusque-là, trop jeune pour les gros soucis ! Juste un moment de faiblesse, voilà ce qui m'arrivait, un virage raté dans le vertige qui m'entraînait. Une pause et tout repartirait. Je n'étais que de passage, pas comme mes voisins de misère avec leurs têtes à toucher le fond du fond. Moi c'était un accident, une marche ratée, trop fort, trop jeune ! j'allais repartir. Je voulais les en convaincre la famille, les infirmières, du bénin de l'affaire.

J'ai dû enlever une partie de l'estomac, il m'a asséné Lespade. Il tripotait son calot sur le crâne, à paroles mesurées il causait, un ulcère vilain, inflammatoire. Expert en mauvaises nouvelles il était et pour les faire passer pour des choses naturelles, indubitables, il n'avait pas son pareil, nous allons vous garder quelque temps car je veux surveiller les suites et pfuit ! courant d'air ! Il était déjà dans la chambre d'à côté, ou dans l'autre d'après à cette allure.

Un morceau de l'estomac ! À trente et quelque ! Fallait le digérer en somme. Bêtement j'ai d'abord pensé banquets, casse-croûte, entrecôtes avec les copains. En dressant un peu la tête j'ai pu apercevoir des tuyaux qui jaillissaient du pansement. Ma sonde dans le nez m'empêchait de respirer. Tout à l'heure je voulais encore me sentir jeune et fort, maintenant je ne sentais plus mes muscles, ma peau était sèche, s'affaissait. Une page se tournait à grande vitesse. J'étais entraîné sur un toboggan, jusqu'où la dégringolade ?

J'examinais mon corps sanglé dans les bandages. Je l'interrogeais, le stimulais. Je me suis mis à pianoter des orteils. Au bout d'un ou deux jours j'ai pu lever la main. Le spectacle ! mes doigts diaphanes, décharnés. Allez ! m'encourageait Marguerite, quelques steaks et il n'y paraîtra plus.

Moi, je l'observais mon corps. J'en sentais des territoires entiers qui ne répondaient plus, épuisés, anéantis. Je scrutais du matin au soir le moindre muscle qui reprenait ses contractions, la moindre réaction de mon tube digestif, ce qu'il en restait en tout cas ! Je devinais des bosses, des creux et mes os sans ressources qui s'effondraient, s'enfonçaient dans le lit. Quelques steaks et il n'y paraîtra plus! Il allait en falloir des steaks! des bœufs entiers! des troupeaux! pour que je remonte d'aussi bas.

Dès le lendemain, histoire de me rassurer, ils se sont tous précipités à mon chevet. Qu'est-ce que t'as papa? me demandait Hélène qui avait tant de mal à me reconnaître dans le moitié cadavre qu'on lui exhibait. Embrasse ton père, chuchotait Marguerite. Il lui fallait, ma chérie, prendre son élan pour s'approcher.

Les Suarez sont venus, le vieux, ses yeux bleus embués de larmes cette fois, et elle, sobre, presque discrète, juste une consigne à l'infirmière en passant, tais-toi, Concha, c'est pas le moment! Antoine, mâchoires serrées, qui la jouait au sang-froid, et Rafa qui ne paradait pas là, au pied du lit, eh! Emilio! c'est Lapébie qui a gagné hier au Vélodrome, au sprint devant Van Steenbergen! Il prenait l'air heureux, Lapébie qui gagne chez lui à Bordeaux, c'est formidable, non? Il voulait me rendre complice, tu verras, l'année prochaine on ira voir l'arrivée ensemble. J'ai dû le regarder d'un air décourageant, il a laissé tomber pour les projets.

D'autres sont venus, Mercé qui ne quittait pas Marguerite, Violette, les Garouste tout émus, ça va aller! ça va aller! il répétait en tripatouillant ses clés, et puis Rodolfo, les Moillanpleur, des clients du magasin, les commis de Suarez, Tonio en tête. Enfin d'autres du marché se sont avancés en vraies délégations, ceux du poisson, de la volaille, des légumes, des fleurs. Lapeyre et Hossanfleur m'ont fait transmettre leurs encouragements par téléphone. J'étais abasourdi de tout ce défilé. J'entendais l'inquiétude des infirmières, avec les Capucins c'est chaque fois l'invasion!

Je parlais peu. À la plupart des visiteurs j'ai marmonné un simple merci, ni la force ni l'envie de causer, ça me donne le vertige j'ai murmuré à Marguerite qui s'activait dans la chambre, me protégeait, écourtait les visites, bon ! je crois qu'il est fatigué.

Moi je tournais la tête vers le rectangle blanc de la fenêtre. Ils avaient bien fait les choses à la clinique Butterfly, chambre seule avec vue sur le parc, les arbres sont centenaires a commenté la cheftaine d'un air admiratif, un matin que je contemplais, l'œil fixe, le vent léger à la cime et le déluge de lumière sur les feuilles. Montaient des cris d'enfants depuis la pelouse et le crissement de pas sur le gravier. Elle a tiré le rideau pour la chaleur, pas trop ! j'ai demandé. C'était la vie qui entrait par la fenêtre, il m'en fallait encore un peu.

Marguerite ne me quittait plus. Parfois je m'assoupissais et sentais sa main dans la mienne au réveil. D'un accord tacite, nous ne parlions de rien.

La dernière fois que j'ai vu Lespade, il mordait sa lèvre inférieure en examinant mon ventre. J'ai aperçu son visage dans un brouillard avant qu'il ne s'éloigne, plus de visites ! il a soufflé. Ça me convenait, plus personne ! à commencer par lui avec cette expression de châtiment qu'il introduisait chaque fois dans la chambre, cette tête à couper ses rosiers le dimanche. Les jours suivants j'ai compris que Marguerite montait la garde devant la porte, non, impossible ! non, il se repose ! Même Antoine, Rafa et Mercé étaient repoussés.

Tiens tiens tiens, déjà les feuilles poussent

Ray Ventura, ses Collégiens, dans un coin de ma mémoire, des bribes de chansons résistaient encore, dansaient comme sur un vieux disque.

Tiens tiens tiens, ça sent le romarin

Dans le rectangle de la fenêtre, la lumière était grise maintenant. Je me suis mis à entretenir des rapports d'intimité avec les formes que dessinaient les rideaux, les éclairages que dispensaient les heures du jour. On entendait le trille des oiseaux.

Tiens tiens tiens, c'est le printemps qui vient

Le printemps ! tu parles ! Une fureur m'a parcouru. Ma tête non plus ne voulait pas se taire. Assez ! je me suis dit, qu'on en finisse ! une fois pour toutes ! que ça saute ! Je les voyais batifoler ces derniers instants dans une gigue impitoyable. Fin de la représentation ! baissez le rideau ! je voulais plus entendre parler de maladie, de chances de m'en sortir, allez ! vite, le trou ! ouste ! le vide ! qu'on n'en cause plus !

Mais cette mauvaise humeur m'avertissait. Du sang coulait dans mes veines, bien coléreux encore. Des coins de mon cerveau refusaient de céder, livraient un dernier combat. Une musique, des mots, un spasme, tout leur était bon. Un cri de révolte qui s'estompait, cherchait une issue, lançait dans mon corps ses derniers rubans. À cette heure il devait bien se marrer l'albatros sur le buffet des Suarez, juché sur sa vague de bronze, l'écume bien amère.

C'est après que ça s'est effiloché, quand sur cette carapace vaincue l'esprit n'a plus bataillé. Je n'ai plus voulu voir personne, plus voulu de Marguerite. Même l'infirmière j'ai attendu qu'elle s'en aille, qu'elle referme la porte derrière elle. Plus envie de ses manières douces et de sa silhouette qui filait dans sa blouse un peu serrée. Qu'on me laisse tranquille ! la paix ! J'aurais aimé le crier un bon coup, mais j'en avais plus la force.

Tout est devenu gris, neutre, insensible. En moi un mouvement s'apaisait, ralentissait aussi. Les bruits dans le couloir, dans le parc, se sont atténués. La douleur n'a plus été qu'un poids. La faiblesse, elle, restait accablante. Je me suis éloigné de plus en plus souvent dans les plis des rideaux, les ombres au plafond, les voix du marché, Carmen devant son banc de royans, Rodolfo dans son bar, les cris des marchandes à la charrette, Hossanfleur pendant la guerre, Mangin en flic-voyou, le fils Lapeyre, la grosse Rolande, le *Débit Bleu* et puis ma mère qui me manquait, à nouveau absente, si absente que c'est à Córdoba que j'ai pensé le plus dans ces moments-là, je l'appelais, señor Córdoba ! señor Córdoba ! Je voulais qu'il me prenne dans ses bras, serrez-moi fort ! serrez-moi fort, Córdoba ! je vais mourir sinon ! Il me regardait perplexe et bientôt son visage n'était plus là, avait glissé, mais voilà qu'a surgi la silhouette triomphante de Lapébie, Guy Lapébie lui-même ! sur son vélo, avec son visage d'effort et de poussière sous ses gros sourcils, qui s'avançait tout sourire pour m'offrir son bouquet de vainqueur. J'ai voulu le féliciter mais il s'est éclipsé lui aussi et Dominguín est passé à son tour, dans une Studebaker rutilante, sans tourner la tête, le regard tendu vers l'Océan. Emilio ! il a de la fièvre ! Emilio ! La voix de Marguerite, lointaine, m'appelait.

J'ai voulu contempler l'espace lumineux de la fenêtre mais un voile l'assombrissait. La lumière filtrait encore un peu, si pâle ! J'entendais des pas qui s'éloignaient, des murmures. Eux là, tous ceux du marché et les autres, qui allaient continuer sans moi.

Achevé d'imprimer par N.I.I.A.G.
en Juillet 2005
pour le compte de France Loisirs, Paris

N° d'éditeur : 43247
Dépôt légal : Août 2005

Imprimé en Italie